中国高等职业技术教育研究会推荐

面向 21 世纪机电类专业高职高专规划教材

机动车辆保险与理赔实务

主　编　金加龙

副主编　陈　蕾　朱福根

主　审　朱　泓

西安电子科技大学出版社

内 容 简 介

本书结合我国汽车保险的发展历程，系统地介绍了国内的机动车辆保险险种、条款、费率与规章，详细叙述了机动车辆在投保、承保、理赔等各环节的有关保险实务，特别是对机动车交通事故责任强制保险以及新版机动车辆商业保险条款、费率及规章进行了细致的分析和解读，并对保险理赔的典型案例进行了分析。

本书在介绍保险学基础知识的基础上，重点介绍了机动车辆保险与理赔的基本知识和实务操作，并强调机动车辆保险与理赔的实际操作能力的培养。

本书可作为高职高专院校机动车辆保险、汽车技术服务与营销、汽车运用技术、汽车维修与检测、汽车评估与鉴定等专业的教材，也可作为机动车辆保险从业人员的培训用书，同时，还可作为广大保户了解机动车辆和保险知识的参考书。

图书在版编目(CIP)数据

机动车辆保险与理赔实务 / 金加龙主编. —西安：西安电子科技大学出版社，2008.5(2011.8 重印)

中国高等职业技术教育研究会推荐：面向 21 世纪机电类专业高职高专规划教材

ISBN 978-7-5606-2007-7

Ⅰ. 机…　Ⅱ. 金…　Ⅲ. ① 汽车保险—中国—高等学校：技术学校—教材

② 汽车保险—理赔—中国—高等学校：技术学校—教材　Ⅳ. F842.63

中国版本图书馆 CIP 数据核字(2008)第 024043 号

策　　划　马晓娟
责任编辑　马晓娟
出版发行　西安电子科技大学出版社(西安市太白南路 2 号)
电　　话　(029)88242885　88201467　　邮　　编　710071
网　　址　www.xduph.com　　电子邮箱　xdupfxb001@163.com
经　　销　新华书店
印刷单位　陕西光大印务有限责任公司
版　　次　2008 年 5 月第 1 版　2011 年 8 月第 2 次印刷
开　　本　787 毫米×1092 毫米　1/16　印　张　15.875
字　　数　365 千字
印　　数　4001～7000 册
定　　价　23.00 元

ISBN 978-7-5606-2007-7/TH・0088

XDUP 2299001-2

序

进入21世纪以来，随着高等教育大众化步伐的加快，高等职业教育呈现出快速发展的形势。党和国家高度重视高等职业教育的改革和发展，出台了一系列相关的法律、法规、文件等，规范、推动了高等职业教育健康有序的发展。同时，社会对高等职业教育的认识在不断加强，高等技术应用型人才及其培养的重要性也正在被越来越多的人所认同。目前，高等职业教育在学校数、招生数和毕业生数等方面均占据了高等教育的半壁江山，成为高等教育的重要组成部分，在我国社会主义现代化建设事业中发挥着极其重要的作用。

在高等职业教育大发展的同时，必须重视内涵建设，不断深化教育教学改革。根据市场和社会的需要，不断更新教学内容，编写具有鲜明特色的教材是其必要任务之一。

为配合教育部实施紧缺人才工程，解决当前机电类精品高职高专教材不足的问题，西安电子科技大学出版社与中国高等职业技术教育研究会在前两轮联合策划、组织编写了“计算机、通信电子及机电类专业”系列高职高专教材共100余种的基础上，又联合策划、组织编写了“数控、模具及汽车类专业”系列高职高专教材共60余种。这些教材的选题是在全国范围内近30所高职高专院校中，对教学计划和课程设置进行充分调研的基础上策划产生的。教材的编写采取在教育部精品专业或示范性专业(数控、模具和汽车)的高职高专院校中公开招标的形式，以吸收尽可能多的优秀作者参与投标和编写。在此基础上，召开系列教材专家编委会，评审教材编写大纲，并对中标大纲提出修改、完善意见，确定主编、主审人选。该系列教材着力把握高职高专“重在技术能力培养”的原则，结合目标定位，注重在新颖性、实用性、可读性三个方面能有所突破，体现高职高专教材的特点。第一轮教材共36种，已于2001年全部出齐，从使用情况看，比较适合高等职业院校的需要，普遍受到各学校的欢迎，一再重印，其中《互联网实用技术与网页制作》在短短两年多的时间里先后重印6次，并获教育部2002年普通高校优秀教材奖。第二轮教材共60余种，在2004年已全部出齐，且大都已重印，有的教材出版一年多的时间里已重印4次，反映了市场对优秀专业教材的需求。本轮教材预计2006年全部出齐，相信也会成为系列精品教材。

教材建设是高职高专院校基本建设的一项重要工作，多年来，各高职高专院校都十分重视教材建设，组织教师参加教材编写，为高职高专教材从无到有，从有到优、到特而辛勤工作。但高职高专教材的建设起步时间不长，还需要做艰苦的工作，我们殷切地希望广大从事高职高专教育的教师，在教书育人的同时，组织起来，共同努力，为不断推出有特色、高质量的高职高专教材作出积极的贡献。

中国高等职业技术教育研究会会长 李宗尧

2005年10月

面向21世纪
机电类专业高职高专规划教材

编审专家委员会名单

前　言

随着我国经济的快速发展和人民生活水平的日益提高，汽车作为现代化的交通运输工具，其进入家庭已经从梦想变为现实。2006 年，我国汽车产量和销量继续快速增长，分别为 727. 97 万辆和 721. 60 万辆，同比分别增长 27. 3%和 25. 1%。同时，我国汽车产量的世界排名由 2002 年的第五位上升到 2006 年的第三位，中国快速跨入世界汽车制造大国行列，也成为仅次于美国的全球第二大新车市场，全球第一大潜在汽车消费市场。到 2007 年底，我国民用汽车的保有量为 5697 万辆。机动车保有量迅速增加，而因道路交通基础设施薄弱，交通运输管理滞后，以及人们的法制观念相对淡薄，导致道路交通事故时有发生，从而不断造成人身伤亡和经济损失，这使得人们逐渐认识到了机动车辆保险与理赔的重要性。另一方面，在保险市场中，机动车辆保险业务所占的比重越来越大，已跃居成为我国财产保险业务的龙头险种。

2004 年 5 月 1 日起施行的《中华人民共和国道路交通安全法》是我国第一部关于道路交通安全的法律；2006 年 7 月 1 日起施行的《机动车交通事故责任强制保险条例》对于维护道路交通秩序，预防和减少交通事故，保护人身安全，保护公民、法人和其他组织的财产安全及其他合法权益，提高通行效率，都具有重大意义。2007 年 12 月 14 日，保监会对交强险费率调整方案进行了听证，2008 年 2 月 1 日零时起实行新的交强险责任限额和费率方案。

本书全部采用最新的机动车辆保险条款，从应用的角度出发，帮助读者了解机动车辆保险与理赔的基本知识和实际业务操作。在内容上，突出基础理论知识的应用和实践能力的培养，有较强的针对性和实用性，强化了实践教学。

本书由浙江交通职业技术学院金加龙主编，浙江交通职业技术学院朱福根、陈蕾、张杰和郭宏伟参加了编写工作。其中，金加龙编写绪论、第 1 章、第 2 章、第 3 章以及收集全部附录；张杰编写第 4 章；朱福根编写第 5 章和第 6 章；郭宏伟编写第 7 章；陈蕾编写第 8 章、第 9 章和第 10 章。永诚财产保险股份有限公司浙江分公司总经理朱泓担任本书的主审。

在编写过程中，永安财产保险股份有限公司浙江分公司的余海燕经理、永诚财产保险股份有限公司浙江分公司的戴岳建等各位老师和专家给予了大力支持和无私帮助，在此谨致谢意。另外，在编写过程中，参考了国内外有关的论著、教材和报刊杂志；得到了永安财产保险股份有限公司浙江分公司、中国人民保险公司杭州分公司、太平洋财产保险股份有限公司杭州分公司、平安保险(集团)股份有限公司杭州分公司和太平保险有限公司浙江分公司等单位的大力协助，在此一并致谢。

由于编者水平有限，且时间仓促，书中难免会有疏漏和不足之处，恳请读者和业内专家批评指正。

编　者

2008.4

目 录

绪　论

保险是指投保人根据合同约定，向保险人支付保险费，保险人对于合同约定的可能发生的事故因其发生所造成的财产损失承担赔偿保险金的责任，或者当被保险人死亡、伤残、疾病或者达到合同约定的年龄、期限时承担给付保险金责任的商业保险行为。

从经济角度来看，保险是分摊意外事故损失的一种财务安排。投保人参加保险，实质上是将其不确定的大额损失变成确定的小额支出，即保险费。而保险人集中了大量同类风险，能借助大数法则来正确预见损失的发生额，并根据保险标的损失频率制定保险费率，通过向所有被保险人收取保险费建立保险基金，用于补偿少数被保险人遭受的意外事故损失。因此，保险是一种有效的财务安排，并体现了一定的经济关系。

从法律角度来看，保险是一种合同行为，体现的是一种民事法律关系。根据合同约定，一方承担支付保险费的义务，换取另一方为其提供的经济补偿或给付的权利，这正体现了民事法律关系的内容——主体之间的权利和义务的关系。

机动车辆保险属于财产保险的一种，它是以机动车辆本身及机动车辆的第三者责任为保险标的的一种运输工具保险。

机动车辆保险合同中承保的标的包括汽车、电车、蓄电池车、摩托车、拖拉机、各种专用机械车以及特种车。另外，机动车辆保险合同属于不定值保险合同。

学习本课程，应注意以下几点：

(1) 理论联系实际。既要注意学习理论，又要将理论学习与实际联系起来。

(2) 注重案例学习。保险与理赔是一门与实践结合得相当紧密的科学，通过对实际案例的学习，可以更深入地理解保险学中所涉及的多方面知识。本书的案例非常丰富，在学习时要注意相互比较、融会贯通。

(3) 适当地进行记忆。本课程的学习涉及相关的法律条款和保险条款等，在理解的基础上配合适当的记忆，会起到事半功倍的效果。

(4) 要注意本课程与相关学科的关系。随着社会的进步与发展，本课程的研究内容不断扩展，在学习时，要注意结合相关学科的知识来理解本课程。

0.1　保险发展简史

1．保险的产生

在认识自然、改造自然的漫长历史进程中，人类为了抵御自然灾害和意外事故，逐渐学会了以建立经济后备的形式来防止各种风险对社会经济和生活造成的损失，以谋求生活

的安定和经济的发展。

相传在古巴比伦、古埃及、古希腊、古罗马时期，经济后备的萌芽形态就已经出现。

古希腊盛行一种团体，将具有相同政治、哲学或宗教观点的人聚集在一起，或者同一行业中的工匠组成一个团体，入会者每月交付一定的会费，当遭遇不幸时由该团体给予救济。这些形式都是人身保险的雏形。

公元前2500年左右，巴比伦王国国王曾命令僧侣、法官和市民等以征税形式筹集资金，用以解决可能发生的天灾人祸造成的经济困难。这一做法便是财产保险的雏形。

在公元前916年的路德岛上，国王制定了一项法令，规定一位货主遭受的损失由包括船主在内的所有该船货物的货主来分摊，这项法令保证了当时经济条件下海上贸易的正常进行，被一直沿袭下来，成为“共同海损”的基本原则。

公元533年，罗马皇帝查士丁尼下令制定的法律中规定，船舶抵押贷款的利率为12%，比一般借款利率高出一倍。这项利率规定适应了当时的船舶借款条约：如船舶安全到达，本利均需偿还；如船舶中途沉没，债权随之消失，由债主承担船舶航行安全的风险。很明显，高出普通借款利率一倍的船舶抵押贷款利率其实包含了保险费的成分。

1347年10月23日，热那亚商人乔治·勒克雅伦开出了世界上最早的保险单，规定如船舶在6个月内安全到达，则保险人不负责赔偿。由于保险单中没有立明保险人承保的风险，因此这张保险单还不具备现代保险单的形式。具备现代样式的保险单出现于1397年的佛罗伦萨，该保险单注明承保“海上灾害、火灾、抛弃”等风险。

虽然救济后备和互助保险的意识和思想早在古代就已经出现，但是真正意义上的保险制度却形成于近代。可以说，近代保险业是资本主义发展的产物。15世纪末，美洲大陆和通往印度航道的新发现，以及世界贸易市场的形成和扩大，都要求商品和交换以更大的规模进行。商品流通不仅在国内进行，而且越过国界，在世界范围内进行。商品的运输规模越大，风险也越集中。在这样的情况下，近代的保险制度产生了。从保险的历史来看，财产保险先于人身保险，海上保险早于陆上保险。

近代保险制度的发展是从海上保险开始的。多数学者认为海上借贷是海上保险的前身，而海上借贷最初又起源于中世纪意大利和地中海沿岸的城市中所盛行的商业抵押习惯，即冒险借贷。

所谓冒险借贷，是指船东或货主在发航之前，向金融业融通资金。如果船舶、货物在航海中遭遇海难，依受损程度，可免除部分或全部债务。如果船舶和货物安全抵达目的地，船东或货主则应偿还本金和利息。这实际上就是一种风险转嫁。由于这种契约的风险极大，因此债权人收取的利息很高，通常是本金的1/3或1/4。

除正常的利息外，其余则为补偿债权人承保航程安全的代价。继海上保险制度之后所形成的是火灾保险制度。近代火灾保险起源于英国。1666年9月2日，伦敦皇家面包店由于烘烤过热而起火。火灾失去控制，使得13 000多户住宅被焚毁，20多万居民无家可归，损失极其惨重。当时有位名叫巴奔的牙科医生修建了一些简易房屋来安置那些无家可归的人。1667年，他出资设计了世界上第一家火灾保险公司。由于业务开展迅速，巴奔又与3个合伙人合作成立了一家合伙形式的保险公司。1710年，查尔斯玻文创立伦敦保险公司，开始承保不动产以外的保险业务，其经营范围遍及全国。它是英国现存的最古老的保险公司之一。

人身保险的产生与海上保险的发展是分不开的。15 世纪末，随着海上贸易的发展，海上保险发展起来了，当时，欧洲许多奴隶贩子将奴隶作为货物投保海上运输，这就产生了以人的生命作为保险标的的保险，以后又发展到对船长和船员的人身保险。16 世纪，出现了对旅客的人身保险。在人身保险的产生和发展过程中，英国数学家和天文学家哈雷制定的第一部完整的人口死亡表，获得了最高的荣誉。1693 年，哈雷根据布勒斯市居民的死亡资料，编制了人口死亡表，用科学的方法，精确地计算出各年龄段人口的死亡率，为人寿保险制度的形成奠定了基础。18 世纪中叶，根据哈雷的死亡表，辛普森制作了依据死亡率变化而变化的保险费率表。1762 年，英国成立了世界上第一家人寿保险公司——伦敦公平保险公司。该公司以生命表为依据，采用均衡保险费的理论计算保险费，并且对不符合标准的保户另行收费。对于缴纳保险费的期限、保单失效以后复效的问题等也都做了具体的规定，详细规定于保单。伦敦公平保险公司的成立，标志着现代人寿保险制度的形成。

2．现代保险业的发展

尽管古代已经出现了保险思想的萌芽和一些具有保险性质的措施，然而现代意义上的保险只能是近代资本主义市场经济的产物，并且随资本主义市场经济的发展而发展。

18 世纪以来，由于商品经济的发展，工商业日益兴旺，保险制度也随之得到了发展和完善。进入 19 世纪，一些国家相继完成了工业革命，由此极大地促进了经济的发展，刺激了经营保险业的公司的大量增加。同时各国纷纷采取措施，加大对保险业的监管，使保险的经营日趋走向正轨。再者，科学技术的发展，也为保险范围的扩大创造了条件。

(1) 随着国民经济的增长，保险收入不断增加。

随着国民经济的发展，经济规模的扩大，消费者的平均收入水平不断提高，增加了消费后的剩余，由此提高了保险的现实购买能力。同时，经济的增长导致消费者现有财富的增长，并由此导致风险载体增多，风险总量提高，增加了消费者对保险的需求。据统计，世界保险费总额 1950 年为 210 亿美元，1982 年增长到 4660 亿美元，1995 年增长到 21 434 亿美元，2000 年达到 24 400 亿美元，2005 年全世界保费总量为 34 260 亿美元。2005 年，中国保险业保费约 601 亿美元。

(2) 随着风险种类的增加，保险品种不断扩大。

18 世纪 60 年代，英国的产业革命极大地促进了社会生产力的发展，也使社会的风险结构发生了变化，从以自然风险为主发展成为既有自然风险又有人为风险，既有经济风险又有政治风险，既有共同风险又有特定风险等多种风险并存的风险结构。

为了有效地控制和转移风险，近代保险业得到了长足的发展与繁荣，特别是保险品种不断扩大，相继出现了机动车辆保险、航空保险、卫星保险、责任保险、国内信用保险、出口信用保险和计算机保险等。

(3) 随着消费需求的提高，保单设计不断改进。

在保险业发展的初期，保险条款的设置缺乏灵活性，保费缴纳的方式、保险金额、保险期限等都是一经确定就不能变更的，不能适应消费者多层次和多方面的需要。为此，保险人增加了保单的灵活性，保费、保险期限、保险金额、现金价值等都改为可变的，满足了投保人需求的多样性和应付风险的不确定性。

(4) 随着需求层次的提高，产品功能不断拓展。

像其他商品一样，保险产品也经历了一个扩展的过程，除了发挥经济保障作用外，还逐步演变出金融中介的职能，即从单纯的保障功能，发展为具备储蓄和投资的功能。在许多市场经济发达的国家，保险业已经成为重要的非银行金融机构，成为资本市场上的一个重要的机构投资者。保险融资功能的形成和完善，极大地促进了经济的发展。

(5) 随着经济生活的复杂化，保障范围不断扩大。

现代社会的一个重要特点是，经济生活的复杂程度和相关程度都大大提高，由此导致保险人不断扩大保障的范围。如机动车辆保险已经从单一的第三者责任险发展到车身保险；车身主险由单纯的火险、碰撞损失险发展到综合性的风险保障；保障范围从车辆和第三者责任为主发展到除车辆和第三者责任基本保险外，针对不同保险人和不同汽车特点的各类附加险，种类齐全，保障充分。

(6) 保险金额日益巨大，保险索赔金额增多。

由于保险财产的价值越来越大，为了获得足额的经济保障，保险金额也越来越高。一旦保险标的发生损毁事故，索赔金额将十分巨大。例如，印度博帕尔地区的毒气泄露事故提出的赔偿金额为30亿美元，保险人面临巨额赔款的风险。2001年，美国“9·11”恐怖事件的发生使得保险赔偿数额更是达到历史新高，保险公司面临近700亿美元的赔款。

(7) 再保险业务迅速发展，保险业日趋国际化。

随着高新技术的高度发展和生产规模的扩大，出现了越来越多的价值巨大的保险标的。由于单一的保险公司难以承担起如此巨大的保险责任，于是以分散风险为重要特征的再保险业务随之发展起来。1846年，德国创立了科隆再保险公司，这是世界上最早一家专营再保险业务的保险公司。从此以后，再保险业务在世界各地都有了迅速的发展。再保险的发展加强了国内保险公司之间的联系，使世界保险业的发展出现了国际化的趋势。

市场经济中商业信用和银行信用的普及以及日益频繁的道德风险，促使信用保证保险问世和发展。在现代经济中，保险业发挥着越来越重要的作用，因此获得了长足的发展。

3. 我国的保险业

1) 旧中国的保险业概况

在我国，萌芽性的保险虽然很早就有，但是，现代意义的商业保险是随着英帝国主义的经济入侵而输入的。19世纪初，与西方列强对我国的经济侵略一起，外商保险公司作为保险资本的输出进入我国。

英国保险公司凭借政治、经济上的优势，率先侵入中国。1805年，在华经商的英国商人在广州开设了一家谏当保安行，主要经营与英贸易有关的运输保险，这是中国大地上的第一家保险机构。

1835年，英国商人在香港开设“保安保险公司”。鸦片战争爆发后，1842年，清政府把香港割让给英国，帝国主义把资本输入作为对华经济侵略的主要手段。从19世纪70年代起，英国人又陆续在上海设立了扬子保险公司、中华保险公司、太阳保险公司、巴勒保险公司等。

我国最早的华商保险公司是1876年招商局设立的仁和保险公司，这是我国第一家民族资本保险公司。1878年又设立了济和保险公司。这两家保险公司于1885年合并为仁济和保

险公司，承保招商局所有轮船、货栈及运输货物，这是我国保险界目前公认的中国首家民族资本保险企业，标志着中国民族保险业的开始。

1914 年，第一次世界大战爆发后，帝国主义国家忙于战争，暂时放松了对中国的经济侵略，因此，中国的工商企业得以迅速发展，并由此产生了对保险比较迫切的需求。当时，外商在华保险公司除了保安、扬子两家公司的一部分还留在上海继续营业外，其余多已处于基本停业状态。这时，美国的国外保险协会在中国设立了机构，组建了美国十几家大保险公司经营国外保险业务的集团。

1916 年，我国成立了中国环保保险公司、永宁保险公司和华生保险公司，1917 年成立了永安保险公司等，初步形成了一个中国民营保险公司的阵营。由于这些保险公司的资本实力较弱、营业范围不广，因此对外影响不大。

新中国成立前的我国保险业发展的鼎盛时期是在 20 世纪的 30 年代，上海成为中国乃至远东地区最大的金融保险中心。据史料记载，当时西方资本主义国家为了转嫁其国内的经济危机，向中国大量倾销过剩物资，中国民族工商业举步维艰，为使企业获得发展的后续资金，工商企业纷纷以商品和物资为抵押，向银行借款。为保障借款人在借款期间发生意外灾害而遭受经济损失时有偿还贷款的能力，银行一般都要求对抵押贷款的财产予以保险。另外，由于第一次国内革命战争的影响，内地富商巨贾纷纷携款避居上海，致使上海游资陡增，且向银行和保险业集中。这两大因素使得 20 世纪 30 年代的上海金融业表现出空前的虚假繁荣。据有关资料显示，上海在抗战前有中国民营保险公司 175 家，外国保险公司约 50 家，但保费收入仅为外商保险公司的 1/10。当时全国全年保费收入为 3000 万法币，外商约占 60%，但中国民营保险公司却又将其中的 70%向外商分保，实际仅得保费的 300 多万法币。绝大多数的中国民营保险公司成为外商保险公司的代理公司，大量保费收入流入外国保险公司的口袋。可以说，解放前的中国保险市场处在外商保险公司的垄断之中，不仅原保险市场上的费率和条款为外商所垄断，并且外商几乎全部掌握了中国的再保险市场。

解放前，我国保险业得到发展的另一个原因就是旧中国的官僚银行资本不断介入保险业。1931 年 11 月，中国银行出资设立了中国保险公司；1933 年，中国邮政储汇局设立保险处，利用其遍布全国的网点推销保险产品，专营简易人身保险；1935 年 10 月，由中央银行拨给资本的中央信托局成立了保险部；1941 年，中国农业银行成立了中国农业保险公司；1943 年，交通银行成立了太平洋保险公司。这些借助官僚资本成立的保险公司，不仅拥有资本的优势，且在业务经营上凭借着与官僚千丝万缕的联系而取得了高额利润。例如，中央信托局保险部于 1937 年 10 月受国民党财政部的委托正式承保“运输兵险”(1940 年改为“战时运输兵险”)，对因抗战内迁的财产物资提供了经济保障。由于日本飞机轰炸频繁，因此“战时运输兵险”费率较高，最高达到 10%。1939 年 12 月，国民党财政部再次委托中信局保险部办理“战时陆地兵险”，其承保对象大都是工厂和仓库，以及部分指定的商店、轮渡等其他重要设施，对飞机轰炸、射击、空战、防空炮火及间谍或奸细掷弹爆炸、纵火焚毁等导致的财产损失负责赔偿，基本费率为 4%，这些都为中信局保险部带来了大量的利润。到 1942 年，仅此两项就为中信局带来了 7658.3 万元的保费收入。其他的一些民族银行资本也有些开始进入保险业，如金城银行开设了太平水火保险公司，但这些保险公司无论资本、规模还是业务都处于弱势地位。

2) 新中国的保险事业

新中国成立伊始，国家并没有从法律上取缔外商保险公司，而是采用切断业务来源的方法，迫使解放初尚在大陆的41家外商保险公司陆续申请停业，退出了中国保险市场，彻底改变了帝国主义在我国保险市场的垄断地位。

1949年5月上海解放后，政府接管了21家官僚资本保险公司，批准一批私营保险公司复业，并对其进行改造。1951年，将继续经营的28家私营保险公司合并为“新丰”和“太平”两家保险公司，并参入国家资本。1956年，这两家保险公司又合并为太平保险公司，并退出国内保险业务，专营海外保险业务。

1949年10月20日，在北京成立统一领导全国保险工作的中国人民保险公司，并逐步建立大区、省、市和县级机构。1952年底，中国人民保险公司共有机构1300多个，职工3.4万余人，另有代理处3000多个。

之后，我国的保险事业一直根据经济工作的需要不断调整。第一个五年计划的开展需要大量的建设资金，保险业的任务在于组织分散的社会资金，促进国家和社会财产的安全互助，提高人民福利，同时为国家积累建设资金。保险业务的重点是国营企业的财产强制保险、火险和运输险，农村业务停办。

随着农业合作化运动的开展，1954年又恢复了农村保险，并确定为保险发展的主要方向，同时停办铁路、交通、粮食等部门国营企业的财产强制保险。

1958年大跃进开始，尤其是提出“人民公社化”后，中央认为保险工作的作用已经消失，决定停办中央国营企业的财产强制保险，并逐步发展为停办所有国内保险业务，中国人民保险公司改为专营涉外保险业务的机构，在组织上成为中国人民银行总行国外局的一个处，我国保险事业处于低潮时期。

1979年，在全国人民银行分行行长会议上提出了恢复国内保险机构和业务的建议。经国务院批准，国内保险业务从1980年起开始恢复，这使得我国保险业获得新生。国务院在1982年批转中国人民银行《对于国内保险业务恢复情况和今后发展意见的报告》的通知中，肯定保险“是一种利国利民的好事，是国民经济中不可缺少的一环”，根据“为生产服务，为群众服务和自愿的原则”，开办了企业财产保险、家庭财产保险和机动车辆保险等业务。根据国务院规定，中国人民保险公司自1984年1月1日起从中国人民银行分离出来，单独作为国务院直属局级单位的经济实体。1985年，国务院颁布了《保险企业管理暂行条例》，对中国人民保险公司的性质和业务活动作了规定，并对建立一个多层次的保险体系作了规定。

自从国内保险业务恢复以来，国内和涉外保险业务都有了迅速发展。1986年10月，恢复组建的我国第一家股份制综合性银行——交通银行在开业后不久，由其在上海的分行开展保险业务，从而打破了我国保险市场上独家经营保险业务的局面。1986年成立了地方性的新疆建设兵团保险公司(现改名为中华联合保险公司，并成为全国性的公司)。1987年交通银行成立保险部，并于1991年独立为全国性的太平洋保险公司。1988年5月，深圳平安保险公司在蛇口成立，并于1992年9月改名为中国平安保险公司，在全国开展业务。1994年和1995年，天安保险公司和大众保险公司分别在上海成立。与此同时，外资保险公司也逐步重新进入中国保险市场。1992年，美国友邦保险公司在上海开业，此后日资东京海上保险公司也在上海成立了分公司。

直至2005年4月，根据中国保险监督管理委员会的统计，我国共有中资保险公司(包括集团公司)41家，具有外资成分的保险公司(包括美国友邦、美亚多家分公司)41家。此外，中国人保控股公司、中国人寿保险(集团)公司、中国再保险(集团)公司、华泰保险公司均成立了资产管理公司。根据市场细分，专业性的太平养老保险股份有限公司、平安养老保险股份有限公司、天平机动车辆保险股份有限公司、安华农业保险股份有限公司、安信农业保险股份有限公司、阳光农业相互保险公司相继开业。尤其值得注意的是，阳光农业相互保险公司是我国第一家以相互保险公司形式组建的保险公司。

随着国民经济的发展，保险市场主体的增加，我国保险业务持续发展。就经营的险种而言，已从恢复国内业务初期的几十个传统险种发展成为今天的包括信用保证保险、责任保险在内的近千个险种。同时，一个以政府监管为主、行业自律为辅的保险市场监管体系正在逐步建立和完善。

1995年6月30日，《中华人民共和国保险法》正式颁布，并于10月1日起正式实施。《保险法》是新中国成立以来的第一部保险大法，它对保险公司、保险合同、保险经营规则、保险业的监管和代理人及经纪人等做了比较详细的规定。《保险法》的颁布，标志着新中国保险市场监管的法制建设进入了一个崭新的发展阶段。2002年10月28日，全国九届人大第三十次会议通过关于修改《保险法》的决定，修改后的《保险法》于2003年1月1日起实施。《保险法》的修改标志着我国保险法制建设迈出了重要一步，将对深化保险体制改革、加强和改善保险监管、推进保险市场化进程、加快我国保险事业与国际接轨、保证我国保险业的持续发展产生深远的影响。与此同时，保险市场监管机构和行业自律组织也逐步建立。

1994年，上海市保险同业会成立以来，全国各地的保险同业会或保险行业协会相继成立，1997年9月签署了《全国保险行业公约》，这是我国保险市场行业自律机制建立的重要举措。1998年11月18日，经国务院批准，中国保险监督委员会(保监会)正式成立。根据国务院规定，中国保监会是国务院直属事业单位，是中国商业保险的主管部门，根据国务院的授权履行行政管理职能，依据法律法规统一监管保险市场。中国保监会的成立，为保险市场监管的成熟化、专业化提供了组织保证。

0.2 机动车辆保险简史和现状

机动车辆保险是财产保险的一种，在财产保险领域中，机动车辆保险属于一个相对年轻的险种。这是由于机动车辆保险是伴随着汽车的出现和普及而产生和发展的。同时，与现代机动车辆保险业不同的是，机动车辆保险的初期是以汽车的第三者责任险为主险的，之后才逐步扩展到车辆的碰撞损失等风险。

1. 机动车辆保险的起源

国外机动车辆保险起源于19世纪中后期。当时，随着汽车在欧洲一些国家的出现与发展，因交通事故而导致的意外伤害和财产损失随之增加。尽管各国都采取了一些管制办法和措施，但汽车的使用仍对人们的生命和财产安全构成了严重威胁，因此引起了一些精明的保险人对机动车辆保险的关注。

1896年11月，由英国的苏格兰雇主保险公司发行的一份保险情报单中，刊载了为庆祝“1896年公路机动车辆法令”的顺利通过，而于11月14日举办伦敦至布赖顿的大规模汽车赛的消息。在这份保险情报中，还刊登了“机动车辆保险年费率”。

最早开发机动车辆保险业务的是英国的“法律意外保险有限公司”，1898年，该公司率先推出了汽车第三者责任保险，并可附加汽车火险。

到1901年，保险公司提供的机动车辆保险单已初步具备了现代综合责任险的条件，保险责任也扩大到了汽车的失窃。

2. 国外机动车辆保险的发展

20世纪初期，机动车辆保险业在欧美得到了迅速发展。1903年，英国创立了“汽车通用保险公司”，并逐步发展成为一家大型的专业化机动车辆保险公司。

1906年，成立于1901年的汽车联盟也建立了自己的“汽车联盟保险公司”。

1913年，机动车辆保险已扩大到了20多个国家，机动车辆保险费率和承保办法也基本实现了标准化。

1927年是机动车辆保险发展史上的一个重要里程碑。美国马萨诸塞州制定的举世闻名的强制汽车(责任)保险法的颁布与实施，表明了汽车第三者责任保险开始由自愿保险方式向法定强制保险方式转变。此后，汽车第三者责任法定保险很快波及到世界各地。第三者责任法定保险的广泛实施，极大地推动了机动车辆保险的普及和发展。车损险、盗窃险、货运险等业务也随之发展起来。

自20世纪50年代以来，随着欧、美、日等地区和国家汽车制造业的迅速扩张，机动车辆保险也得到了广泛的发展，并成为各国财产保险中最重要的业务险种。机动车辆保险已占整个财产险的50%以上。

3. 我国机动车辆保险的发展

1) 萌芽时期

我国的汽车保险业务的发展经历了一个曲折的历程。汽车保险进入我国是在鸦片战争以后，但由于我国保险市场处于外国保险公司的垄断与控制之下，加之旧中国的工业不发达，因此，我国的汽车保险实质上处于萌芽状态，其作用与地位十分有限。

2) 试办时期

新中国成立以后的1950年，创建不久的中国人民保险公司就开办了汽车保险。但是因宣传不够和认识的偏颇，不久就出现对此项保险的争议，有人认为汽车保险以及第三者责任保险对于肇事者予以经济补偿，会导致交通事故的增加，对社会产生负面影响。于是，中国人民保险公司于1955年停止了汽车保险业务。直到20世纪70年代中期，为了满足各国驻华使领馆等外国人拥有的汽车保险的需要，才开始办理以涉外业务为主的汽车保险业务。

3) 发展时期

1980年，中国人民保险公司逐步全面恢复了中断近25年之久的汽车保险业务，以适应国内企业和单位对于汽车保险的需要，适应公路交通运输业迅速发展、事故日益频繁的客观需要。但当时汽车保险仅占财产保险市场份额的2%。随着改革开放的发展，社会经济和人民生活也发生了巨大的变化，机动车辆迅速普及和发展，机动车辆保险业务也随之得到了迅速发展。

1983 年，我国将汽车保险改为机动车辆保险，使其具有更广泛的适应性。在此后的近 20 年中，机动车辆保险在我国保险市场，尤其在财产保险市场中始终发挥着重要的作用。

与此同时，机动车辆保险条款、费率以及管理也日趋完善，尤其是中国保监会的成立，进一步完善了机动车辆保险的条款，加大了对于费率、保险单证以及保险人经营活动的监管力度，加速建设并完善了机动车辆保险中介市场，对全面规范市场，促进机动车辆保险业务的发展起到了积极的作用。

2001 年 10 月 1 日，保监会开始在广东省进行机动车辆保险费率市场化的试点工作。2003 年 1 月 1 日，开始在全国范围内实行机动车辆保险费率市场化的改革，机动车辆保险由“监管部门制定条款与费率并监督其实施”向“保险公司自主开发机动车辆保险产品和自主厘定费率，向保监会报批”转变。2006 年 7 月 1 日起，机动车辆保险产品和费率又趋向一致。

各家保险公司加强了机动车辆保险的“售后服务”。比如中国人民财产保险公司在全国范围内推出事故车辆定损系统，其“互碰免责”快速定损方法和“异地出险、就地理赔”服务网络，以及基于互联网技术的“远程定损”方式极大地方便了被保险人的理赔。又如，太平洋财产保险公司推出了法律援助、代步车等服务性特约条款，同时在条款中推出车辆损失险保险金额按全部损失和部分损失分别确定的办法，以解决投保和赔付不对称的问题。平安财产保险公司在全国范围内实现了通城通赔车险理赔服务，同时推出代步车费用附加保险。

思考题

1. 什么是保险？保险产生的条件是什么？
2. 最早的汽车保险业务是什么时候产生的？
3. 试述我国机动车辆保险发展的历程。
4. 学习本课程应注意什么？

第1章　保险学概述

1.1　风险和可保风险

1.1.1　风险

在人们的日常生活与生产活动中，任何个人和社会团体都有可能遭受各种意外而蒙受意想不到的损失，这种意外的出现是一种客观存在。人们也在不断认识各种“意外”给人类社会带来的风险。保险业的兴起为管理风险、分散损失提供了途径。保险法谚曰：“无风险则无保险。”保险是一种处理风险的制度安排，保险与风险同在。因此，研究保险必须从认识风险开始。

1. 风险的概念

风险是指社会和自然界客观存在的，人们时刻警惕和忧虑的，可能因意外事故发生而造成社会财富损毁和对人们的生命安全造成影响的随机现象。“天有不测风云，人有旦夕祸福”，极为形象地刻画了风险的特征。比如，2004年末，不少人到泰国普吉岛旅游，在突如其来的海啸中被夺去了生命。风险包含以下的含义：

(1) 潜在的损失；
(2) 损失的不确定性；
(3) 损失的概率；
(4) 潜在损失的变动；
(5) 损失的可能性。

从保险的角度观察风险时，要注意“损失”和“不确定性”这两大要素。风险的发生必然会对人身及财产构成威胁，并造成损害。风险就意味着会带来损失，无损失就不称为风险。损失包括物质损失和非物质损失。财产的毁损或灭失，由此而引起的收益损失(如工厂停工、产量减少等)、人身方面的损失、责任损失等都属于物质损失。非物质损失包括生理或心理上的担心、忧虑、紧张，资源的扭曲使用，处理风险的费用等。

风险引起的损失具有不确定性，风险是一种随机现象。也就是说，风险是否发生，什么时间发生，在什么地点发生，会带来多大损失，这些都具有不确定性，事先都是无法预测的。

风险总是与损失和不确定性相关联的。也正是因为损失发生的不确定性才引起了人们对风险、风险管理的重视。

2. 风险的特征

根据对风险的定义可以看出，风险具有四个主要特征：客观性、损失性、不确定性和未来性。

1) 客观性

自然灾害和意外事故是自然界和人类社会中的客观存在，不以人们的意志为转移。风险是一种客观存在，无论人们是否意识到，它都存在。自然界的地震、台风、洪水、雷雨，人类社会的战争、失业、意外事故等等，这些风险的发生，都不以人的意志为转移。这是因为自然界的物质运动和社会发展过程都有其客观规律，人们可以通过对风险事件的长期观察和研究，找出影响因素和发生的条件，采取有针对性的防控措施与对策，以减少风险事件发生的频率和损失程度。人们只能在一定的时空范围内改变风险存在和发生的条件，降低风险发生的频率和损失程度，不可能彻底消除风险。风险的存在是客观的、必然的。

2) 损失性

风险的构成要素包括风险因素、风险事故和风险损失。风险因素又称风险条件，是风险事故发生的潜在原因。风险事故又称风险事件，是导致风险损失的直接原因。可以说，风险因素诱发风险事故，风险事故产生风险损失。因此，风险必然会带来损失。

3) 不确定性

风险及其引起的损失都具有不确定性。风险的发生事先难以预料，发生后损失的大小、由谁来承受损失都是不确定的。但不同类型的风险就总体而言有一定的统计规律，可以帮助人们采取预防措施，而对某一具体风险事件而言则纯粹是偶然的，具有不确定性。例如，随着汽车保有量的增加，交通事故不断发生，经过对统计资料的分析发现，某些路段由于受公路平面线型设计与纵坡等因素影响成为事故多发地段，经路段改造完全可以达到减少事故发生的目的。又根据统计资料分析，发现疲劳驾驶和酒后驾车易引发交通事故，人们通过修订交通法规也可以使事故减少。但另一方面，每次交通事故的发生又有很大的偶然性，常常难以预料，因此，交通事故时有发生。

4) 未来性

保险学中的风险除了具有客观性、损失性和不确定性之外，还具有未来性。这是因为风险是人们对未来潜在的、可能会发生的意外事件的一种预见和疑惑。

除了上述四个方面的主要特征之外，风险还具有普遍性、可变性、偶然性和可测性等。

所谓普遍性，是指风险无处不在、无处不有，人们发展科学技术，改进社会制度，尽管有可能使某种风险发生的可能性减小，发生时引起的损失程度减小，但是科学技术的进步、社会制度的变化也会使新的风险产生。汽车的出现使交通事故增加、发生交通事故时造成的损失增加。

可变性是指人类社会面临着各种各样的风险，而且随着社会外部环境和内在因素的变化而不断发生变化。

偶然性是指对一个行为主体，事故是否发生、何时发生、何地发生，以及事故发生后损失程度的大小，都是无法事先确定的。

可测性是指风险可以用随机变量来描述。大量个体面临同一风险，可以用同一个随机变量来描述，从而使得人们可以应用概率论的知识进行分析。人们可以用以往发生的一系

列类似事件的统计资料计算风险发生的频率和损失状况，以此为依据评估和预测风险发生的概率分布。

3．风险事故、风险因素及风险损失

1) 风险事故

风险事故也称风险原因，是指使人身发生伤亡或物品发生损失的直接原因。碰撞、高空坠物、盗窃、失火等都是引起人身伤亡或物品损失的原因。

2) 风险因素

风险因素也称风险条件，指在风险事故发生时，创造或增加损失可能性的条件。发生失火时，木结构的房屋烧毁的可能性远大于钢结构房屋。当发生车辆碰撞时，不具备安全气囊系统的汽车其驾乘人员伤亡的可能性大大增加；经验丰富、心理稳定的驾驶员，以及良好的制动系统都可能使碰撞造成的人身伤亡和汽车损坏的程度降低。通常，风险因素可以分为以下三类：

(1) 物质风险因素。这是有形的因素，指在风险事故中增加损失程度的物质条件，比如制动系统、汽车构造材料、停放地点等。

(2) 道德风险因素。由于不诚实行为或恶意行为促使事故发生，或在事故发生时出于某种目的不努力施救，甚至扩大损失程度等。

(3) 心理风险因素。这是另一种无形的风险因素。与道德风险因素不同的是，心理风险因素是指人们主观上的疏忽或过失增加风险事故损失程度，或者增加风险事故发生的可能性。比如把贵重物品放在汽车中，无意中诱惑小偷的盗窃；不及时维护保养汽车使汽车自燃的可能性增加。有人将道德风险因素和心理风险因素统称为人为心理因素。

3) 风险损失

风险损失是指风险事故引起的损失，是指非故意的、非计划的和非预期的经济价值的减少。轮胎和其他零部件的正常磨损，尽管使汽车的经济价值减少，然而并不是由于偶然的风险事故引起的。车祸发生后汽车受到损伤，车主心情不愉快也是一种损失，然而“心情不愉快”无法用经济价值衡量。这些都不能包含在风险损失之中。

4．风险的分类

风险分类有多种不同的标准，可以按照风险损害的对象分类，也可以按照风险原因分类，还可以按照风险的性质和风险涉及的范围进行分类。

1) 按风险损害的对象分类

按风险损害的对象分类，可以分为财产风险、人身风险、责任风险和信用风险。

(1) 财产风险。财产风险是指财产发生毁损、灭失和贬值的风险。机动车辆在碰撞中损坏，遭遇盗窃而灭失等，都属于财产风险。

(2) 人身风险。人身风险是指人们因生、老、病、死而造成的经济损失。汽车行驶中与其他车辆碰撞造成司机受伤，发生的医疗费、疗养费、受伤期间收入的降低等，均属于人身风险。

(3) 责任风险。责任风险是指造成他人的财产损失或人身伤亡，在法律上应该负有的经济赔偿责任的风险。机动车辆在马路上与行人相撞，依法负有对行人伤亡的赔偿责任。责

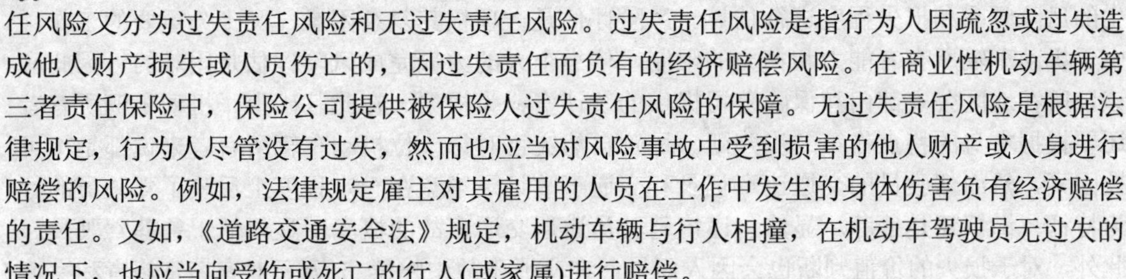

任风险又分为过失责任风险和无过失责任风险。过失责任风险是指行为人因疏忽或过失造成他人财产损失或人员伤亡的，因过失责任而负有的经济赔偿风险。在商业性机动车辆第三者责任保险中，保险公司提供被保险人过失责任风险的保障。无过失责任风险是根据法律规定，行为人尽管没有过失，然而也应当对风险事故中受到损害的他人财产或人身进行赔偿的风险。例如，法律规定雇主对其雇用的人员在工作中发生的身体伤害负有经济赔偿的责任。又如，《道路交通安全法》规定，机动车辆与行人相撞，在机动车驾驶员无过失的情况下，也应当向受伤或死亡的行人(或家属)进行赔偿。

(4) 信用风险。信用风险是指经济交往中一方违约或犯罪造成对方经济损失的风险。

2) 按风险发生的原因分类

按风险发生的原因分类，可以分为自然风险、社会风险和经济风险。

(1) 自然风险。自然风险是由自然现象或物理现象导致的风险。例如地陷、失火、雷电、碰撞造成的机动车辆损失和人员伤亡风险。

(2) 社会风险。社会风险是指人们行为反常以及不可预测的社会事件造成的损失。比如偷窃、抢劫使机动车辆灭失，动乱中不法分子焚烧汽车造成汽车损坏等。

(3) 经济风险。经济风险是指经济生活中各种经济变量的不可预测的变动造成的损失。由于通货膨胀，机动车辆所有者在车辆损坏时的修理费用非预期上升等。

3) 按风险的性质分类

按风险的性质分类，可以分为纯风险和投机风险。

(1) 纯风险。纯风险是指可能形成损失结果的风险。纯风险是风险管理的主要对象，也是保险承保的对象。

(2) 投机风险。企业经营风险、个人买卖股票的风险等都属于投机风险，因为这些风险既可能造成损失，也可能产生收益。习惯上，把产生收益的可能性称为“机会”，而把造成损失的可能性称为“风险”。

4) 按风险涉及的范围分类

按风险涉及的范围分类，可以分为基本风险和特定风险。

(1) 基本风险。基本风险是指风险原因及其影响范围都不限定于特定的人的风险。社会动乱、通货膨胀是社会风险和经济风险中的基本风险；地震、海啸、火山爆发等是自然风险中的基本风险。

(2) 特定风险。与特定的人有关的风险称为特定风险。这些风险由特定的人所引起，损失也涉及特定的个人。例如交通事故中行人被撞死事件中，肇事者是驾驶员，受损失者是行人及其家属。

1.1.2 风险管理

风险管理是行为主体通过对风险的识别、评估和分析，采取最佳的风险政策，以达到安全保障目的的过程。

风险管理的第一步是识别风险。驾驶机动车辆主要面临着自然灾害和交通事故可能造成的财产损失或人员伤亡的风险。对此可以进一步对财产进行细分，列举可能涉及的人员，分析他们中存在的风险因素以及在风险事故中可能发生的损失。

在风险识别的基础上，需要对风险损失进行评估。机动车辆所有者应该对未来可能发

生的风险频率和损失程度进行估算。风险评估是一项极其复杂困难，又十分重要的工作。由于机动车辆所有者能力和精力的限制，依靠个人的力量完成风险评估是困难的，因此应该以所在地区公安部门和保险公司提供的统计资料为根据。在此基础上，机动车辆所有者还要根据本身的特点作第二步判断。尽管自然灾害对每一位机动车辆所有者来说都是不可控因素，然而驾驶员的交通违章记录和交通事故记录毕竟在一定程度上反映了驾驶员的行为特征：谨慎还是鲁莽。显然，谨慎驾驶员遭遇交通事故的概率明显要低于鲁莽驾驶员。此外，对于损失的价值判断也会因人而异，在交通事故中赔偿 5 万元对家境富裕者和家境贫寒者并不是等价值的。

为了达到安全保障的目的，必须采用一定的风险措施。总体来说，风险措施可以分为控制措施和财务措施两类。

控制措施是减小风险发生的可能性、减少损失的措施。一般又可以分为避免风险的措施，预防、抑制损失的措施和控制型非保险转移等三种方法。

避免风险是指以主动放弃或改变某项活动的方式，来回避因该项活动可能带来的风险。比如放弃自驾车游览山区的活动，以避免在盘山道上可能发生的坠崖事故。风险回避措施是一种消极的风险处理方法，以牺牲该活动带来的效益为代价。

预防措施是指事先有针对性地采取各种适当行为，以减少风险发生的频率。在居民区或住宅中增加车库，夜间将汽车停放在车库中，可以显著减少失窃风险。抑制损失措施是指在发生风险事故时或发生后，为减小损失程度或者防止增加损失程度的各种措施。比如安装安全气囊可以使汽车在碰撞时减小驾乘人员受伤的程度。随车附带灭火设备可以在发生汽车自燃时不致使火势蔓延。预防和抑制措施尽管是风险措施中最积极、主动、有效的措施，然而均会引起较高的成本。

控制型非保险转移风险是指通过合同或协议，把损失的责任转移给非保险公司的其他人的措施。例如，出租汽车公司把部分车辆出售给出租汽车驾驶员，从而转移了该部分车辆对出租汽车公司带来的风险。

财务措施是对无法控制的风险作出的财务安排，对风险事故可能造成的损失预作资金准备。财务措施又可以分为自留风险、保险、财务型非保险转移三种。

在无法避免的风险，或者风险频率低、损失程度小的风险情况下，经济行为主体依靠自己的财力来承担风险损失的后果，称为自留风险措施。

通过保险合同把风险转移给保险公司是风险措施中最常用、最有效的财务措施。

通过合同把风险损失的财务后果转移给非保险公司的其他人，称为财务型非保险转移。例如，出租汽车公司可以与承包的驾驶员签订合同，由驾驶员承担交通事故中的责任风险。这样的合同尽管转移了风险，一般来说也必然把一部分利益转移给风险受让者，比如驾驶员在接受交通事故责任风险时，必然要求少缴纳承包费用，出租汽车公司的利润将有所减少。

1.1.3 可保风险

保险所承担的风险简称为可保风险。现实生活中，人们面临各种各样的风险，风险的类别、性质、成因、发生频率、损失的大小等千差万别，保险公司所能接受的风险是有限的，也就是说，并不是所有的风险保险公司都可以承保。一般而言，可保风险必须具备下列条件。

1．可能性

风险发生必须具有客观上的可能性。保险的动机在于防患于未然，以求补偿。若已知没有发生风险的可能，就失去了投保的实际意义。我国《保险法》第二条关于"保险定义"的规定中所使用的"可能发生的事故"即为此含义。此外，这种可能性是指客观上的，并非人们的主观忧虑。

2．偶然性

偶然性是指事先无法预知其发生的时间、地点、损失程度等。事先可以预知，必然会发生的损失如自然损耗、折旧等，保险公司是不会承保的。

3．意外性

(1) 风险的发生是不可预知的，可预知的风险带有必然性，保险人不予赔偿。

(2) 风险的发生及损失后果的扩展不是被保险人的故意行为所致。即对于被保险人故意行为或不采取合理预防措施所造成的损失，保险人不予赔偿。

4．纯粹性

保险人承保的风险只能是纯粹风险，而不可能是投机风险。因为承保投机风险有可能会引起道德风险，使被保险人因投保而获取额外收益而违反保险的基本原则。

5．同质性

可保风险应该是大量存在的同质风险，即大量标的均有遭受同样或者近似损失的可能性。这一条件是为了满足保险经营大数法则的要求。保险是依据大数定律为保险人建立稳定的保险基金，来赔付少数实际出险的标的损失。因此，可保风险的一个重要条件是必须有某种同质风险的大量存在。同时，风险发生的概率和损失应该是可以计算的，这是保险人计算保险费率的依据。

以上条件相互之间是有关联的，确定可保风险时应综合分析，以免发生承保失误。

1.2　保险的基本原理

1.2.1　保险的界定

1．保险的定义

《保险法》第二条规定："本法所称保险，是指投保人根据合同约定，向保险人支付保险费，保险人对于合同约定的可能发生的事故因其发生所造成的财产损失承担赔偿保险金责任，或者当被保险人死亡、伤残、疾病或者达到合同约定的年龄、期限时承担给付保险金责任的商业保险行为。"

可见，保险法所称之保险是一种进行经济补偿的商业行为。

2. 保险的要素

构成保险的基本要素包括以下几个方面：

(1) 存在可保风险。存在大量同质的可保风险是现代保险业存在和运营的基本条件和组成要素。如果没有大量存在的同质风险，保险公司就难以推出保险产品，保险业务也就难以开展。

(2) 风险的集合与分散。保险以集合共同团体、分散风险损失为特征。保险的运作过程既是风险的集合过程，又是风险的分散过程。众多投保人将其所面临的风险转移给保险人，保险人通过承保将众多的风险集合起来；当发生保险责任范围内的损失时，保险人又将少数人发生的风险损失以保险费的方式分摊给全部投保人，也就是通过保险的补偿行为分摊损失，将集合的风险再予以分散处理。

(3) 建立保险基金。保险损失补偿的功能是依靠建立的保险基金来实现的。保险基金是用以补偿或给付因承保范围内所发生的自然灾害、意外事故和人体自然规律所致的经济损失和人身伤害的专项货币基金。保险基金的主要来源有开业资金和保险费。保险基金是保险赔偿与给付的经济基础。

(4) 确定合理的费率。保险既是一种经济保障行为，又含有一定的商品交换属性。因此，确定合理的费率，即制定保险产品的价格，便成了保险的又一基本要素。保险的费率过高，保险需求会受到限制，会影响保险作用的发挥和保险商自身的发展；反之，费率确定得过低，保险基金储备不足，赔付难以保障，保险商的风险加重，也会影响保险业的稳步、健康发展，这都不能称为合理的费率。费率的确定应依据概率统计和大数法则的原则，经过科学的测算来加以确定。

(5) 订立保险合同。保险是投保人与保险人之间的一种保险商业行为，他们之间的经济与法律关系是通过保险合同的订立来确定的，双方在法律和契约条款的约束下履行各自的权利与义务。倘若不具备法律上或合同上规定的各自的权利与义务，那么，保险经济关系则难以成立。因此，订立保险合同是保险关系得以确立的基本要素，它是保险成立的法律保障。

1.2.2 保险的特征

1. 经济性

保险是投保人与保险人之间的一种经济保障活动。这种经济保障活动是整个国民经济活动的一个组成部分。此外，保险体现了一种经济关系，即商品的等价交换关系。所以说，保险是一种经济行为，保险产品具有商品属性，参与保险活动的双方之间存在经济关系。这就是保险的经济性特征。

2. 互助性

保险采用分摊风险损失的机制。分散风险需要集合众多面临同质风险威胁的个体共同面对风险，分摊风险带来的损失。共同团体内形成了互助共济的经济关系，体现了“一人为众，众人为一”的思想。互助性是保险的基本特征之一。

3. 法律性

保险是一种特殊的经济活动。保险关系的确立，是在法律规定的约束下，通过订立保险合同来实现的。合同一经签订即受法律保护。所以，从法律的角度来看，保险又是一种法律行为，参与保险活动的双方之间亦存在法律关系。

4. 科学性

首先，保险是以数学计算为依据确定保险费率的；其次，保险的存在与发展又依赖于有关技术与风险管理学科、保险学科的发展。所以，保险的科学性特征会随着保险业的发展而愈加明显。

1.2.3 保险的分类

1. 按保险的性质分类

按保险的性质，可以将保险分为商业保险、社会保险和政策保险。

1) 商业保险

商业保险是指投保人与保险人订立保险合同，根据合同约定，投保人向保险人支付保险费，保险人对可能发生的事故因其发生导致的损失承担赔偿责任，或者当被保险人死亡、疾病、伤残或者达到约定的年龄期限时承担给付保险金责任的保险。商业保险既是一种经济行为，又是一种法律行为。目前，一般保险公司经营的财产保险、人身保险、责任保险、保证保险等均属于商业保险的范畴。商业保险一般采用自愿保险的原则。

2) 社会保险

社会保险是社会保障的重要组成部分，是指国家通过立法对社会劳动者暂时或永久丧失劳动能力或失业时，由政府指定的专门机构为其提供物质帮助，以保障其基本生活的社会保障制度。我国目前实行的社会养老保险、职工医疗保险、失业保险等均属社会保险的范畴。社会保险与商业保险不同，社会保险一般是强制性的，且在保险费的缴纳和保险金的给付方面，也不遵循完全对等的原则。

3) 政策保险

政策保险是指政府为了适应某项特定政策的要求，以商业保险的一般做法来开办的保险。例如，为扶持农、牧、渔业而设立的种植业保险；为了促进出口贸易而特设的出口信用保险等。政策保险通常由国家设立的专门机构或委托官方或半官方的保险公司具体承办。

2. 按保险立法中的规定分类

1) 财产保险

财产保险包括财产损失保险、责任保险、信用保险等险种。

2) 人身保险

人身保险包括人寿保险、健康保险、意外伤害保险等险种。

3. 按保险标的分类

保险标的是指保险合同中所载明的保险对象。按照不同的标的，保险可分为财产保险、责任保险、信用保证保险和人身保险四大类。

1) 财产保险

财产保险是指以各种有形财产及其相关利益为保险标的的保险。财产保险的种类繁多，主要有以下几种：

(1) 家庭财产保险。家庭财产保险是以城乡居民室内的有形财产为保险标的的保险。

(2) 企业财产保险。企业财产保险是指以投保人存放在固定地点的财产和物资作为保险标的的一种保险。

(3) 建筑工程保险。建筑工程保险是指以各类民用、工业用和公用事业用的建筑工程项目为保险标的的保险。

(4) 机动车辆保险。机动车辆保险是指以机动车辆本身及其相关经济利益为保险标的的一种不定值保险。

(5) 货物运输保险。货物运输保险是指以运输过程中的货物作为保险标的，保险人承保因自然灾害或意外事故造成损失的一种保险。

(6) 农业保险。农业保险是指由保险公司专门为农业生产者在从事种植业和养殖业生产的过程中，对遭受自然灾害和意外事故所造成的经济损失提供经济保障的一种保险。

2) 责任保险

责任保险是指以被保险人对第三者依法应负的赔偿责任为保险标的的保险。在责任保险中，凡根据法律或合同约定，由于被保险人的疏忽或过失造成他人的财产损失或人身伤害，应由其承担的经济赔偿责任，由保险人负责赔偿。常见的责任保险有：

(1) 公众责任保险。被保险人在各种固定场所进行生产、营业或其他活动时，由于意外事故的发生所引起的被保险人在法律上应承担的赔偿责任，由保险人负责赔偿。

(2) 雇主责任保险。凡被保险人所雇佣的员工在受雇过程中，从事合同所列业务有关工作时，因遭受意外而致伤、致残、死亡或患职业疾病，被保险人须负担医药费及经济补偿责任的，由保险人负责赔偿。

(3) 产品责任保险。产品责任保险是指由于被保险人所生产、出售或分配的产品发生事故，造成第三者人身伤亡、疾病、死亡或财产损失，依法应由被保险人负责时，由保险人在约定的赔偿限额内予以赔偿。

(4) 职业责任保险。职业责任保险是指各类专业技术人员，如医生、律师、会计师、工程师等因工作上的疏忽或过失造成他人的人身伤亡或财产损失，依法应承担的经济赔偿责任，由保险人来负责赔偿。

3) 信用保证保险

信用保证保险是指以信用关系为保险标的的一种保险，它是一种担保性质的保险。按担保对象的不同，信用保证保险又可分为信用保险和保证保险两种。信用保险是指权利人(债权人)向保险人投保债务人的信用风险的保险。保证保险是被保险人(债务人)根据权利人(债权人)的要求，请求保险人担保自己信用的保险。

4) 人身保险

人身保险是以人的寿命和身体为保险标的的一种保险。被保险人在保险期间由于发生保险事故而死亡、生病或伤残的，或者合同约定的期限届满时，保险人依照合同约定履行给付保险金责任。由于人身保险的保险标的价值无法用货币衡量，人身保险合同的保险金额并不是以保险标的的价值为依据，而是由保险人事先综合各种因素进行科学计算所确定的固定金额，由投保人选择适用，或者由保险人与投保人协商确定一个数额。人身保险主要包括人寿保险、健康保险和人身意外伤害保险三种。

4．按保险的实施形式分类

按保险的实施形式，保险可以分为强制保险和自愿保险两类。

1) 强制保险

强制保险又称法定保险，是指国家对某些特定对象以法律或行政法规的形式规定其必须参加的保险。强制保险带有强制性和统一性，表现在凡是法律、法规规定范围内的保险对象，不管本人是否愿意，都必须统一参加强制性保险项目。强制保险的目的一般是为了建立社会保障体系或公共安全风险处理机制。例如，我国现行的《道路交通安全法》就规定机动车交通事故责任强制保险属于强制保险。

2) 自愿保险

自愿保险是指保险双方采取自愿方式，通过协商取得共识、签订合同而建立的保险关系。自愿保险中自愿的原则体现在投保人对是否参加保险，选择哪家保险公司，投保何种险别以及保险金额、保险期限的确定等均有自由选择的权利，保险合同订立后还可以中途退保，终止保险合同；同时，保险人也有自由选择的权利。自愿保险是商业保险的基本形式。

1.2.4　保险的职能

现代保险一般具有四个职能，即分散风险、补偿损失、积蓄基金和管理风险。其中，分散风险和补偿损失是保险的两个最基本的职能，而积蓄基金和管理风险则是保险的两个派生职能。

1．保险的基本职能

1) 分散风险的职能

保险是将发生在某一单位或个人身上的偶发风险事故或人身伤害事件造成的经济损失，通过保险人收取保险费的办法平均分摊给所有的被保险人，这就是保险分散风险的职能。在这里，分散风险成了处理偶发性风险事故的一种技术手段，是保险人从事保险业经济活动所特有的内在功能。即保险人是利用分散风险这样一种技术手段来完成保险活动的。

2) 补偿损失的职能

保险将集中起来的保险费用于补偿被保险人因合同约定的保险事故或人身事件的发生所致的经济损失，保险所具有的这种补偿能力就是保险补偿损失的职能。补偿损失是投保人投保的直接目的。

分散风险和补偿损失是手段和目的的统一，是保险本质特征的最基本反映，最能表现和说明保险分配关系的内涵。因此，它们是保险的两个基本职能，两者互为补充、缺一不可。没有分散风险就不可能有损失的补偿，分散风险是前提条件，补偿损失是分散风险的目的。

2．保险的派生职能

保险的派生职能是指在保险的基本职能之上派生、延伸而来的职能，它是伴随着保险

业的发展而产生的。

1) 积蓄基金的职能

保险合同一经签订，投保人就需缴纳保险费，保险人把每笔保险费积蓄在一起作为损失赔付的保险基金，这就是保险积蓄基金的职能。提前收取保费起到了预提分摊金的作用，预提的分摊金必然形成积蓄。保险以保险费的形式预提分摊金并将其积蓄起来，达到了时间上分散风险的效果。

2) 管理风险的职能

保险是一种经济行为，保险双方必然各自追求利益的最大化。

投保人追求以尽可能低的保险费负担而获得同样的保险保障；保险人追求尽可能降低风险发生的频数和损失程度，以达到减少赔偿或给付保险金的目的。双方的这种追求必然引起对风险监督管理的关注，这就是保险所具有的管理风险的职能。管理风险是为了防灾防损、减少损失补偿，所以该职能是保险补偿损失职能的派生职能，也是保险分配关系处于良性循环的客观要求。

1.3　保险的基本原则

1.3.1　保险与防灾减损相结合原则

保险是一种危险管理制度，目的是通过危险管理来防止或减少危险事故，把危险事故造成的损失缩小到最低程度，由此产生了保险与防灾减损相结合的原则。

1．保险与防灾相结合的原则

该原则主要适用于保险事故发生前的事先预防。根据这一原则，保险人应对承保的危险责任进行管理，其具体内容包括：调查和分析保险标的的危险情况，据此向投保人提出合理建议，促使投保人采取防范措施，并进行监督检查；向投保人提供必要的技术支援，共同完善防范措施和设备；对不同的投保人采取差别费率制，以促使其加强对危险事故的管理，即对事故少、信誉好的投保人给予降低保费的优惠，相反，则提高保费等。遵循这一原则，投保人应遵守国家有关消防、安全、生产操作、劳动保护等方面的规定，主动维护保险标的的安全，履行所有人、管理人应尽的义务；同时，按照保险合同的规定，履行危险增加通知义务。

2．保险与减损相结合的原则

该原则主要适用于保险事故发生后的事后减损。如果发生保险事故，投保人应尽最大努力积极抢险，避免事故蔓延、损失扩大，并保护出险现场，及时向保险人报案。而保险人则通过承担施救及其他合理费用来履行义务。

1.3.2　最大诚信原则

人们在保险实务中越来越感到诚信原则的重要性，要求合同双方当事人最大限度地遵守诚信原则，故称最大诚信原则。诚信就是诚实和守信。所谓诚实，是指一方对另一方坦诚相待，没有隐瞒和欺骗行为；所谓守信，是指双方都如实全面地履行自己的义务。具体

来讲，即要求双方当事人不隐瞒事实，不相互欺诈，以最大诚信全面履行各自的义务，以保证对方权利的实现。

最大诚信原则是合同双方当事人都必须遵循的基本原则，其表现为以下几个方面。

1. 履行如实告知义务

履行如实告知义务是最大诚信原则对投保人的要求。由于保险人面对广大的投保人，不可能一一去了解保险标的的各种情况，因此，投保人在投保时，应当将足以影响保险人决定是否承保，足以影响保险人确定保险费率或增加特别条款的重要情况，向保险人如实告知。保险实务中一般以投保单为限，即投保单中询问的内容投保人必须如实填写，除此之外，投保人不承担任何告诉、告知义务。

投保人因故意或过失没有履行如实告知义务，将要承担相应的法律后果，包括保险人可以据此解除保险合同；如果发生保险事故，保险人有权拒绝赔付等。

2. 履行说明义务

履行说明义务是最大诚信原则对保险人的要求。由于保险合同由保险人事先制定，投保人只有表示接受与否的选择，通常投保人又缺乏保险知识和经验，因此，在订立保险合同时，保险人应当向投保人说明合同条款内容。对于保险合同的一般条款，保险人应当履行说明义务。对于保险合同的责任免除条款，保险人应当履行明确说明义务，未明确说明的，责任免除条款不发生效力。

3. 履行保证义务

保证是指投保人向保险人作出承诺，保证在保险期间遵守作为或不作为的某些规则，或保证某一事项的真实性，因此，这也是最大诚信原则对投保人的要求。

保险上的保证有两种，一种是明示保证，即以保险合同条款的形式出现，是保险合同的内容之一，故为明示。如机动车辆保险中有遵守交通规则、安全驾驶、做好车辆维修和保养工作等条款，一旦合同生效，即构成投保人对保险人的保证，对投保人具有作为或不作为的约束力。另一种是默示保证，即这种保证在保险合同条款中并不出现，往往以社会上普遍存在或认可的某些行为规范为准则，并将此视作投保人保证作为或不作为的承诺，故为默示。如财产保险附加盗窃险合同中，虽然没有明文规定被保险人外出时应该关闭门窗，但这是一般常识下应该做的行为，这种社会公认的常识，即构成默示保证，也成为保险人之所以承保的基础，所以，因被保险人没有关闭门窗而招致的失窃，保险人不承担保险责任。

4. 弃权和禁止抗辩

这是最大诚信原则对保险人的要求。所谓弃权，是指保险人放弃法律或保险合同中规定的某项权利，如拒绝承保的权利、解除保险合同的权利等。所谓禁止抗辩，与弃权有紧密联系，是指保险人既然放弃了该项权利，就不得向被保险人或受益人再主张这种权利。

1.3.3　保险利益原则

保险利益是指投保人对保险标的具有的法律上承认的利益，投保人对保险标的应当具有保险利益。投保人对保险标的不具有保险利益的，保险合同无效。

保险利益原则主要有两层含义：投保人在投保时，必须对保险标的具有保险利益，否则，保险就可能成为一种赌博，丧失其补偿经济损失、给予经济帮助的功能。有否保险利益，是判断保险合同有效或无效的根本依据，缺乏保险利益要件的保险合同，自然不发生法律效力。

1. 财产保险利益

财产保险的保险标的是财产及其相关利益，其保险利益是指投保人对保险标的具有法律上承认的经济利益。财产保险的保险利益应当具备三个要素：

(1) 必须是法律认可并予以保护的合法利益；

(2) 必须是经济上的利益；

(3) 必须是确定的经济利益。

2. 人身保险利益

人身保险的保险标的是人的寿命和身体，其保险利益是指投保人对被保险人寿命和身体所具有的经济利害关系。人身保险的保险利益具有以下特点：

(1) 是法律认可并予以保护的人身关系；

(2) 人身关系中具有财产内容；

(3) 构成保险利益的是经济利害关系。

经济利害关系虽然无法用金钱估算，但投保人与保险人在订立保险合同时，可以通过约定保额来确定。

保险利益原则在保险合同的订立、履行过程中，有不同的适用要求。就财产保险而言，投保人应当在投保时对保险标的具有保险利益；合同成立后，被保险人可能因保险标的的买卖、转让、赠与、继承等情况而变更，因此，发生保险事故时，被保险人应当对保险标的具有保险利益，投保人是否具有保险利益已无关紧要。就人身保险而言，投保时，投保人必须对被保险人具有保险利益，至于发生保险事故时，投保人是否仍具有保险利益，则无关紧要。

1.3.4 损失赔偿原则

损失赔偿原则是财产保险特有的原则，是指保险事故发生后，保险人在其责任范围内，对被保险人遭受的实际损失进行赔偿的原则：

(1) 赔偿必须在保险人的责任范围内进行，即保险人只有在保险合同规定的期限内，以约定的保险金额为限，对合同中约定的保险责任事故所致损失进行赔偿。保险期限、保险金额和保险责任是构成保险人赔偿的不可或缺的要件。

(2) 赔偿额应当等于实际损失额。按照民事行为的准则，赔偿应当和损失等量，被保险人不能从保险上获得额外利益，因此，保险人赔偿的金额，只能是保险标的实际损失的金额。换言之，保险人的赔偿应当恰好使保险标的恢复到保险事故发生前的状态。

(3) 损失赔偿是保险人的义务。据此，被保险人提出索赔请求后，保险人应当按主动、迅速、准确、合理的原则，尽快核定损失，与索赔人达成协议并履行赔偿义务；保险人未及时履行赔偿义务时，除支付保险金外，应当赔偿被保险人因此受到的损失。

损害赔偿的派生原则：

(1) 代位原则。保险的代位，是指保险人取代被保险人的求偿权和对保险标的的所有权。代位原则是指保险人依照法律或保险合同的约定，对被保险人遭受的损失进行补偿后，依法取得向对损失负有责任的第三方进行追偿的权利，或取得被保险人对保险标的的所有权。代位原则只适用于财产保险。

(2) 分摊原则。分摊原则的特点是被保险人所得到的赔偿金，由各保险人采用适当的办法进行损失分摊。因此，该原则适用于重复保险。分摊原则是指投保人对同一保险标的、同一保险利益、同一保险事故分别与两个以上保险人订立保险合同，构成重复保险，发生保险责任事故时，按照分摊原则由几个保险人根据不同比例分摊赔偿金额。分摊原则是为了防止发生重复赔偿，造成被保险人不当得利现象的发生。

一般有三种分摊方式：比例责任分摊、限额责任分摊和顺序责任分摊。我们对于重复保险条件下的赔偿采用的是比例责任分摊方式。

1.3.5　近因原则

近因原则的含义是：损害结果必须与危险事故的发生具有直接的因果关系，若危险事故属于保险人责任范围的，保险人就赔偿或给付。近因是指造成保险标的损失的最直接、最有效的因素，是在损失结果发生中起决定作用的原因。但在时间上和空间上，它不一定是离损失最近的原因。在实际生活中，损害结果可能由单因或多因造成。单因比较简单，多因则比较复杂，主要有以下几种情况：

(1) 多因同时发生。若同时发生的都是保险事故，则保险人承担责任；若其中既有保险事故，也有责任免除事项，保险人只承担保险事故造成的损失。

(2) 多因连续发生。两个以上灾害事故连续发生造成损害，一般以最近的(后因)、最有效的原因为近因，若其属于保险事故，则保险人承担赔付责任。但后因是前因直接自然的结果，合理连续或自然延续时，以前因为近因。

(3) 多因间断发生。即后因与前因之间没有必然因果关系，彼此独立。这种情况的处理与单因大致相同，即保险人依据各种独立的危险事故是否属于保险事故来决定是否赔付。

1.4　保险法概述

1.4.1　保险法的概念

保险是社会经济发展到一定阶段的产物，随着保险业的出现和发展，保险法应运而生。保险法是调整商业保险法律规范的总称。具体地说，保险法既是调整保险活动中保险人与投保人、被保险人以及受益人之间法律关系的重要民商事法律，也是国家对保险企业、保险市场实施监督管理的法律。

1.4.2　我国的保险立法

我国的保险立法活动始于清朝末年。光绪二十九年(公元 1903 年)起草的《大清商律》

和光绪三十四年完成的《大清商律草案》中，首次对“损害保险和生命保险”方面的内容做出了规定。从清末到民国期间，不同时期的政府先后制定了一些保险业方面的法律、法规。但是，由于战事不断、政局不稳、经济落后、国力不济等因素的影响，这些法律大多没有什么影响，甚至根本没有颁布实施。直到新中国成立后，特别是改革开放以来，我国的保险业和保险立法才得到了真正的快速发展。

建国以来，我国的保险立法大体上经历了以下三个阶段。

1．建国初期的保险立法

1951 年，政务院颁布了《关于实行国家机关、国营企业、合作化财产强制保险及旅客强制保险的决定》。为了贯彻落实这一决定，有关部门于同年 4 月颁布了《财产强制保险条例》、《船舶强制保险条例》、《铁路车辆强制保险条例》、《轮船旅客意外伤害强制保险条例》、《铁路旅客意外伤害强制保险条例》和《飞机旅客意外伤害强制保险条例》等。

1957 年，财政部颁布了《公民财产自愿保险办法》。同时在对外保险方面，政府对进出口保险、货物运输保险、远洋船舶保险、国际航线保险等做出了规定。上述立法活动，奠定了建国初期新中国保险事业的格局和基础。出台的保险法规当时起到了规范保险行为、调整保险关系、促进保险业发展的作用。后来，由于保险业务的停办，保险立法活动随之终止。

2．改革开放后的保险立法

1980 年，我国重新恢复了国内保险业务，保险业迎来了第二次大发展的机遇，保险立法工作又再一次受到了各方的重视。1981 年 12 月，国务院颁布的《中华人民共和国经济合同法》对财产保险做出了原则性的规定；1983 年 9 月，国务院又颁布了《中华人民共和国财产保险合同条例》，此条例的颁布实施，为加快制定保险基本法奠定了基础，并对促进保险业的发展起到了积极的促进作用。

1985 年 3 月，国务院颁布了《中华人民共和国保险企业管理暂行条例》，这是我国又一部重要的保险法规，其立法宗旨在于加强国家对保险企业的管理，维护被保险人的利益，发挥保险的经济补偿职能，促进保险事业的发展，它实际上起到了保险业监督法应有的作用。它的颁布与施行，标志着我国的保险立法活动又向前迈出了一大步。

3．市场经济体制下的保险立法——保险基本法的出台

随着社会主义市场经济体制在我国的逐步确立，保险业发展的外部环境和内部结构都发生了深刻的变化。为适应市场经济体制下中国保险业发展的需要，一部新的保险基本法的立法工作得到了有关方面的重视。1991 年 10 月，由中国人民银行牵头组成了《中华人民共和国保险法》(简称《保险法》)起草小组，研究起草《保险法》。1995 年 6 月，我国第一部保险基本法——《中华人民共和国保险法》经全国人大常委会八届十四次会议审议通过，并于 1995 年 10 月 1 日起实施。该法采用了当时国际上较为流行的立法体例，将保险合同法和保险业法，即保险私法和保险公法合并为一法。《保险法》的颁布与实施，对于促进我国保险业的健康发展，具有十分重要的意义。

为了配合《保险法》的贯彻与实施，保险监管部门又先后出台了《保险代理人管理规定(试行)》(1997 年 11 月)、《保险经纪人管理规定(试行)》(1998 年 2 月)、《保险机构高级管

理人员任职资格管理暂行规定》(1999 年 1 月)、《保险公司投资证券基金管理办法》(1999 年 10 月)、《保险公司管理规定》(2000 年 1 月)等规章制度。这些规章制度的制定，对于规范保险市场行为、落实保险监管职责发挥了重要的保障作用，使保险监管工作进入了依法管理的轨道。

1.4.3 《保险法》的基本内容

2002 年 10 月 28 日，九届全国人大常委会第三十次会议审议通过了《全国人民代表大会常务委员会关于修改(中华人民共和国保险法)的决定》，该决定于 2003 年 1 月 1 日起开始施行。这是我国保险法颁布实施八年来的第一次修订。修订之后的《保险法》更好地履行了入世承诺，更加符合国际通则和惯例。修订后的《保险法》包括总则、保险合同、保险公司、保险经营规则、保险业的监督管理、保险代理人和保险经纪人、法律责任及附则等内容，共计八章一百五十八条。

我国现行的《保险法》是一部商业保险法，采用了合并立法的体例，包括了保险合同法与保险业法两部分内容。保险合同法也称“保险契约法”，是保险法中的核心内容，是调整保险合同双方当事人之间权利和义务关系的法律规范。这里的双方当事人，是指保险方和投保方。

综上所述，我国现行的《保险法》集行为法规与组织法规于一体，结构完整，内容详实。为便于对这部法规的了解，现将其有关内容分述如下。

1. 保险法的适用范围

保险法的适用范围是指其效力范围，一般包括时间效力、空间效力和对人的效力三个方面。

1) 保险法的时间效力

(1) 保险法的生效日期。法律的生效日期一般有两种：一种是自颁布之日起实施；另一种是在公布之日起满一定时间后生效。我国《保险法》采用的是后一种，《保险法》第一百五十八条规定：“本法自 2003 年 1 月 1 日起施行。”

(2) 保险法的失效日期。一般来讲，若法中未规定施行的时间期限，则被视为不受时间的限制，直到被明令废除而失效。《保险法》未规定废止时间，留待以后的法律予以明确。

(3) 保险法的溯及力。法律的溯及力是指法律是否追究生效之前的事件和行为。如果追究称之为“溯及既往”，否则称之为“不溯及既往”。《保险法》中没有该法具有溯及力的规定，因而采取了“不溯及既往”的原则。

2) 保险法的空间效力

《保险法》第三条规定：“在中华人民共和国境内从事保险活动，适用本法。”另外，根据国家《宪法》和《香港特别行政区基本法》、《澳门特别行政区基本法》中的有关规定，保险法的空间效力范围是：除依法设立的特别行政区外的中华人民共和国的领土范围。

3) 保险法对人的效力

《保险法》第三条的规定不仅表明了保险法的空间效力，同时也明确了保险法对人的效力，即《保险法》适用于参加到商业保险活动中的中华人民共和国境内的所有人，具体指以下几种：

(1) 保险监管部门——中国保险监督管理委员会。

(2) 依法设立的商业保险公司、外国保险公司在中国的分公司、依法取得经营许可证或业务许可证的保险代理人和保险经纪人等。

(3) 参加了依照《保险法》开办的各种商业保险的中国公民、外国公民和无国籍人士等。

2．保险合同的基本规定

《保险法》中对保险合同的相关内容均做出了明确的规定，有关保险合同的法律条文是《保险法》中的重要内容。这是因为保险合同是商业保险必须具备的一种特定法律形式，也是目前世界保险制度中普遍采用的一种制度。

根据《中华人民共和国合同法》的规定，合同是指平等主体的自然人、法人、其他组织之间设立、变更、终止民事权利义务关系的协议。保险合同是合同的一种。根据《保险法》第十条第一款的规定："保险合同是投保人与保险人约定保险权利义务关系的协议。"

保险合同实质上是一种债权合同，即保险人只能对投保人有请求给付保险费的债权，在保险事故发生前有承担危险的债务，在保险事故发生后有依约赔偿或给付保险金的债务。保险人与投保人，一方的权利对应另一方的义务，因此，保险合同又是一种双方有偿合同，保险合同既属于合同的一种，又是一种债权债务关系。

1) 保险合同的主体

保险合同的主体包括保险合同的当事人和关系人。主体是保险合同不可缺少的要素，没有主体就没有保险合同。

(1) 保险合同的当事人，是指保险合同的双方缔约人。就订立保险合同的缔约人而言，保险合同的当事人是保险人和投保人。

《保险法》第十条第三款规定："保险人是指与投保人订立保险合同，并承担赔偿或者给付保险金责任的保险公司。"其法律特征主要是：保险人必须是依法成立的经营保险业务的公司法人。任何自然人，未经特别许可的法人，都不得擅自经营保险业务。

《保险法》第十条第二款规定："投保人是指与保险人订立保险合同，并按照保险合同负有支付保险费义务的人。"其法律特征主要是：投保人可以是自然人，也可以是法人。投保人为自然人时，应当具有完全民事行为能力；投保人为法人时，应当具有权利能力。

(2) 保险合同的关系人，是指虽然不是保险合同缔约人，但却享有保险合同中的权利或承担保险合同中的义务的人。保险合同的关系人一般包括被保险人和受益人。

《保险法》第二十二条第二款规定："被保险人是指其财产或者人身受保险合同保障，享有保险金请求权的人，投保人可以为被保险人。"第三款规定："受益人是指人身保险合同中由被保险人或者投保人指定的享有保险金请求权的人，投保人、被保险人可以为受益人。"

在保险业务中，投保人、被保险人和受益人合称投保方，三者之间存在着种种联系。投保人和被保险人可以是同一个人，也可以是两个人。若是两个人则必然存在某种利益关系。投保人、被保险人和受益人可以是一个人，也可以是两个人或三个人。在保险合同中，当受益人为投保人和被保险人之外的第三人时，受益人与被保险人一般应有特定的经济利益关系。

2) 保险合同的客体

保险合同的客体是保险合同当事人的权利和义务共同指向的对象。《保险法》第十二条

第四款规定："保险标的是指作为保险对象的财产及其有关利益或者人的寿命和身体。"从这一规定中可以看出，保险标的就是保险对象。

3) 保险合同的内容

保险合同的内容即保险合同条款。保险合同条款一般由保险人事先拟订，其内容包括基本条款和特约条款两部分。

4) 保险合同的订立和生效

(1) 保险合同的订立。保险合同的订立，是指投保人和保险人在意思表示一致的情况下签订保险合同的行为。保险合同是双方当事人约定保险权利和义务的协议，是当事人之间的一种合意行为，需要经过一方当事人提出保险要求，另一方当事人表示同意承保的程序。在法律上，通常把提出保险要求称之为"保险上的要约"，把同意承保称之为"保险上的承诺"，保险合同只有经过要约和承诺两个法定程序才能成立。

投保人提出要约是订立保险合同的必需和首要程序，应采取书面形式。保险实务中，这种书面形式即为投保单。投保单是保险人事先制定的，投保人必须按照投保单所列举的内容逐一填写，投保人填写的准确与否，直接关系到投保人是否履行了"如实告知"义务。当然，对于投保单上没有列举的内容，投保人不承担告知义务。

在保险实务中，当双方当事人经过要约、承诺的程序而达成了协议，保险人在投保单上签字盖章后，保险合同即告成立。

(2) 保险合同的生效。保险合同生效的前提，必须是依法成立的保险合同。保险合同生效的时间，即保险合同效力开始产生的时间。一般情况下，保险合同成立时即开始生效，保险合同的成立时间与生效时间是一致的，保险合同依法成立，其效力随之产生，当事人便开始依据合同享有权利并承担义务。但是，当保险合同中有附加条款时，合同生效时间延后。《合同法》第四十五条规定："当事人对合同的效力可以约定附加条件。附生效条件的合同，自条件成立时生效。"例如，保险合同当事人约定以投保人交纳保险费作为合同生效的条件，那么，只有当投保人交纳保险费后保险合同才开始生效。否则，保险合同虽已签订但并不发生法律效力。

(3) 保险合同订立的凭证。保险合同订立的凭证，是指能够证明双方当事人已经达成保险协议的书面文件。这些文件主要包括投保单、暂保单、保险单、保险凭证、批单或批注等。

5) 保险合同的履行

保险合同的履行，是指保险合同成立后，双方当事人完成各自承担的义务，保证对方权利实现的整个行为过程。保险合同的履行是投保方和保险方双方的义务。

6) 保险合同的变更

保险合同的变更，是指在保险合同有效期限内，由于订立保险合同时所依据的主客观情况发生变化，双方当事人按照法定或合同规定的程序，在协商一致的基础上，对原保险合同的某些条款进行修改或补充的行为，即保险合同的变更是指对保险合同内容的变更。投保人或被保险人提出变更书面申请，保险人同意后签发批单或批注。

7) 保险合同的解除

保险合同的解除，是指双方当事人依法或依合同约定而提前终止保险合同的行为。

8) 保险合同的终止

保险合同的终止，是指保险合同双方当事人消灭合同确定的权利和义务的行为。保险合同一旦终止，就失去法律效力。

思　考　题

1. 简述风险与保险的相互关系。

2. 保险具有哪些基本职能？

3. 举例说明保险与防灾减损相结合的原则在车险实践中的应用。

4. 何谓损失补偿原则？简述补偿原则在车险实践中的理论指导意义。

5. 王某为其富康轿车以家用为名办理了保险，后在未通知保险公司的情况下利用其车进行出租运输，在营运期间发生事故，随即向保险公司提出索赔，保险公司是否有充足的理由拒赔？

第 2 章　机动车辆保险综述

2.1　机动车辆保险简介

2.1.1　机动车辆保险的概念

机动车辆保险是以机动车辆本身及其相关经济利益为保险标的的一种不定值财产保险。世界上许多国家至今仍沿用汽车保险的名称，而我国已经统一改称为机动车辆保险。

机动车辆在使用过程中遭受自然灾害风险和发生意外事故的概率较大，机动车辆面临的风险主要有财产损失风险和人员伤亡风险两类。

1．财产损失风险

任何机动车辆都面临着交通事故和自然灾害造成的财产损失风险。

财产损失分为机动车辆本身的损坏、灭失和其他财产损坏、灭失。其他财产又分为车上财产和车下财产。

财产损失应该区分正常损失和因意外事故或自然灾害造成的损失。机动车辆在使用过程中的正常磨损、折旧，机动车辆价格的变动使机动车辆的实际价值的下降等等，都属于正常损失。

对于机动车辆保险来说，还应该区分在交通事故中直接损失的财产和间接损失的财产。直接的财产损失是指由自然灾害或意外事故直接造成的机动车辆、车上的物品和车下物品的损失。间接的财产损失又包括两部分：

(1) 是为了施救被损坏的物品而消耗掉的财物；

(2) 是指保险车辆发生意外事故，致使停业、停驶、停电、停水、停气、停产、通信中断的损失，以及由此而引起的其他人员、财产或利益的损失。

2．人员伤亡风险

机动车辆行驶中也面临着人员伤亡的风险。

意外的交通事故或者自然灾害可能使驾驶员本人发生伤亡，也可能使车上其他人员发生伤亡，同样也可能使车下人员(包括处于其他车辆上的人员)发生伤亡。

驾驶员即使在车下，也可能发生伤亡事故。比如当机动车辆发生故障时驾驶员下车检修，这时原来停驶的车辆突然意外地启动就可能伤及驾驶员。

在机动车辆保险中，要严格区分保险事故引起的人员伤亡和非保险事故引起的伤亡；驾驶员及其家属的伤亡和其他人员的伤亡；车上人员(包括不正常下车人员)的伤亡和车下人员的伤亡。在车下人员的伤亡中，要严格区分处于其他机动车辆上的人员伤亡与处于非机动车上人员和行人的伤亡。

机动车辆保险是一种重要的风险转嫁方式。机动车辆在使用过程中遭受自然灾害风险和发生意外事故，特别是在第三者责任事故中，其损失赔偿通常是难以通过自我补偿的，必须或最好通过保险这种风险转嫁方式将其面临的风险及风险损失在全社会范围内分散和转移，以最大限度地抵御风险。通过机动车辆保险，将拥有机动车辆的单位、家庭和个人所面临的种种风险及其损失后果在全社会范围内分散与转嫁。机动车辆保险是现代社会处理风险的一种非常重要的手段，是风险转嫁中一种重要、有效的技术，是一种不可缺少的经济补偿制度。

2.1.2　机动车辆保险的特点

机动车辆保险的基本特征，可以概括为以下几点。

1．保险标的出险率较高

汽车是陆地上的主要交通工具。由于其经常处于运动状态，总是载着人或货物不断地从一个地方开往另一个地方，很容易发生碰撞及其他意外事故，造成人身伤亡或财产损失。由于车辆数量的迅速增加，一些国家交通设施及管理水平跟不上车辆的发展速度，再加上驾驶人的疏忽、过失等人为原因，交通事故发生频繁，汽车出险率较高。

2．业务量大，投保率高

由于汽车出险率较高，汽车的所有者需要以保险方式转嫁风险。各国政府在不断改善交通设施，严格制定交通规章的同时，为了保障受害人的利益，对第三者责任保险实施强制保险。保险人为适应投保人转嫁风险的不同需要，为被保险人提供了更全面的保障，在开展车辆损失险和第三者责任险的基础上，推出了一系列附加险，使汽车保险成为财产保险中业务量较大，投保率较高的一个险种。

3．保险利益扩大

在机动车辆保险中，针对汽车的所有者与使用者不同的特点，机动车辆保险条款一般规定：不仅被保险人本人使用车辆时发生保险事故时保险人要承担赔偿责任，而且凡是被保险人允许的驾驶人使用车辆时，也视为其对保险标的具有保险利益，如果发生保险单上约定的责任事故，保险人同样要承担事故造成的损失，保险人须说明汽车保险的规定以“从车”为主，凡经被保险人允许的驾驶人驾驶被保险人的汽车造成保险事故的损失，保险人须对被保险人负赔偿责任。此规定是为了对被保险人提供更充分的保障，并非违背保险利益原则。但如果在保险合同有效期内，被保险人将保险车辆转卖、转让、赠送他人，被保险人应当书面通知保险人并申请办理批改。否则，保险事故发生时，保险人对被保险人不承担赔偿责任。

4．被保险人自负责任与无赔款优待

为了促使被保险人注意维护、养护车辆，使其保持安全行驶技术状态，并督促驾驶人注意安全行车，以减少交通事故，保险合同上一般规定：驾驶人在交通事故中所负责任，车辆损失险和第三者责任险在符合赔偿规定的金额内实行绝对免赔率；保险车辆在保险期限内无赔款，续保时可以按保险费的一定比例享受无赔款优待。以上两项规定，虽然分别是对被保险人的惩罚和优待，但要达到的目的是一致的。

2.1.3　机动车辆保险的作用

机动车辆保险在不同的社会制度及不同的历史时期具有不同的作用。我国现阶段，机动车辆保险在维护社会稳定、防灾减损以及提高车辆性能等方面起着重要作用。

1．稳定了社会秩序

(1) 机动车辆保险解决了机动车辆在交通事故中可能承担的对第三者责任赔偿能力的问题，稳定了社会关系和社会秩序。《道路交通安全法》第七十五条规定："医疗机构对交通事故中的受伤人员应当及时抢救，不得因抢救费用未及时支付而拖延救治。肇事车辆参加机动车辆第三者责任强制保险的，由保险公司在责任限额范围内支付抢救费用……"

(2) 保险车辆遭受自然灾害或意外事故，轻则会使企业财产受损，重则使生产停顿，破坏正常的经济秩序。通过保险筹集赔偿基金，及时进行经济补偿，可使受灾单位或个人得到及时救济，迅速恢复生产，有利于人民生活的安定。

2．扩大了汽车的需求

机动车辆保险业务自身的发展对于汽车工业的发展起到了有力的推动作用，机动车辆保险的出现，解除了企业和个人对在使用汽车过程中可能出现的风险的担心，扩大了对汽车的需求。

3．保证了道路安全畅通

发挥保险防灾减损的作用是保险的一个鲜明标志。保险公司无论从自身效益考虑，还是从社会效益考虑，都必须做好防灾减损工作，把预防工作做到前头，防患于未然，减少各种损失。

保险公司与交警等部门密切配合，努力做好预防工作，严格人车管理，将酒后驾车、无有效驾驶证、未经必要修理致使损失扩大以及被保险人的故意行为等列为除外责任，同时通过调节费率、实施安全奖励等手段来引导保户重视安全工作。

另外，保险公司在查勘、理赔的过程中，必然接触到各种情况和信息，这不仅是保险公司进行理赔的重要依据，而且还可以从中分析发生事故的特点和规律，进而找到预防交通事故的办法，促进道路的安全与畅通。

4．促进了车辆安全性能的提高

机动车辆保险的保险人从自身和社会效益的角度出发，联合车辆生产厂家、维修企业开展关于机动车辆事故原因的统计分析，研究和应用安全设计新技术，促进了车辆安全性能的全面提高。

2.2 我国的机动车辆保险

2.2.1 我国现行机动车辆保险险种

2006 年 3 月 1 日，我国的《机动车交通事故责任强制保险条例》公布，并于 2006 年 7 月 1 日起施行。因此，根据我国目前机动车保险的政策，在保险实务中，机动车保险因保险性质的不同，一般又分为机动车强制责任保险和机动车商业保险两大部分。虽然它们都属于商业保险公司经营，但机动车强制责任保险是强制性保险，而其他的险种则是建立在保险人和被保险人自愿基础上的机动车商业保险。

伴随着机动车交通事故责任强制保险的实施，车损险和商业第三者责任险发生了重大变化。中国保险行业协会率先提出，各保险公司经营的商业车险又将使用统一条款和费率，这一规定于 2006 年 7 月 1 日起正式实行。2008 年 2 月 1 日零时起，新的交强险责任限额和费率方案开始实行。中国保险行业协会为目前现有的财险公司制定了 A、B、C 三款商业险，各家保险公司从中进行选择，这样就告别了以前各家财险公司各自为政的局面。针对商业险的 A、B、C 三款，中国保险行业协会还推出了车损险的基础保费和费率。此次统一的是车险中的主险部分，即车损险和商业第三者责任险，条款以人保、平安、太平洋车险条款为基准，在此基础上有细微调整。而对于划痕险、玻璃险等附加车险，仍允许保险公司进行差异化经营。目前我国机动车辆保险产品的分类如表 2-1 所示。

表 2-1 我国机动车辆保险产品的分类

机动车强制保险	机动车商业保险		
	主险	车辆损失险	第三者责任险
机动车交通事故责任强制保险	附加险	全车盗抢险、玻璃单独破碎险、自燃损失险、新增加设备损失险、车辆停驶损失险、车身划痕损失险、特约救助条款等	车上人员责任险、无过错责任险、车载货物掉落责任险等
		不计免赔特约险	

当然，这个列表中列出的是比较常见的车险险种，车险改革后，有的保险公司把全车盗抢险以及车上人员责任险也列为基本险，比如，中国保险行业协会根据人保制定的《机动车辆保险条款(A)》就把车上人员责任险作为基本险，并可单独投保；根据太平洋保险公司制订的《机动车辆保险条款(C)》把盗抢险及车上人员责任险同样作为基本险，也可单独投保，如图 2-1 所示，主要体现在主险的附加险方面。不同地区、不同的车险产品都不尽相同，而且各车险公司根据市场情况的变化，会适时推出新的车险品种。

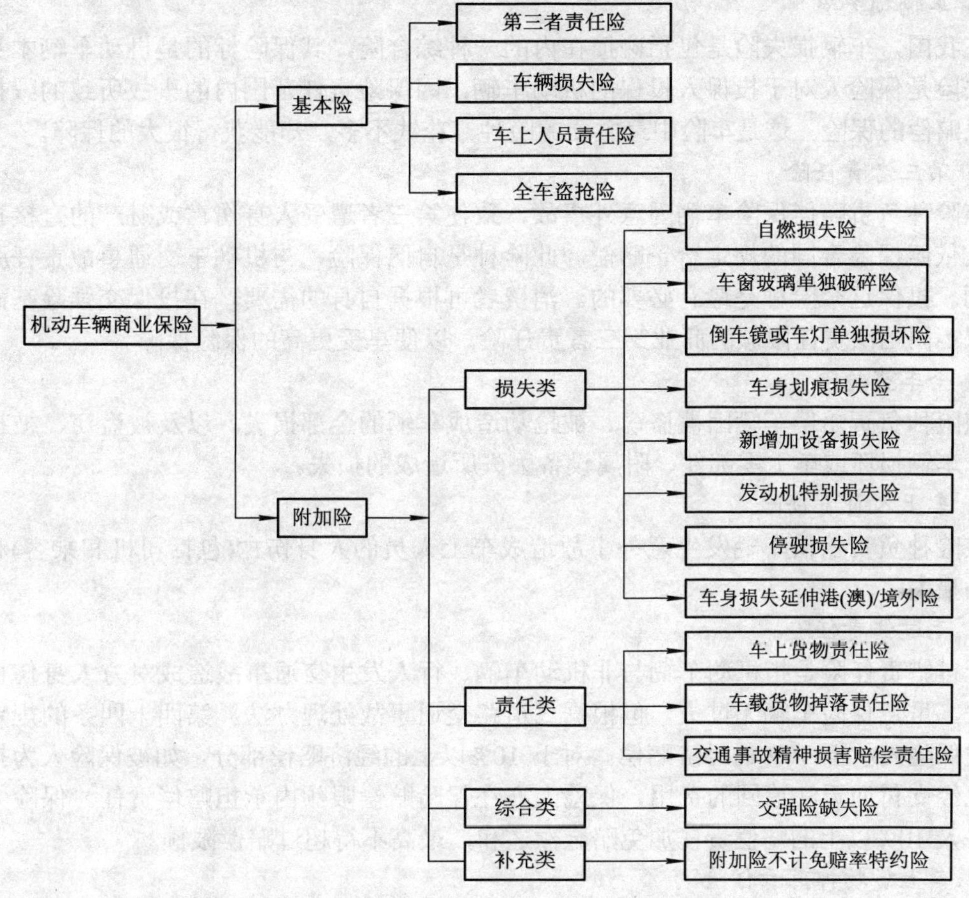

图 2-1　机动车辆保险产品的分类

1．机动车交通事故责任强制保险

《机动车交通事故责任强制保险条例》第三条规定：“本条例所称机动车交通事故责任强制保险，是指由保险公司对保险机动车发生道路交通事故造成本国人员、被保险人以外的受害人的人身伤亡、财产损失，在责任限额内予以赔偿的强制性责任保险。”依据此条的规定：

(1) 该强制性保险只承保机动车上的人员、被保险人之外的第三人所遭受的损害；

(2) 第三人所遭受的损害包括人身损害和财产损失，不包括精神损害；

(3) 该强制性保险有一定的责任限额，保险人只在该限额内承担支付保险金的责任。

2．商业机动车保险

我国的强制机动车责任保险采取限额保险制，在强制险之外，还有商业机动车险。根据保障的责任范围，商业机动车险分为基本险和附加险，基本险主要包括车辆损失险和第三者责任险，但也有的保险公司把全车盗抢险和车上人员责任险列入基本险。附加险包括全车盗抢险、车上人员责任险、无过错责任险、车载货物掉落责任险、玻璃单独破碎险、车辆停驶损失险、自燃损失险、新增加设备损失险、不计免赔特约险等。

1) 车辆损失险

在我国，车辆损失险是包括碰撞在内的一种综合险，其保险标的是机动车辆本身。车辆损失险是保险人对于投保人投保的机动车辆，因保险责任范围内的事故所致的毁损、灭失予以赔偿的保险。这是车险中最主要的险种，花钱不多，却能获得很大的保障。

2) 第三者责任险

该险种负责赔偿保险车辆因意外事故，致使第三者遭受人身伤亡或财产的直接损失，保险人依照保险合同的规定给予赔偿。此险种是自愿保险，与机动车交通事故责任强制保险不同。投保这个险种是最有必要的。消费者可根据自身的需要，在投保交强险基础上选择投保不同档次责任限额的商业第三者责任险，以便享受更高的保险保障。

3) 全车盗抢险

该险种负责赔偿车辆因被盗窃、被抢劫造成车辆的全部损失，以及被盗窃、被抢劫期间由于车辆损坏或车上零部件、附属设备丢失所造成的损失。

4) 车上人员责任险

该险种负责赔偿车辆发生意外事故造成车上人员的人身伤亡(包括司机和乘客)和所载货物的损失。

5) 无过错责任险

无过错责任险是指机动车辆与非机动车辆、行人发生交通事故造成对方人身伤亡、财产损失，虽然保险车辆无过失，但根据《道路交通事故处理办法》第四十四条的规定，仍应由被保险人承担 10%的经济赔偿。对于 10%以上的经济赔偿部分，如被保险人为抢救伤员等已经支付而无法追回的费用，保险人亦在保险赔偿限额内承担赔偿责任。保险人承担的 10%及 10%以上的赔偿责任加免赔金额之和，最高不得超过赔偿限额。

6) 车上货物掉落责任险

车上货物掉落导致他物受损，该责任属于车载货物掉落责任险范畴，即对车载货物从车上掉下来造成他人(即第三者)人身伤亡、财产的损失等，保险公司予以赔偿。

7) 玻璃单独破碎险

在全国条款中，玻璃单独破碎险是专门为前后玻璃和车窗玻璃设计的险种。

对于玻璃单独破碎险，是指车辆在停放或使用过程中，其他部分没有损坏，仅挡风玻璃和车窗玻璃单独破碎，保险公司负责赔偿。高档车辆是很有必要买这个险种的。

8) 车辆停驶损失险

车辆停驶损失险负责赔偿保险车辆发生保险事故造成的车辆损坏及因停驶而产生的损失。保险人在双方约定的修复时间内按保险单约定的日赔偿金额乘以从送修之日起至修复竣工之日止的实际天数计算赔偿。对于从事专业营运的大型客货车辆以及营运出租轿车，由于肇事后修车耽误营运，间接损失较大，是有必要投保此险种的。

9) 自燃损失险

自燃损失险负责赔偿保险车辆因本车电器、线路、供油系统发生故障及运载货物自身原因起火燃烧，造成的保险车辆的损失；由于外界火灾导致车辆着火的，不属于自燃损失险责任范围。虽然车辆发生自燃的概率相对较小，但自燃往往导致较严重的经济损失，因此在条件许可的情况下，建议车主投保自燃损失险。

10) 新增加设备险

新增加设备险负责赔偿车辆发生保险事故时造成车上新增加设备的直接损失。当车主自己为车辆加装了制冷、加氧设备、清洁燃料设备、CD及电视录像设备、真皮或电动坐椅等不是车辆出厂所带的设备时，应考虑投保新增加设备损失险。否则，当这些设备因事故受损时，即使投保了车辆损失险，保险公司也是不赔偿的。

11) 不计免赔特约险

不计免赔特约险仅针对车辆损失险和第三者责任险范围内的损失，不适用附加险的免赔规定。根据条款规定，一般情况下，上述险种范围内的每次保险事故与赔偿计算履行按责免赔的原则，车主须按事故责任大小承担一定比例的损失(称为免赔额)。但如果投保了不计免赔特约险，则发生保险事故后，保险公司不再按原免赔规定进行免赔，而要按规定计算的实际损失给予赔付。

2.2.2　我国现行机动车辆保险费率

1. 机动车辆保险费率的确定原则

1) 公平合理原则

公平合理原则的核心是确保每一个被保险人的保费负担基本上反映保险标的的危险程度。这种公平合理的原则应在两个层面加以体现：

(1) 在保险人和被保险人之间。在保险人和被保险人之间体现公平合理的原则，是指保险人的总体收费应当符合保险价格确定的基本原理，尤其是在附加费率部分，不应让被保险人负担保险人不合理的经营成本和利润。

(2) 在不同的被保险人之间。在被保险人之间体现公平合理的原则是指不同被保险人的保险标的的危险程度可能存在较大的差异，保险人对不同的被保险人收取的保险费应当反映这种差异。保险人不但要根据汽车使用用途、车型的不同划分不同车的费率档次，还要体现同样的车在不同地区、不同时间和不同主体使用上所具有的风险差异性。

由于机动车保险商品存在一定的特殊性，使得要实现绝对的公平合理是不可能的，因此，公平合理只能是相对的，保险人在确定费率的过程中应该注意体现一种公平合理的倾向，力求实现费率确定的相对公平合理。

2) 保证偿付原则

保证偿付原则的核心是确保保险人具有充分的偿付能力。机动车保险的最基本的功能是损失补偿，而损失补偿功能的实现是通过建立汽车保险基金来实现的。机动车保险基金主要由开业资金和保险费两部分构成。保险费是保险标的的损失偿付的基本资金，是车辆投保人为获得保险人的保险补偿而支付的费用。

因而，厘定的保险费率应保证保险公司具有相应的偿付能力，这是由保险的基本功能来决定的。保险费率过低，直接影响保险基金的实际规模，势必削弱保险公司的偿付能力，从而影响对被保险人的实际保障。

保证偿付能力是保险费率确定原则的关键。保险公司是否具有足够的偿付能力，不仅仅影响到保险业的经营秩序和稳定，同时，也对广大的被保险人，乃至整个社会产生直接的影响。

3) 相对稳定原则

相对稳定原则是指保险费率厘定之后，应当在相当长的一段时间内保持稳定，不要轻易地变动。由于机动车保险业务存在保费总量大、单量多的特点，经常变动的费率势必增加保险公司的业务工作量，导致经营成本上升。同时也会给投保人带来很多不便，投保人需要不断适应新的费率，从而影响汽车保险业务的开展。

费率的确定具有一定的稳定性是相对的，一旦经营的外部环境发生了较大的变化，保险费率就必须进行相应的调整，以符合公平合理的原则。随着汽车工业的迅速发展，交通环境、市场环境、社会环境和国家的政治政策环境的变化，我国机动车保险费率已经作了相应的调整。2000 年 7 月 1 日开始实施《机动车辆保险条款》，采取统一费率；2003 年 1 月 1 日起机动车保险费率厘定放开，由保险公司自主制定，报保监会批准；2006 年 7 月 1 日起机动车保险费率又趋于统一。

4) 促进防损原则

防灾防损是机动车辆保险的一个重要功能，其内涵是保险公司在经营过程中应协调某一风险群体的利益，积极推动和参与针对这一风险群体的预防灾害和损失的活动，减少或者避免不必要的灾害事故的发生。这样不仅可以减少保险公司的赔付金额和减少被保险人的损失，更重要的是可以保障社会财富，稳定企业经营，安定人民生活，促进社会经济发展。为此，保险人在厘定保险费率的过程中应将防灾防损的费用列入成本，并将这部分费用用于防灾防损工作。在机动车保险业务中防灾防损功能显得尤为重要。

2．机动车辆保险费率确定模式

1) 机动车辆保险费率

保险金额：简称保额，保险合同双方当事人约定的保险人于保险事故发生后应赔偿(给付)保险金的限额，它是保险人据以计算保险费的基础。

保险费：简称保费，是投保人参加保险时所交付给保险人的费用。

保险费率：依照保险金额计算的保险费的比例。

在市场经济条件下，价值价格规律的核心是使价格真实地反映价值，从而体现在交易过程中公平和对等的原则。

就机动车保险而言，保险人同样希望保费设计得更精确、更合理。在不断的统计和分析研究中，人们发现影响机动车保险索赔频率和索赔幅度的危险因子很多，而且影响的程度也各不相同。每一辆汽车的风险程度是其自身风险因子综合影响的结果，所以，科学的方法是通过全面综合地考虑这些风险因子后确定费率。

2) 机动车辆保险费率模式

通常保险人在经营机动车辆保险的过程中，将风险因子分为两类：一是与汽车相关的风险因子，主要包括汽车的种类、使用的情况和行驶的区域等；二是与驾驶人相关的风险因子，主要包括驾驶人的性格、年龄、婚姻状况、职业等。由此，各国汽车保险的费率模式基本上可以划分为两大类，即从车费率模式和从人费率模式。

(1) 从车费率模式。从车费率模式是以被保险车辆的风险因子作为确定保险费率主要依据的费率确定模式。目前，我国机动车辆保险费率的确定以该模式为主。

现行的机动车辆保险费率体系中影响费率的主要风险因子包括车辆的种类和车辆的用途。

① 车辆的种类：根据车辆的使用性质划分为家庭自用车、非营业用车和营业用车。

② 车辆的用途：货运和客运等。

除上述风险因子外，现行的机动车辆保险费率体系还将车辆行驶区域作为影响机动车辆保险费率的风险因子，即按照车辆行驶区域的不同，适用费率浮动。如“人保”机动车辆保险规定省内行驶的，主险费率下浮 5%；有固定营业路线的，主险费率下浮 5%。

从车费率模式的缺点也是很多的，因为机动车辆的运行过程是“人—车—环境”相互结合的过程，三方因素共同产生影响，交互发生作用，而且人的因素是导致车辆风险的核心因素。片面地强调车辆自身的风险因素，忽视了“人”的作用，将影响费率厘定的科学性，使通过费率对风险进行识别进而对风险进行防范和控制的作用难以实现。

(2) 从人费率模式。从人费率模式是指在确定保险费率的过程中以被保险车辆驾驶人员的风险因子作为确定保险费率主要依据的模式。目前，大多数国家机动车辆保险费率确定的模式均属于从人费率模式。

在我国，随着汽车走进家庭，机动车辆保险的保险对象是“公车”的现象已不是绝大多数，经营环境发生了巨大变化，采用从车加从人兼顾使用环境费率模式的条件日益成熟，所以，现阶段我国已逐渐开始采用从车加从人兼顾使用环境的复合费率模式。

我国目前在费率制定过程中考虑的与驾驶人员有关的风险因子主要有“驾驶人员的指定与否”和“驾驶人员的安全行驶记录”等。例如，“人保”机动车辆保险条款规定：对于指定一名或两名驾驶员的，保险费率有差异；驾驶员有无违章记录的，费率也有差异。这些变化主要通过在标准费率基础上的优惠来体现，同时，这些变化也体现了保险人对风险的控制和保险双方权利义务对等的原则。

2.3　机动车辆保险市场

2.3.1　我国当前机动车辆保险业务市场

目前，我国经营车险业务的财产保险公司主要有：中国人民财产保险股份有限公司、中国太平洋财产保险股份有限公司、中国平安财产保险股份有限公司、永诚财产保险股份有限公司、中华联合财产保险公司、天安保险股份有限公司、华安财产保险股份有限公司、永安财产保险股份有限公司、太平保险有限公司等。

1. 机动车辆保险的市场地位

指导机动车辆保险业务的健康发展，关键在于明确机动车辆保险在保险市场，特别是在财产保险市场中的重要地位。

(1) 机动车辆保险不再是以企业和单位为主要对象的业务，而是逐渐发展成为以个人为主要对象的保险业务。

(2) 机动车辆保险，尤其是第三者责任保险在稳定社会关系和维护社会公共秩序方面的特殊作用，已经使其从合同双方的单一经济活动逐渐上升成为社会法制体系的重要组成部分。

(3) 机动车辆保险的出险率高，保险人的理赔技术和服务将成为一个十分突出的问题，它将直接影响保险业的健康发展。

2．保险市场的主体

机动车辆保险产品的交易在作为买方的投保人和作为卖方的保险人之间展开。与投保人组成共同利益关系的还有被保险人及其允许的驾驶员。在我国，保险人主要是以股份有限公司形式出现的保险公司，此外还有国有独资的保险公司以及具有国外资本成分的保险公司。在投保人与保险人之间还存在着作为中介的代理人、经纪人和公估人，其中代理人可以以个人代理人和代理机构的形式出现，而经纪人和公估人一般都以有限责任公司的形式出现。

2.3.2　保险人

保险人是指与投保人订立保险合同，并承担赔偿或者给付保险金责任的保险公司。

1．保险公司的一般组织形式

保险公司应当采取股份有限公司或国有独资公司等的组织形式。在保险实践中，已经出现了外资保险公司和相互保险公司的形式。

1) 国有独资保险公司

根据我国《公司法》规定，国有独资公司是指国家授权投资的机构或者国家授权的部门单独投资设立的有限责任公司。国家授权投资的机构或部门，以国家出资额为限对公司承担责任，公司以其全部资产对公司的债务承担责任。

1949 年 10 月 20 日，中国人民保险公司在北京成立，这是我国首家国有独资的保险公司。这家保险公司根据保险市场的需要，逐步分解为中国人寿保险公司、中国人民财产保险公司、中国再保险公司。这三家保险公司又分别逐步演变为集团公司。

2) 保险股份有限公司

股份有限公司的全部资本分为等额股份，股东以其所持股份为限对公司承担责任，公司以其全部资产对公司承担责任。

与有限责任公司相比，股份有限公司的特点之一在于股东人数较多，且股份较分散，这对“经营风险”的保险公司来说尤其有利，因此股份有限公司为世界上大多数保险公司所采取的形式。一般的有限责任公司由 2 个以上 50 个以下的股东共同出资设立，股东以其出资额为限对公司承担责任，公司以其全部资产对公司的债务承担责任。国有独资的有限责任公司是由国家授权投资的机构或者国家授权的部门单独投资的特殊的有限责任公司。

与有限责任公司相比，股份有限公司的另一特点在于资金流动性较好。股份有限公司的股份以股票的形式出现，可以自由买卖和转让。上市的股份有限公司，其股票转让更加自由方便。

3) 外资成分的保险公司

在改革开放的形势下，尤其在加入 WTO 以后，我国也对国外资本开放保险市场。国外保险公司可以独自在中国设立财产保险公司，然而要在中国开设人寿保险公司，则必须与国内企业合资。目前，已有国外资本以参股的形式成为国内一些保险公司的股东，使这些保险公司也拥有国外资本。一些国内的保险公司已经在海外上市成功，自然也拥有国外资本。

4) 相互保险公司

在我国的《保险法》中，尽管还没有把相互保险公司列入保险公司的组织形式，然而

相互保险公司却是国际上流行的保险公司组织形式之一，在我国的保险实践中也出现了第一家以相互保险公司形式组织的农业保险公司。

相互保险公司本质上是一个非营利性的组织形式，是投保人(被保险人)自愿建立起来的合作组织。公司没有股东，从而也没有股本。投保人既是公司的顾客，又是公司的所有人，这就是说，投保人只要拥有保险单，就自动成为公司所有人之一。

相互保险公司按照投保人缴纳保险费的办法分为两类：一类是实行预收保险费制度的相互保险公司；另一类是实行事后摊收保险费制度的相互保险公司。

5) 财务部门

保险公司的财务部门一般完成两大任务。首先，负责记录保险公司保险业务、投资业务以及其他业务的财务成果，形成各种财务报表。各项财务报表是向保险监管部门报告的重要资料，便于保险监管部门对保险公司实施监管。财务报表也是保险公司向税务部门纳税所依据的基本资料。

其次，财务部门有时也承担着稽核职能，负责审查保险公司各分支机构和代理人送来的财务报表，并随时检查他们的账目。

6) 风险管理部门

保险公司是经营“风险”的企业，在承接投保人转移来的“风险”时，有必要对被保险人的风险管理进行咨询、建议和监督。根据保险合同的约定，保险公司可以对保险车辆的安全性能进行检查，及时向被保险人提出有关消除隐患和不安全因素的建议。这不仅有利于被保险人，也有利于保险公司，因为被保险人完善风险管理、及时处理可能的事故苗头，将使保险公司赔付损失的可能性下降。这些职能由保险公司的风险管理部门实行。

7) 再保险部门

再保险是保险公司风险管理的手段之一。保险公司为了分散风险，往往把超过自己能力的保险责任转移给其他保险公司。当然，保险公司也可以接受其他保险公司转移来的部分保险责任。处理这些业务的部门称为再保险部门。

只接受保险公司转移部分保险责任的公司称为再保险公司。国际上规模最大的再保险公司是德国慕尼黑再保险公司，其次是瑞士再保险公司。我国保险监管机构曾规定，在境内经营的保险公司必须把经营的每笔保险业务向中国再保险公司购买再保险。随着我国加入 WTO 对外开放保险行业的承诺，这项规定逐步取消，因此中国再保险公司将与其他再保险公司一样在再保险市场上展开竞争。

8) 法务部门

保险合同是确认保险业务双方法律关系的文件，必然涉及一系列的法律问题。保险公司与投保人、被保险人之间的法律纠纷是经常发生的。当保险公司应用代位求偿权，对实际造成保险事故的第三方追偿时，也往往需要通过诉讼解决问题。因此，规模较大的保险公司往往设立法务部门。法务部门除了需要处理上述业务外，还要为保险公司准备各种法律文书，包括保险单、保险条款、与代理人之间的合同等；在投资业务发生诉讼时代表保险公司的利益进行控诉或抗辩，对保险监管部门的控诉进行抗辩等。

9) 其他部门

保险公司为了能够正常运转，往往还设立一些管理部门，如人力资源部、培训部、信息中心、负责日常行政事务的部门、负责物资供应和其他后勤保障的部门等等。

2. 保险公司的分支机构

为了便于在各地区开展保险业务，保险公司一般在各地区设立分支机构，在省、直辖市设立分公司，在省、直辖市以下的行政区域设立支公司。

保险公司各级分支机构的主要任务是销售，包括由保险公司的销售人员进行的直销和通过代理人、经纪人进行的销售。因此，管理、培训好销售队伍和代理人队伍是分支机构的重要职责。

有些保险公司把核保核赔职能集中到总公司，这有利于统一标准，集中管理。

2.3.3 投保人与被保险人

1. 投保人

投保人是指与保险人订立保险合同，并按照保险合同负有支付保险费义务的人。投保人可以是自然人、法人或其他组织。

法人是指具有民事权利能力和民事行为能力，依法独立享受民事权利和承担民事义务的组织，按照法定程序设立，必须有自己的名称、住所、章程。法人享有独立的财产权，法人自身的财产价值是其承担民事义务和享有民事权利的界限。法人要有法定代表人，法定代表人依照法律或者法人组织章程规定行使职权。

其他组织指法人以外的社会组织，主要指国家机关、事业单位和企业单位的不具有法人资格的分支机构，还包含需要办理境内保险的各种社会组织。

作为保险合同一方当事人的投保人，必须具备一系列法律规定的必要条件：

(1) 投保人应该具有完全的民事行为能力。民事行为能力是行为人以自己的行为取得权利和承担义务的资格。当投保人是自然人时，按照年龄和判断识别能力来确定其民事行为能力。对于机动车辆保险来说，投保人必须年满18周岁且无精神病，才可以与保险人签订保险合同。

当投保人是法人或其他组织时，由其设立时取得的法律资格确定其民事行为能力。

(2) 投保人对保险标的必须具有保险利益。我国《保险法》第十二条规定：“投保人对保险标的应当具有保险利益。投保人对保险标的不具有保险利益的，保险合同无效。”在机动车辆损失保险中，机动车辆是保险标的，是保险利益的载体。

(3) 投保人必须承担保险费。承担缴纳保险费的义务是投保人承担保险合同义务最主要的内容。

如果投保人不缴或迟缴保险费，那么保险人有权要求投保人缴付，或者解除保险合同。如果保险人选择解除合同，在合同解除之前，保险人有权要求投保人如数补足欠缴的保险费及其利息。

投保人可以亲自缴纳保险费，也可以委托他人代缴保险费，代缴人和投保人之间的关系是借贷关系，不能因代缴了保险费就取代投保人的地位成为保险合同的当事人。保险人不能拒收第三人代投保人缴纳的保险费。

除缴纳保险费的义务以外，保险人根据《保险法》在保险合同中还要求投保人承担如实告知义务。

2. 被保险人

被保险人是指其财产或者行为责任受保险合同保障，享有保险金请求权的人。投保人可以为被保险人。由于被保险人准许的合格驾驶员在使用车辆的过程中发生保险事故，保险公司依据保险合同也要给与赔偿，因此，他们的权利和义务与被保险人相同。

在机动车辆保险实践中，被保险人应该履行一定的义务：

(1) 维护保险标的安全，接受保险人安全监督和建议的义务。按照《保险法》，被保险人与投保人一样，对保险标的(保险机动车辆)负有安全保护义务。这个要求有三层含义。首先，被保险人应该自觉遵守国家有关安全、消防等方面的规定，维护保险车辆的安全。其次，保险人根据保险合同的约定，可以对保险车辆的安全性能进行检查，及时向被保险人提出有关消除隐患和不安全因素的建议。再次，保险人在被保险人忽视保险合同中有关履行对保险车辆应尽的安全责任的情况下，有权要求增加保险费或解除合同。

(2) 危险增加通知义务。保险车辆在合同有效期间危险程度如有增加，意味着保险人承担的保险责任加重，因此被保险人有义务将保险车辆危险增加情况向保险人报告，保险人有权要求增加保险费或解除合同。如果被保险人不履行危险增加通知义务，保险人对保险车辆危险增加而发生的保险事故不承担赔偿责任。

(3) 保险事故发生通知义务。被保险人(或投保人)在保险车辆发生保险事故后，应该在“最短的时间内”把发生保险事故的情形通知保险人，使保险人能及时了解保险事故的情况和损失程度。

所谓“最短的时间内”，中国人民财产保险公司和平安财产保险公司的规定是“在保险事故发生后 48 小时内”，然而平安财产保险公司附加了“不可抗力因素除外”的规定，太平洋财产保险公司条款中的用词是“立即”。

(4) 施救义务。《保险法》第四十二条第 1 款明确规定：“保险事故发生时，被保险人有责任尽力采取必要的措施，防止或者减少损失。”作为保险标的的机动车辆，在行驶过程中处于被保险人实际控制之下，被保险人是最先了解是否发生保险事故的人，如果及时、主动、有效地抢救，可以减少或避免保险标的的损失，这对保险合同双方均有利。当被保险人未对发生保险事故的保险标的尽施救义务而使保险标的的损失扩大时，扩大的损失部分保险人不承担赔偿责任。

2.3.4　保险中介

在一个完善的保险市场上，保险中介是不可缺少的组成部分。中介机构处于投保人和保险人之间，协助投保人和保险人双方签订保险合同、履行和维护保险合同、调解保险合同争议，以及参与被保险人的风险管理、理赔和损失鉴定等业务。

在保险实践中，广大中介机构有力地宣传了保险知识，这对于改变我国广大民众对保险意义的了解不足、保险意识不强的情况起到了不可估量的作用。其次，投保人和保险人之间存在着严重的信息不对称，保险人无法对每一个投保人仔细了解其风险状况，投保人也很难理解由保险人制定的保险合同条文。保险中介机构对于减少保险合同双方信息不对称也起到了很大的作用。总体上说，保险中介的存在对于减少签订保险合同的困难，减少交易费用，降低保险业务的成本，优化保险资源是完全必要的。我国保险业正在不断扩大保险中介机构的数量和规模，藉以改善保险业的经营模式。

保险市场上的中介多种多样，最主要的有：保险代理人、保险经纪人和保险公估人。

1．保险代理人

保险代理人是根据保险人的委托，向保险人收取代理手续费，并在保险人授权范围内代为办理保险业务的单位和个人。

保险代理行为是由民法调整的民事法律行为。保险代理人在与保险人签订的代理合同中规定的权限内，受保险人委托，以保险人的名义招揽投保人、销售保险单、收取保险费等。在保险人授权范围内，保险人对代理人的代理行为承担民事法律责任。

代理人分三类：专业代理人(保险代理机构)、兼业代理人和个人代理人。

根据2005年1月1日起施行的《保险代理机构管理规定》，我国保险代理机构可以采取下列组织形式：合伙企业、有限责任公司或股份有限公司。

保险代理机构的业务范围是：代理推销保险产品、代理收取保费、协助保险公司进行损失的勘查和理赔等。

在机动车辆保险实践中，汽车销售公司、汽车修理行常常成为保险人销售机动车辆保险产品的代理人。他们在销售(或修理)汽车的同时，协助财产保险公司销售机动车辆保险，既扩展了自己的业务范围，又节省了汽车所有人的时间和精力。

《保险兼业代理人管理暂行办法》明确规定，党政机关及其职能部门不得兼业从事保险代理业务。

个人代理人是具有《保险代理人从业人员资格证书》，并持有所代理保险公司核发的《保险代理人展业证书》的个人。与专业代理人和兼业代理人不同，个人代理人没有代理保险公司签发保险单的权力。

保险代理人必须与所代理的保险人签订保险代理合同。

保险代理合同的主要内容是合同双方的权利和义务。代理人的权利由接受保险人的委托而产生，有独立开展业务活动的权利和获得劳务报酬的权利。保险代理人的义务主要有：诚实和告知义务；如实转交保险费的义务；维护保险人利益的义务。

2．保险经纪人

保险经纪人是指基于投保人的利益，为投保人与保险人订立保险合同提供中介服务，并依法收取佣金的单位。根据这项规定，我国保险经纪人只能以保险经纪机构的形式存在，排除了个人独立成为保险经纪人的可能。保险经纪机构指符合中国保监会规定的资格条件，经中国保监会批准取得经营保险经纪业务许可证，经营保险经纪业务的单位。

通过保险经纪人中介保险业务，是国际上许多国家保险市场上的惯例。保险经纪人为客户进行风险评估；为客户制定综合风险管理计划；为客户选择合适的保险公司和保险产品，并代为投保；为客户监督保险合同的执行，并协助索赔。发展保险经纪事业，强化保险经纪人在保险市场上的作用，对完善保险市场具有重要意义。

保险经纪机构可以采取下列组织形式：合伙企业、有限责任公司和股份有限公司。

保险经纪人的经济活动通过保险经纪合同实施。保险经纪合同规定了合同双方的权利和义务，一般包括：项目名称，保险经纪服务的内容、方式和要求，有关的保密事项和信用事项、履行期限、地点和方式，佣金或咨询费标准和支付方式，违约责任及赔偿方式，争执解决方法等。

保险经纪人在经纪活动中应该遵循诚实信用原则、服务至上原则、保密原则和遵纪守法原则。

3．保险公估人

根据《保险公估人管理规定(试行)》，保险公估人是指经中国保险监督管理委员会批准，专门从事保险标的的评估、查勘、鉴定、定损、理算等业务，并据此向保险当事人合理收取费用的公司。因此，在我国，保险公估人必须以公司的形式组织起来，个人单独不能接受保险公估人的业务。

保险公估公司的组织形式为有限责任公司。我国的保险公估有限责任公司不仅包括全部资本由具有中国国籍的自然人、法人或其他营业组织投资的保险公估有限责任公司，而且还包括中国合营者与外国合营者在我国境内共同投资、共同经营，并按投资比例分享利润、分担风险及亏损的中外合资经营的保险公估有限责任公司，以及在我国境内全部由外国资本设立的保险公估有限责任公司。

保险公估人是独立于保险合同双方当事人之外的中介服务机构，与保险代理人、保险经纪人一起构成了完整的保险中介市场。

保险公估人的业务范围包括保险公司承保时的保险标的的价值和风险评估、鉴定，以及保险事故发生时保险标的的勘验和损失计算等保险理赔业务。与保险人在保险事故处理上的区别在于，保险公司在对保险标的进行评估、勘察和理赔时，都会以保险人的利益为出发点，被保险人容易产生不公平的想法。而保险公估人具有中立地位，既可以接受保险人的委托也可以接受被保险人的委托，独立地处理保险事故或对保险标的进行评估，不偏袒于任何一方。保险公估人提交的公估报告易于被保险合同双方当事人接受。当然，保险公估人的公估结论对保险合同双方不具有约束力，只要其中一方不接受保险公估结论，仍然可以通过仲裁或诉讼解决争执。

保险公估人与保险代理人、保险经纪人发挥的作用，承担的职责也不相同。首先，保险公估人的身份独立，行为中立、公正，而保险代理人代表保险人的利益，在保险人授权范围内以保险人的名义代理保险业务；保险经纪人代表投保人、被保险人的利益，在受投保人、被保险人委托时可以以他们的名义与保险人打交道。其次，保险代理人在保险人授权范围内从事的代理保险业务，其代理行为产生的法律后果由保险人承担民事责任；保险公估人在这方面与保险经纪人相仿，以自己的名义进行业务活动，其行为产生的法律后果由自己承担民事责任。

保险公估人的组织形式只能是有限责任公司，而保险经纪人的组织形式既可以是有限责任公司，也可以是股份有限公司和合伙公司，保险代理人的组织形式更是多样，从合伙公司、有限责任公司、股份有限公司到具有法人资格的事业单位以及个人。

2.4　机动车辆保险合同

2.4.1　机动车辆保险合同的概念

合同是作为平等主体的自然人、法人及其他组织之间设立、变更、终止民事权利义务

关系的协议。

机动车辆保险合同是合同中的一种，是机动车辆投保人和机动车辆保险人之间关于保险权利义务的协议。投保人和保险人双方协商后在合同中约定，投保人向保险人支付保险费，保险人在保险标的遭受约定的保险事故时承担经济补偿责任。合同是保险关系得以设立、变更、终止的根本依据。

2.4.2 机动车辆保险合同的一般法律特征

机动车辆保险合同与其他经济合同一样，依据合同建立起来的保险关系属于民事法律关系的范畴。机动车辆保险合同一经成立即受法律保护，对合同各方具有约束力，从而使机动车辆保险合同能有效履行，保护合同各方当事人的利益。因此，机动车辆保险合同具有一般合同的特征。

(1) 机动车辆保险合同是各方的法律行为，不是单方的法律行为。

机动车辆保险合同是投保人和保险人双方意思表示一致的直接结果。这就是说，当事人双方不仅要有明确订立机动车辆保险合同的意思表示，而且还要意思表示一致，否则合同不能成立。

(2) 机动车辆保险合同是双务合同，不是单务合同。

双务合同是合同当事人双方必须互相承担义务和享受权利的合同，单务合同是合同一方当事人只承担义务，另一方当事人只享有权利的合同，例如赠与合同。

作为双务合同的机动车辆保险合同，投保人和保险人相互都承担义务，投保人的主要义务是向保险人缴纳保险费，保险人的主要义务是承担合同约定的保险责任。一方承担的义务也是对方享有的权利。

(3) 机动车辆保险合同当事人之间的法律地位平等。

机动车辆保险合同当事人之间的法律地位平等，是双方当事人订立保险合同时真实地表示意思的前提。任何一方均不能把自己的意思强加于对方，在此基础上订立的合同使双方的权利义务是对等互利的。

(4) 双方当事人订立机动车辆保险合同的行为必须是合法行为。

2.4.3 机动车辆保险合同的特殊属性

(1) 机动车辆保险合同是最大诚信合同。

诚信合同即以诚信原则为基础制定的合同。诚信原则是任何经济合同都应该遵守的原则，然而保险合同对当事人的诚信要求更高、更严，因此把机动车辆保险合同称为以最大诚信原则为基础的合同。

(2) 机动车辆保险合同是射幸合同。

射幸的意思是碰运气。

保险事故发生的偶然性，决定了机动车辆保险合同具有射幸性质。在机动车辆损失保险中，投保人缴纳了少量的保险费，当发生了保险事故造成车辆损失时，可以从保险人处得到赔偿，赔偿额往往远高于当时缴纳的保险费。反之，如果在保险合同有效期内没有发生保险事故，那么投保人只有缴纳保险费的义务，没有获得“报酬”的权利。保险人的情况正好相反。

射幸性质是针对单个保险合同而言的。从全部保险合同的层面观察，保险人收取的保险费扣除了合理的管理费用和销售费用后与赔付相当。所以在全部保险合同的层面上不存在射幸性质。

(3) 机动车辆保险合同是附和合同(格式合同)。

附和合同是指合同一方当事人事先拟制好标准合同条款，以供另一方当事人考虑接受还是拒绝的合同。附和合同往往由制定合同的一方当事人事先印制成固定格式。

机动车辆保险合同是典型的附和合同。2002 年前，我国的机动车辆保险合同条款由保监会统一制定，2003 年后由各家保险公司自行制定。投保人对这些条款只能表示接受与否，当投保人有特殊的要求时，也只能在保险人提供的附加条款中选择。

由于机动车辆保险需求的特点之一是面广量大，投保人对机动车辆保险需求基本雷同，因此保险人完全可以在充分调查研究的基础上了解投保人的需要，以此为依据制定格式合同。如果一定要与每一个投保人在协商的基础上共同订立保险条款，对保险人来说工作量不堪重负，而且这部分工作量的费用必然以保险费的组成部分转嫁到投保人身上，保险费将因此而上升。目前，各家保险公司认识到不同投保人群体具有不完全相同的风险状况，因此针对不同投保人群体制定了不同的格式合同，以更加切合不同投保人的实际需求。

(4) 机动车辆损失保险合同是不定值保险合同。

不定值保险合同是保险当事人在订立保险合同时对保险标的不约定保险价值的合同。合同中只列明保险金额，作为赔偿的最高限额。保险事故发生时，需要核定保险标的当时的实际价值，作为保险价值。

在不定值保险中，保险金额与保险价值确定的时间不一致，客观上可能造成保险金额与保险价值的不一致。保险金额与保险价值相同的保险称为足额保险，保险金额低于保险价值的保险称为不足额保险，相反的情况称为超额保险。发生保险事故时，分析保险金额与保险价值的差异对赔付十分重要，足额保险应该足额赔偿；不足额保险应该以保险金额为限度进行赔偿；如果是超额保险，那么只能以保险价值为赔偿上限。

机动车辆损失保险之所以确定为不定值保险，其依据是“损失补偿原则”。机动车辆在使用过程中的折旧以及机动车辆价格的波动，使机动车辆的价值无法在投保时完全确定。对于价格下跌中的受损机动车辆，按照投保时的价值赔偿，被保险人实际获得的赔偿就会超过该车辆的实际价值，显然这是违背损失补偿原则的。

2.4.4　机动车辆保险合同的主要内容

保险合同应当包括下列事项：

(1) 保险人名称和住所；

(2) 投保人、被保险人名称和住所，以及人身保险的受益人的名称和住所；

(3) 保险标的；

(4) 保险责任和责任免除；

(5) 保险期间和保险责任开始时间；

(6) 保险价值；

(7) 保险金额；

(8) 保险费以及支付办法；

(9) 保险金赔偿或者给付办法；

(10) 违约责任和争议处理；

(11) 订立合同的年、月、日。

因此，有关这些内容的条款属于法定条款。

1. 当事人的姓名和住所

当事人是保险合同权利和义务的直接享有者和承担者，他们的行为使保险合同得以产生，所以保险合同应该首先载明当事人(保险人和投保人)的名称和住所。被保险人是保险合同保障的对象，无论与投保人是否同一，都应该在合同中载明其姓名和住所。投保人如果是单位，则载明单位全称(与公章一致)和单位地址；如果是个人，则载明姓名和住址。

2. 保险标的

保险标的是作为保险对象的财产及其有关利益，是保险利益的载体。机动车辆保险的基本险种是车辆损失险和第三者责任险。车辆损失险的保险标的是保险车辆，第三者责任险的保险标的是被保险人或其允许的驾驶员在使用保险车辆行驶过程中给他人造成财产损失或人身伤害时，依法及依保险合同规定应当承担的经济赔偿责任。

3. 保险责任

保险责任指保险人承担赔偿义务的风险。只要发生合同约定的保险责任范围内的事故或事件，造成经济损失，保险人都应该承担赔偿保险金的责任。

机动车辆保险合同中的保险责任采用列明方式，具体列明保险人承担哪些保险(责任)事故引起的损失赔偿(或责任赔偿)，及施救、救助、诉讼等费用负担的规定。

4. 责任免除

责任免除也称除外责任，是指根据法律给定或合同约定，保险人对某些风险造成的损失补偿不承担赔偿保险金的责任。责任免除条款适当限制了保险人承担的保险责任范围，意味着被保险人也要对某些风险自行承担责任。在保险合同中明确列出责任免除条款，对保险人和被保险人都十分重要。保险人在与投保人订立保险合同时，应当以十分明确的语言向投保人指明和解释责任免除条款，不得隐瞒或含糊其词。《保险法》第十八条明确规定：“保险合同中规定有关保险人责任免除条款的，保险人在订立保险合同时应当向投保人明确说明，未明确说明的，该条款不产生效力。”

机动车辆保险合同中的责任免除一般包括特殊风险、道德风险和保险车辆内在缺陷等。

5. 保险期限和保险责任开始的时间

保险合同的保险责任开始时间和终止时间是保险合同的起讫期限。保险责任开始到保险责任终止的期间叫做保险期间。保险人对保险期间内发生的保险事故承担责任。

保险责任开始时间也称保险合同生效时间，即保险人开始负责对被保险人发生的保险事故引起的损失赔偿的时间。比如，2008 年 2 月 18 日签订的保险合同，生效时间定于 2008 年 2 月 19 日 0 时 0 分，保险人从这个时间开始承担保险责任，在保险责任终止前发生的保险事故引起的损失，保险公司负责赔偿；如果没有发生保险事故，保险公司不必赔偿，然而也承担了保险责任。

机动车辆保险的保险期间一般是一年，如 2008 年 2 月 19 日 0 时 0 分生效的保险合同，终止时间一般为 2009 年 2 月 18 日 24 时整。保险期间也可以长于一年或短于一年。

6．保险价值

保险价值属于财产保险范畴的概念，指保险标的以货币表示的估算金额。在一般财产保险中，投保人和保险人订立保险合同时，以保险标的的价值作为确定保险金额的基础。发生保险事故引起保险标的损失时，保险人向被保险人赔偿的最高限额为保险价值。

机动车辆损失保险有其特殊性，为不定值保险，因此不能在订立保险合同时确定保险价值，只能在发生保险事故时以当时的实际价值作为保险价值。

机动车辆第三者责任险属于责任保险范畴，不存在保险价值的概念，而以保险人承担的赔偿限额作为保险责任。

7．保险金额

保险金额是保险合同约定的保险人承担赔偿的最高限额。一般的财产保险中，保险金额由投保人与保险人协商，以保险价值为基础确定。由于机动车辆损失保险是不定值保险，因此机动车辆损失保险金额可以由投保人和保险人协商确定，但不能超过机动车辆的实际价值。由于第三者责任险中可能涉及人身伤害事故赔偿的处理，而人的生命价值其实无法用货币度量，因此只能由投保人与保险人在订立第三者责任险时协商确定保险金额，作为发生保险事故时保险人赔偿(第三者人身伤亡和财产毁损)的限额。

8．保险费以及支付办法

保险费是投保人向保险人支付的，用以换取保险人承担保险责任的代价。保险人向投保人收取保险费，建立起保险基金，使保险人能够承担起保险责任，即对被保险人发生保险事故的损失进行赔偿。因此，保险人必须用科学的方法计算保险费，使保险费的多少与保险人承担的责任匹配。投保人向保险人支付保险费，是投保人与保险人订立保险合同应尽的首要义务，在保险合同中要明确规定保险费的数目，并明确投保人支付保险费的方式，如是一次付清还是分期支付，是现金支付还是用其他手段支付等。

9．保险金的赔偿办法

保险金赔偿办法指在保险合同中约定的、当发生保险事故时保险人向被保险人赔付保险金的计算方法。

10．违约责任和争议处理

违约责任指合同当事人违反合同义务时应当承担的民事责任。我国《合同法》第一百零七条规定：“当事人一方不履行合同义务或者履行合同义务不符合约定的，应当承担继续履行、采取补救措施或者赔偿损失等违约责任。”因此，当事人一方违约，另一方没有违约的当事人有权要求违约方继续履行合同义务，或者要求采取其他补救措施，或者要求赔偿损失。

争议处理指合同当事人双方对保险合同发生争议或纠纷时的处理解决方式，主要有协商、调解、仲裁和诉讼等方式。一般情况下，双方当事人发生争议或纠纷时应该先采取协商的办法，在互谅的基础上寻找共同可以接受的条件，以达成和解的协议，消除争议。在协商不成的情况下，可以请第三方出面调解，请仲裁机构仲裁，直至到法院诉讼。

11．订立合同的年、月、日

订立合同的年、月、日是指保险合同双方就主要条款达成一致协议，标志保险人认可投保人对保险标的具有保险利益、了解被保险人的风险状况、确认其符合保险条件，投保人接受保险人提出的保险条件，从而合同成立的具体时间。保险合同成立的日期并不等于合同生效的日期，保险合同的生效还要以某些附加条件的满足为依据。

2.4.5　机动车辆保险合同的组成部分

保险合同由投保单、保险单、批单和保险凭证以及特别约定组成。

1．投保单

投保单也称要保书，是由投保人填写、用以表明愿意与保险人订立保险合同的书面申请。投保单由保险人事先以统一格式印制，列有保险人必须了解的各个项目，投保人应该据实一一填写，保险人将以此为依据考虑是否愿意承保，或者以此为依据考虑合适的保险费率。

投保单不得由保险人或保险人的代表代投保人填写，如果发生代写的情况，则意味着投保人没有表示，至少没有亲自表示要约的意愿，保险合同的成立缺乏依据。

投保单不是正式的保险合同，然而保险人一经接受投保人的投保申请，投保人在投保单上写明的内容即成为保险合同内容的一部分。投保单上记载的内容即使没有出现在保险单上，其效力与记载在保险单上一样。只有投保人在投保单上告知不实，又没有在保险单上如实修正时，保险人才能追究投保人的不诚信，以此为依据解除保险合同。

机动车辆保险人要求投保人在投保单上填写以下基本内容。

(1) 投保人。该项填写投保单位或个人的称谓。单位填写全称(与公章名称一致)，个人填写姓名。使用人或所有人的称谓与行驶证上的称谓不相符，或车辆是合伙购买与经营时，应该在投保单特别约定栏内注明，以便登录在保险单上。

(2) 厂牌型号。

(3) 车辆类型。此项根据车辆管理部门核发的行驶证上注明的种类填写。如果投保单上未设立此栏目，则应在投保单厂牌型号栏内加注。

(4) 号码牌号。此项填写车辆管理部门核发的号牌号码，并要注明号牌底色。

(5) 发动机号码及车架号。此项指生产厂家在发动机缸体及车架上打印的号码，可根据车辆行驶证填写。

(6) 使用性质。如“营业”、“非营业(家庭自用、企事业单位)”等。

(7) 吨位或座位。此项根据车辆管理部门核发车辆行驶证注明的吨位或座位填写。货车填吨位，如“5/”表明吨位为5吨。客车填座位，如“/20”表明座位为20座。客货两用车填写吨位/座位，如“1.75/5”表明吨位为1.75吨，座位为5座。

(8) 行驶证初次登记年月。此项按车辆管理部门核发的车辆行驶证上的“登记日期”的年月填写。初次登记年月是理赔时确定保险车辆实际价值的重要依据。

(9) 保险价值(新车购置价)。由于机动车辆损失保险是不定值保险，因此在投保单中填写的保险价值不是严格意义上的保险价值。在实务操作中，按保险合同签订时、在合同签订地购置与保险车辆同类型的新车价格与车辆购置附加税之和填写。

免税车、易货贸易、赠送车辆的保险价值比照合同签订地同类车型新车价格与车辆购置税之和计算。但须与投保人约定车辆实际价值，实际价值按该车购买时的发票价格为计算基础，并在特别约定栏内约定。

(10) 车辆损失险保险金额的确定方式。此项填写“按照保险价值确定”或“按照实际价值确定”，或按保险人与投保人商定的方式确定，但不应超过投保时的保险价值。

(11) 第三者责任险的赔偿限额。

(12) 附加险的保险金额或赔偿限额。

(13) 车辆总数。投保人投保的车辆较多时，除写明车辆总数外，还应该加填“机动车辆投保单附表”，在附表上逐辆填写所有投保车辆的有关内容，并在投保单特约栏处填写“其他投保车辆详见附表”字样。

(14) 保险期限。

(15) 地址、邮政编码、电话、联系人、开户银行、银行账号。

(16) 特别约定。此栏注明保险合同的未尽事宜，由保险人和投保人在协商后填写。特别约定内容不得与法律法规相抵触。

(17) 投保人签章。

2. 保险单

保险单是投保人与保险人之间订立保险合同的正式书面凭证，记载有保险合同的主要内容，如保险项目、保险责任、责任免除、附注条件等。

(1) 保险项目。保险项目包括保险合同当事人及关系人(如被保险人、受益人)的姓名或名称，保险标的的种类，保险金额、保险期限、保险费的确定和支付方式，以及有关其他承保事项的声明等。

(2) 保险责任。

(3) 责任免除。

(4) 附注条件。附注条件指保险合同双方当事人履行享有的权利和应尽的义务的规定。例如保险人的义务、被保险人的义务和保险单的变更、转让、终止，以及索赔期限、索赔手续、代位追偿、争议处理等。

3. 保险凭证

保险凭证也称保险卡或保险证，是保险人发给投保人以证明保险合同已经订立或保险单已经签发的一种凭证。由于机动车辆保险的标的具有流动性大、出险概率较高的特点，因此一旦出险就需要出示保险合同。然而，被保险人与其允许的驾驶人员往往不止一人，尤其是单位投保人同时投保多辆车辆，不便也不可能随身携带保险单，因此保险人在签发保险单时还向被保险人签发机动车辆保险凭证，便于被保险人或其允许的驾驶人员随身携带，证明保险合同的存在。保险凭证的法律效力与保险单相同，保险凭证上未列明的事项以保险单为准。

4. 批单

在保险合同有效期间，可能发生需要部分更改的情况，这时要求对保险单进行批改。保险单的批改应该根据不同的情况采用统一和标准措词的批单。批单的内容通常包括：批

改申请人、批改的要求、批改前的内容、批改后的内容、是否增加保险费、增加保险费的计算方式、增加的保险费，并明确除本批改外原合同的其他内容不变。

批单应该加贴在原保险单正本和副本背面上，并加盖骑缝章，使其成为保险合同的一部分。

在多次批改的情况下，最近一次批改的效力优于之前的批改，手写批改的效力优于打字的批改。

2.5　国外机动车辆保险

2.5.1　美国的汽车保险

1．美国的汽车强制保险

1919 年，马萨诸塞州率先立法规定汽车所有人必须于汽车注册登记时，提出保险单或以债券作为车辆发生意外事故时赔偿能力的担保，该法案被称为《赔偿能力担保法》。1927 年，马萨诸塞州首先采用强制汽车责任保险；1956 年，纽约州也立法实行强制保险，次年北卡罗纳州也通过相应法律。从此，汽车强制保险开始在美国盛行。

汽车强制责任保险法是由《赔偿能力担保法》演变而来的，而且使《赔偿能力担保法》的最终立法目的更加具体化。《赔偿能力担保法》仅要求汽车使用人提供赔偿能力的保证，但汽车强制责任保险法强调保险为汽车使用人履行赔偿责任的最佳保证。

2．防范未投保汽车驾驶人保险

美国保险业者普遍认为汽车所有人或驾驶人因为车祸导致本身受伤害，可归责于同样驾驶汽车的他方时，如果他方无赔偿能力者，与其控告他方以求取不确定或不充足的赔偿，不如诉诸于保险。投保人支付少量的保险费，却可以获得充足的和确定的赔款。

1957 年，新罕布什州首先立法将此概念付诸法律，由于实施效果比较理想，其他各州纷纷效仿。

3．无过失保险计划

无过失汽车保险是指在车祸发生时，当事人双方放弃对车祸过失责任归属的争议，向自己的保险公司请求保险给付，此为美国汽车保险制度的特色之一。1970 年，马萨诸塞州首先通过了无过失汽车保险的立法，率先实施此制度。无过失汽车保险包括完全无过失、修正无过失和附加无过失三类。

无过失给付不包括财产损失(财产损失通常限于汽车损失)，倘若受害人的财产损失是由加害人所造成的，该受害人可以就其损失部分直接向加害人请求赔偿。

2.5.2　日本的汽车保险

日本的汽车保险始创于 1914 年。自 1947 年起，各保险公司使用统一的普通保险条款和保险费率。1948 年，日本成立了损害保险费率厘定会，1955 年制定汽车损害赔偿保障法，1964 年成立汽车保险费率厘定协会。1996 年 12 月，日美达成保险协议后，从 1997 年 9 月起，日本采用风险细分型汽车保险，1998 年 7 月起实行多样化费率。从此，日本进入了保险产品和保险费率多样化的竞争时代。

日本汽车保险制度包括强制汽车责任保险与任意汽车保险两大体系。强制汽车责任保险以 1955 年制定的《自动车损害赔偿保障法》作为法律依据。该保险提供了最完整的汽车保险保障，与任意汽车保险相辅相成，构成了日本最完整的汽车保险。

1. 强制汽车责任保险

1) 《自动车损害赔偿保障法》的主要内容

为执行强制汽车责任保险，日本《自动车损害赔偿保障法》规定，保险公司除有政令所规定的正当理由外，不得拒绝订立责任保险合同；未订立汽车保险合同的车辆不得行驶；未参加强制汽车责任保险者，不得驾驶汽车。汽车非备置损害赔偿责任保险证明书，不得提供运营业务。否则，一经发现，判处 6 个月以下的有期徒刑，或处以 50000 日元的罚款。这种强有力的制裁手段，以及严格有效的监督检查，有力地保障了强制保险的执行。

同时，强制汽车责任保险与汽车检查制度相结合。根据日本《道路运送车辆法》规定，汽车所有人申请汽车登录、运行许可或检查等事项，应向行政厅出示保险证明书，未出示保险证明书或保险证明书上记载的保险期间未能涵盖汽车检查证或临时运行许可证等有效期间的，行政厅不予登录或核发检查证等。

2) 采用过失推定制

过失推定制使受害者在遭受意外事故时不负举证责任，而直接推定加害人有过失。另外，对于无保险车辆或肇事逃逸车辆所造成的意外事故，在自动车损害赔偿法第五章规定出政府负责赔偿，起到了保护无辜受害第三人的目的。

3) 政府再保险政策

《自动车损害赔偿保障法》规定，保险公司所承保的自赔险保险合同，除轻型机车外，由政府就其承保额的 60%进行再保险业务。日本建立再保险制度，目的在于通过国家再保险制度，分散保险公司的风险，鼓励保险公司开办此项业务。

2. 任意汽车保险的承保项目

1) 体伤死亡损失责任保险

被保险人所有、使用、管理的被保险汽车，致使他人身体伤害或死亡，依法应由保险公司负责的赔偿责任，按保险合同约定负责赔偿。

2) 汽车驾驶人伤害保险

该保险自动附加于体伤死亡损失责任保险中，承保被保险人因被保险汽车行驶时，发生外来意外事故，致使其身体伤害、死亡的损失。

3) 无保险汽车伤害保险

无保险汽车发生意外事故，致使被保险人体伤或死亡者，在被保险人所投保对人赔偿保险的保险金额范围内，由保险公司负责赔偿被保险人的损失。保险人赔偿后，在保险赔款范围内，代位行使被保险人对加害人的损害赔偿请求权。

4) 财产损失责任保险

汽车意外事故除造成人的体伤、死亡外，还可能发生汽车相互碰撞、冲撞房屋、建筑

等财产损失。财产赔偿责任保险成立的要件，必须是有形的物因汽车发生事故而遭受的具体损害。

5) 汽车损失保险

汽车损失保险是补偿汽车因意外事故致使车体本身损失的保险。意外事故是指碰撞、翻落、倾覆、抛掷物或坠落物的冲击、火灾、盗窃等一切意外事故。

6) 乘客伤害保险

乘客伤害保险承保的被保险汽车在行驶中发生外来突发的意外事故，造成其乘客受伤或死亡所致的损失。

思考题

1. 机动车辆保险有哪些特点？
2. 机动车辆保险在哪些方面起着重大作用？
3. 简述机动车辆保险合同订立与生效的过程。
4. 简述机动车辆保险合同的变更与批改。
5. 简述机动车辆保险合同的解释原则。
6. 简述机动车辆保险合同争议的处理方式。
7. 美国的汽车强制保险内容有哪些？
8. 保险代理人、保险经纪人和保险公估人在执业的过程中各自有哪些特点？

第 3 章　机动车辆商业保险

3.1　机动车辆商业保险简介

目前，我国各家财产保险公司经营的机动车保险业务还是以汽车商业保险为主，机动车商业保险按保障的责任范围可分为基本险和附加险，保险公司可以根据自身特点确定主险险种和附加险险种，各家保险公司的险种结构不完全相同。

1980 年，我国全面恢复国内财产保险业务，汽车保险业务也随之恢复，随着汽车保险业的迅速发展，国家对汽车保险的条款和费率的管理也日益完善。2000 年，中国保险监督管理委员会统一制定了《机动车辆保险条款》，在此条款的指导下，全国汽车保险实行统一的条款和刚性的费率。2003 年，开始在全国范围内推行车险制度的改革，核心是实现车险产品的费率市场化，并建立起以偿付能力为核心的新型车险监管体制。各家保险公司结合自身特点推出了具有自己特色的汽车保险产品。2006 年 7 月 1 日，我国出台了机动车辆交通事故责任强制保险(简称交强险)，伴随着交强险的实施，车损险和商业三者险发生重大变局。2006 年 7 月 1 日起，各保险公司经营的商业车险正式使用新的条款和费率。

新条款和费率由中国保险行业协会制定，总共有 A、B、C 三款，目前人保、中华联合等全国半数经营车险的公司使用 A 款；平安、华安、安邦、阳光财险、太平保险等使用 B 款；太平洋保险公司等使用 C 款。

中国保险行业协会制定的机动车商业保险行业基本条款(A 款)是依据中国人保财险的条款完成的。目前出售交强险的保险公司中有 9 家选择了 A 款新汽车商业保险条款，其中包括中国人保财险公司。本章以 A 款为例介绍机动车商业保险。表 3-1 所示为机动车辆商业保险产品一览表(A 款)。

表 3-1　机动车辆商业保险产品一览表(A 款)

类　型	主　险	附　加　险
责任保险	车上人员责任险	
机动车辆第三者责任险	机动车商业保险行业基本条款(A 款) 机动车辆第三者责任保险	无过失责任险 车上货物责任险 不计免赔特约条款

续表

类　型	主　险	附　加　险
家庭自用车	机动车商业保险行业基本条款(A 款) 家庭自用汽车损失保险条款	盗抢险 车身划痕损失险 车辆停驶损失险 不计免赔特约条款 救助特约条款 异地出险住宿险 油污污染险 发动机特别损失险
非营业用车	机动车商业保险行业基本条款(A 款) 非营业用汽车损失保险条款	盗抢险 玻璃单独破碎险 车身划痕损失险 车辆停驶损失险 不计免赔特约条款 救助特约条款 异地出险住宿险 油污污染险 发动机特别损失险
营业用汽车	机动车商业保险行业基本条款(A 款) 营业用汽车损失保险条款	盗抢险 玻璃单独破碎险 火灾、爆炸、自燃损失险 车辆停驶损失险 不计免赔特约条款 异地出险住宿险 油污污染险 发动机特别损失险
特种车	机动车商业保险行业基本条款(A 款) 特种车保险条款	盗抢险 玻璃单独破碎险 车辆停驶损失险 起重、装卸、挖掘车辆损失扩展条款 特种车辆固定设备、仪器损坏扩展条款 不计免赔特约条款
摩托车	机动车商业保险行业基本条款(A 款) 摩托车保险条款拖拉机	
拖拉机	机动车商业保险行业基本条款(A 款) 拖拉机保险条款	

3.2　机动车辆损失保险(A 款)

机动车商业保险行业基本条款(A 款)(中保协条款[2007]1 号)，于 2007 年由中国保险行业协会制定，条款设计说明如下：

- 车上人员责任保险和机动车盗抢保险分别提供了主险和附加险两套条款，保险责任和费率完全相同，供各公司自主选择。
- 不计免赔率特约条款的投保条件在条款中未作明确规定，其适用范围由各公司自主确定。

汽车损失险 A 款条款分为非营业用汽车损失保险条款、营业用汽车损失保险条款和家庭自用汽车损失保险条款等。这三个条款的内容大致相同，但也有不同之处，主要表现为保险标的、保险责任和免除责任及保险费等方面有细微的差别。

1. 家庭自用汽车损失保险

家庭自用汽车损失保险的保险标的是指在中华人民共和国境内(不含港、澳、台地区)行驶的家庭或个人所有，且用途为非营业性运输的客车。

2. 非营业用汽车损失保险

非营业用汽车损失保险的保险标的是指在中华人民共和国境内(不含港、澳、台地区)行驶的党政机关、企事业单位、社会团体、使领馆等机构从事公务或在生产经营活动中不以直接或间接方式收取运费或租金的自用汽车，包括客车、货车、客货两用车等。

3. 营业用汽车损失保险

营业用汽车损失保险的保险标的是指在中华人民共和国境内(不含港、澳、台地区)行驶的，用于客、货运输或租赁，并以直接或间接方式收取运费或租金的汽车。

因教材篇幅有限，本章仅介绍机动车商业保险行业基本条款(A款)中的《家庭自用汽车损失保险条款》。

3.2.1　总则

家庭自用汽车损失保险合同(以下简称本保险合同)中所指的车辆损失保险，简称车损险，是指保险车辆遭受保险责任范围内的自然灾害或意外事故，造成保险车辆本身损失，保险人依照保险合同的规定给予赔偿。

车损险为不定值保险，在汽车损失险保险合同中不确定保险标的的保险价值，只列明保险金额，将保险金额作为最高赔偿限额。

1. 保险标的

保险标的指在中华人民共和国境内(不含港、澳、台地区)行驶的家庭或个人所有，且用途为非营业性运输的客车。

2. 保险合同的组成和特征

(1) 保险合同由保险条款、投保单、保险单、批单和特别约定组成。凡涉及本保险合同

的约定，均应采用书面形式。

(2) 保险合同为不定值保险合同，即双方当事人在订立保险合同时不预先确定保险标的的保险价值，而是按照保险事故发生时保险标的的实际价值确定保险价值的保险合同。保险人按照承保险别承担保险责任，附加险不能单独承保。

3.2.2 保险责任

保险责任采用列明式，由已列明的原因造成的保险车辆的损失，保险人负责赔偿。

1. 保险事故责任

因下列原因造成的保险车辆的损失，由保险人负责赔偿。

(1) 碰撞、倾覆、坠落。

碰撞：指被保险机动车与外界物体直接接触并发生意外撞击、产生撞击痕迹的现象，包括被保险机动车按规定载运货物时，所载货物与外界物体的意外撞击。同时，碰撞应是保险车辆与外界物体直接接触，保险车辆的人为划痕不属于本保险责任。

倾覆：指因意外事故导致被保险机动车翻倒(两轮以上离地、车体触地)，处于失去正常状态和行驶能力、不经施救不能恢复行驶的状态。

坠落：指被保险机动车在行驶中发生意外事故，整车腾空后下落，造成本车损失的情况。非整车腾空，仅由于颠簸造成被保险机动车损失的，不属坠落责任。

(2) 火灾、爆炸。

火灾：指被保险机动车本身以外的火源引起的、在时间或空间上失去控制的燃烧(即有热、有光、有火焰的剧烈的氧化反应)所造成的灾害。

爆炸：物体在瞬间分解或燃烧时放出大量的热和气体，并以很大的压力向四周扩散，形成破坏力的现象。发动机因其内部原因发生爆炸或爆裂、轮胎爆炸等，不属于本保险责任。

(3) 外界物体坠落、倒塌。

外界物体坠落：陨石或飞行器等空中掉落物体所致被保险车辆受损，属于本保险责任。吊车的吊物脱落以及吊钩或吊臂的断落等，造成保险车辆损失的，也视为本保险责任。但吊车本身在操作时由于吊钩、吊臂上下起落砸坏保险车辆的损失，不属于本保险责任。

外界物体倒塌：指保险车辆自身以外由物质构成并占有一定空间的个体倒下或陷下，造成保险车辆损失。例如，地上或地下建筑物坍塌、树木倾倒致使保险车辆受损等，都属于本保险责任。

(4) 暴风、龙卷风。

暴风：指风速在 28.5 m/s(相当于 11 级大风)以上的大风。风速以气象部门公布的数据为准。

龙卷风：一种范围小而时间短的猛烈旋风，平均最大风速一般在 79～103 m/s，极端最大风速一般在 100 m/s 以上。

(5) 雷击、雹灾、暴雨、洪水、海啸。

雷击：由雷电造成的灾害。由于雷电直接击中保险车辆或通过其他物体引起保险车辆的损失，均属于本保险责任。

雹灾：由于冰雹降落造成的灾害。

暴雨：每小时降雨量达 16 mm 以上，或连续 12 小时降雨量达 30 mm 以上，或连续 24 小时降雨量达 50 mm 以上。

洪水：凡江河泛滥、山洪暴发、潮水上岸及倒灌，致使保险车辆遭受泡损、淹没的损失，都属于本保险责任。

海啸：海啸是由于地震或风暴而造成的海面巨大涨落现象，按成因分为地震海啸和风暴海啸两种。由于海啸以致海水上岸泡损、淹没、冲失保险车辆的都属于本保险责任。

(6) 地陷、冰陷、崖崩、雪崩、泥石流、滑坡。

地陷：指地壳因为自然变异、地层收缩而发生突然塌陷以及海潮、河流、大雨侵蚀时，地下有孔穴、矿穴，以致地面突然塌陷。

冰陷：在公安交通管理部门允许车辆行驶的冰面上，保险车辆通行时，冰面突然下陷造成保险车辆的损失，属于本保险责任。

崖崩：石崖、土崖因自然风化、雨蚀而崩裂下塌，或山上岩石滚落，或雨水使山上沙土透湿而崩塌，致使保险车辆遭受的损失，属于本保险责任。

雪崩：大量积雪突然崩落的现象。

泥石流：山地突然暴发饱含大量泥沙、石块的洪流。

滑坡：斜坡上不稳的岩体或土体在重力作用下突然整体向下滑动。

(7) 载运保险车辆的渡船遭受自然灾害(只限于有驾驶人随船的情形)。

保险车辆在行驶途中因需跨过江河、湖泊、海峡才能恢复到道路行驶而过渡，驾驶员把车辆开上渡船，并照料到对岸，这期间因遭受自然灾害，致使保险车辆本身发生损失，保险人予以赔偿。但由货船、客船、客货船或滚装船等运输工具承载保险车辆的过渡，不属于本保险责任。

2. 事故的施救责任

发生保险事故时，被保险人为防止或减少保险车辆的损失，所支付的必要的、合理的施救费用，由保险人承担最高不超过保险金额的数额。例如，保险车辆受损后不能行驶，雇人在事故现场看守的合理费用，由当地有关部门出具证明的可以赔偿。

3.2.3　责任免除

采用列明式规定了机动车辆损失保险的责任免除范围。已列明风险造成保险车辆的损失，保险人不负责赔偿。

1. 不可抵御风险

(1) 地震：因地壳发生急剧的自然变异，影响地面而发生震动的现象。无论地震使保险车辆直接受损，还是地震造成外界物体倒塌所致保险车辆的损失，保险人都不负责赔偿。

(2) 战争：国家与国家、民族与民族、政治集团与政治集团之间为了一定的政治、经济目的而进行的武装斗争。

(3) 军事冲突：国家或民族之间在一定范围内的武装对抗。

(4) 恐怖活动：指个人或组织出于恐吓、要挟社会的目的，使用暴力或其他危险行为制造恐怖气氛，侵犯不特定多数人的生命、财产安全或者威胁公共安全及社会管理的行为。

(5) 暴乱：破坏社会秩序的武装骚动。

(6) 扣押：指采用强制手段扣留保险车辆。

(7) 收缴：查收缴获或征收上交保险车辆。

(8) 没收：剥夺犯罪分子个人所有的部分财产或全部财产。

(9) 政府征用：指政府利用行政手段有偿或无偿占用保险车辆。

(10) 竞赛：指被保险机动车作为赛车参加车辆比赛活动，包括以参加比赛为目的进行的训练活动。

(11) 测试：指对被保险机动车的性能和技术参数进行测量或试验。

(12) 在营业性维修、养护场所修理、养护期间：指保险车辆进入以营利为目的的修理厂，从进入维修厂开始到保养、修理结束并验收合格提车时止，包括保养、修理过程中的测试。

2. 车辆自身风险

(1) 自然磨损、朽蚀、腐蚀、故障。

自然磨损：指车辆由于使用造成的机件损耗。

朽蚀：指机件与有害气体、液体相接触，被腐蚀损坏。

腐蚀：指材料在环境的作用下引起的破坏或变质。

故障：由于车辆某个部件或系统性能发生问题，影响车辆的正常工作。

(2) 玻璃单独破碎、轮胎单独损坏、无明显碰撞痕迹的车身划痕。

玻璃单独破碎：指未发生被保险机动车其他部位的损坏，仅发生被保险机动车前后风挡玻璃和左右车窗玻璃的损坏。

轮胎单独损坏：指未发生被保险机动车其他部位的损坏，仅发生轮胎、轮辋、轮毂罩的分别单独损坏，或上述三者之中任意二者的共同损坏，或三者的共同损坏。

无明显碰撞痕迹的车身划痕：无明显证据证明由于发生碰撞导致的车身划痕。

(3) 自燃以及不明原因引起火灾。

自燃：指在没有外界火源的情况下，由于本车电器、线路、供油系统、供气系统等被保险机动车自身原因发生故障或所载货物自身原因起火燃烧。

不明原因产生火灾：公安消防部门的“火灾原因认定书”中认定的起火原因不明的火灾。

3. 驾驶人员风险

1) 违章操作

(1) 人工直接供油、高温烘烤。

人工直接供油：不经过车辆正常供油系统的供油。

高温烘烤：无论是否使用明火，凡违反车辆安全操作规则的加热、烘烤升温的行为。

(2) 发动机进水后导致的发动机损坏。

这类损坏是指在淹及排气筒或进气管的水中启动，或被水淹后未经必要处理而启动车辆，致使发动机损坏；保险车辆在停放或行驶的过程中，被水淹及排气筒或进气管，驾驶员继续启动车辆或利用惯性启动车辆；以及车辆被水淹后转移至高处，或水退后未经必要的处理而启动车辆，造成的发动机损坏。

(3) 保险车辆所载货物坠落、倒塌、撞击、泄漏造成的损失。

这类损失是指保险车辆行驶时，车上货物坠落、倒塌、与本车相互撞击以及泄漏，造成本车的损失。

2) 违章驾车

(1) 驾驶人员饮酒、吸食或注射毒品、被药物麻醉后使用被保险车辆。

驾驶员饮酒驾车：驾驶员饮酒后开车可根据下列情形来判定，一是公安交通管理部门做出的酒后驾车结论；二是有能够证明饮酒后驾车的证据。

吸食或注射毒品驾车：驾驶员吸食或注射鸦片、吗啡、海洛因、大麻、可卡因以及国家规定管制的其他能够使人形成瘾癖的麻醉药品和精神药品后驾驶车辆。

被药物麻醉驾车：驾驶员吸食或注射有麻醉成分的药品，在整个身体或身体的某部分暂时失去控制的情况下驾驶车辆。

(2) 使用各种专用机械车、特种车的人员无国家有关部门核发的有效操作证；驾驶营业性客车的驾驶人员无国家有关部门核发的有效资格证书。

(3) 非被保险人允许的驾驶人使用被保险车辆。

(4) 被保险车辆不具备有效行驶证件。

被保险车辆必须同时具备以下条件：一是被保险车辆必须有公安交通管理部门核发的行驶证与号牌；二是被保险车辆必须达到《机动车运行安全技术条件》(GB 7258—2004)的要求，并在规定时间内经公安交通管理部门检验合格。

3) 无驾驶资格

公安交通管理部门规定的属于无有效驾驶证的情况下驾车。具体指驾驶人有以下情况之一者：

(1) 无驾驶证或驾驶证有效期已届满。

(2) 驾驶的被保险车辆与驾驶证载明的准驾车型不符。

(3) 持未按规定审验的驾驶证，以及在暂扣、扣留、吊销、注销驾驶证期间驾驶被保险机动车。

(4) 依照法律法规或公安机关交通管理部门有关规定不允许驾驶被保险车辆的其他情况下驾车。

4) 责任扩大

(1) 事故发生后，被保险人或其允许的驾驶人在未依法采取措施的情况下驾驶被保险机动车或者遗弃被保险机动车逃离事故现场，或故意破坏、伪造现场、毁灭证据。

(2) 遭受保险责任范围内的损失后，未经必要修理继续使用被保险车辆，致使损失扩大的部分。

(3) 利用被保险车辆从事违法活动。

(4) 标准配置以外新增设备的损失。

(5) 被保险机动车转让他人，未向保险人办理批改手续。

4. 其他风险

(1) 未按书面约定履行交纳保险费义务。

(2) 因污染(含放射性污染)造成的损失：指不论是否发生保险事故，保险车辆本身及保险车辆所载货物泄漏造成的对外界任何污染而引起的补偿和赔偿，保险人都不负责赔偿。(污染：指被保险机动车正常使用过程中或发生事故时，由于油料、尾气、货物或其他污染物的泄漏、飞溅、排放、散落等造成被保险机动车污损或状况恶化。)

(3) 被保险车辆因市场价格变动造成的贬值，修理后因价值降低引起的损失。

(4) 车辆标准配置以外，未投保的新增设备的损失。

(5) 被盗窃、抢劫、抢夺，以及因被盗窃、抢劫、抢夺受到损坏或车上零部件、附属设备丢失。

(6) 被保险人或其允许的合格驾驶人员的故意行为。指明知自己可能造成损害的结果，而仍希望或放任这种结果的发生。

(7) 应当由机动车交通事故责任强制保险赔偿的金额。

3.2.4 保险金额

保险金额由投保人和保险人从下列三种方式中选择确定，保险人根据确定保险金额方式的不同承担相应的赔偿责任。

1. 按投保时被保险车辆的新车购置价确定

新车购置价是指在保险合同签订地购置与被保险车辆同类型新车的价格(含车辆购置税)。

投保时的新车购置价，根据投保时保险合同签订地同类型新车的市场销售价格(含车辆购置税)确定，并在保险单中载明，无同类型新车市场销售价格的，由投保人与保险人协商确定。

2. 按投保时被保险车辆的实际价值确定

实际价值是指新车购置价减去折旧金额后的价格。

投保时被保险车辆的实际价值，根据投保时的新车购置价减去折旧金额后的价格确定。

被保险车辆的折旧按月计算，不足一个月的部分，不计折旧。9座以下客车月折旧率为0.6%，10座以上客车月折旧率为0.9%，最高折旧金额不超过投保时被保险机动车新车购置价的80%。

$$折旧金额 = 投保时的新车购置价\times被保险机动车已使用月数\times月折旧率 \quad (3.1)$$

折旧率见表3-2。

表3-2 折 旧 率 表

车辆种类	月折旧率/%				
	家庭自用	非营业	营业		特种车
			出租	其他	
9座以下客车	0.60	0.60	1.10	0.90	/
10座以上客车	0.90	0.90	1.10	0.90	/
微型载货汽车	/	0.90	1.10	1.10	/
带拖挂的载货汽车	/	0.90	1.10	1.10	/
低速货车和三轮汽车	/	1.10	1.40	1.40	/
矿山专用车	/	/	/	/	1.10
其他车辆	/	0.90	1.10	0.90	0.90

3. 在投保时被保险车辆的新车购置价内协商确定

投保人和保险人可根据实际情况选择保险金额的确定方式。原则上新车按第一种方式承保，旧车可以在三种方式中由投保人和保险人双方自愿协商确定，但保险金额的不同确定方式，直接影响和决定发生保险事故时保险赔偿的计算原则。保险人根据保险金额确定方式的不同承担相应的赔偿责任。

另外，投保车辆标准配置以外的新增设备，应在保险合同中列明设备名称与价格清单，并按设备的实际价值相应增加保险金额。新增设备随保险车辆一并折旧。

3.2.5　保险期限

除另有约定外，保险期限为一年，以保险单载明的起讫时间为准。

3.2.6　保险人义务

保险人应履行说明义务、查勘义务、赔偿义务和保密义务。

1. 说明义务

保险人在订立保险合同时，应向投保人说明投保险种的保险责任、责任免除、保险期限、保险费及支付办法、投保人和被保险人义务等内容。

说明义务是法律规定的当事人在订立合同前需要履行的义务，是法定的先契约义务，它不仅是诚信原则的基本要求，也是形成保险当事人合意的基础。

在机动车辆保险中，常采用投保人签字视为同意的规则来处理。保险人在事先准备的标准投保单上印有“请您详细阅读下列投保须知后，再填写投保单”、“请认真阅读所附条款”等类似字句，投保人只要在印有其已了解并同意保险条款内容的签字栏内签字，就视为保险人履行了其说明义务和投保人同意保险内容。

2. 查勘义务

保险人应及时受理被保险人的事故报案，应尽快进行现场查勘。

保险人接到报案后48小时内未进行查勘且未给予受理意见，造成财产损失无法确定的，以被保险人提供的财产损毁照片、损失清单、事故证明和修理发票作为赔付理算依据。

3. 赔偿义务

保险人收到被保险人的索赔请求后，应当及时做出核定。

(1) 保险人应根据事故性质、损失情况，及时向被保险人提供索赔须知；审核索赔材料后认为有关的证明和资料不完整的，应当及时通知被保险人补充提供有关的证明和资料。

(2) 在被保险人提供了各种必要单证后，保险人应当迅速审查核定，并将核定结果及时通知被保险人。

(3) 对属于保险责任的，保险人应在与被保险人达成赔偿协议后 10 日内支付赔款。

4. 保密义务

保险人对在办理保险业务中知道的投保人、被保险人的业务和财产情况及个人隐私，负有保密的义务。

3.2.7 投保人及被保险人义务

投保人及被保险人应履行告知义务、交纳保险费义务、出险后施救与通知义务和协助查勘义务。

1. 告知义务

投保人应如实填写投保单并回答保险人提出的询问，履行如实告知义务，并提供被保险机动车行驶证复印件、机动车登记证书复印件，如指定驾驶人的，应当同时提供被指定驾驶人的驾驶证复印件。

在保险期限内，保险车辆改装、加装或非营业用车辆从事营业运输等，导致保险车辆危险程度增加的，应当及时书面通知保险人。否则，因保险车辆危险程度增加而导致的保险事故，保险人不承担赔偿责任。

2. 交纳保险费义务

投保人应当在本保险合同成立时交清保险费；保险费交清前发生的保险事故，保险人不承担赔偿责任。

3. 出险后施救与通知义务

发生保险事故时，被保险人应当及时采取合理的、必要的施救和保护措施，防止或者减少损失，并在保险事故发生后48小时内通知保险人。否则，造成损失无法确定或扩大的部分，保险人不承担赔偿责任。

4. 协助查勘义务

发生保险事故后，被保险人应当积极协助保险人进行现场查勘。

被保险人在索赔时，应当提供有关证明和资料。被保险人向保险人索赔时提供的情况及各种单据必须真实可靠，对被保险人提供涂改、伪造的单据、证明或制造假案等图谋骗取赔款的，保险人可拒绝赔偿或追回已支付的保险赔款。

当发生与保险赔偿有关的仲裁或者诉讼时，被保险人应当及时书面通知保险人。

3.2.8 赔偿处理

赔偿处理包括保险事故发生后，被保险人的索赔条件、保险车辆修复标准、重复保险、保险赔偿标准、权益转让、保险合同终止和免赔率等赔偿处理内容。

1. 被保险人索赔条件

被保险人索赔时，应当向保险人提供与确认保险事故的性质、原因、损失程度等有关的证明和资料。

被保险人应当提供保险单、损失清单、有关费用单据、被保险车辆行驶证和发生事故时驾驶人员的驾驶证。

属于道路交通事故的，被保险人应当提供公安机关交通管理部门或法院等机构出具的事故证明、有关的法律文书(判决书、调解书、裁定书、裁决书等)和通过机动车交通事故责任强制保险获得赔偿金额的证明材料。

属于非道路交通事故的，应提供相关的事故证明。

被保险人或被保险机动车驾驶人根据有关法律法规规定选择自行协商方式处理交通事故的，应当立即通知保险人，协助保险人勘验事故各方车辆、核实事故责任，并依照《交通事故处理程序规定》签订记录交通事故情况的协议书。

2. 保险车辆修复标准

因保险事故损坏的被保险车辆，应当尽量修复。修理前被保险人应当会同保险人检验，协商确定修理项目、方式和费用。否则，保险人有权重新核定；无法重新核定的，保险人有权拒绝赔偿。

经保险人现场查勘与定损后，被保险人可以自行选择修理厂修理，也可以选择保险人推荐的修理厂修理。

保险人所推荐的修理厂的资质应不低于二级。保险车辆修复后，保险人可根据被保险人的委托直接与修理厂结算修理费用，但应当由被保险人自己负担的部分除外。

3. 重复保险

保险车辆重复保险的，本保险人按照本保险合同的保险金额与各保险合同保险金额的总和的比例承担赔偿责任。

其他保险人应承担的赔偿金额，本保险人不负责垫付。

4. 保险赔偿标准

(1) 保险事故发生后，保险人根据损失情况、投保方式进行赔偿。

(2) 保险车辆遭受损失后的残余部分，由保险人、被保险人协商处理。

(3) 保险人受理报案、现场查勘、参与诉讼、进行抗辩、向被保险人提供专业建议等行为，均不构成保险人对赔偿责任的承诺。

(4) 保险人依据被保险车辆驾驶人在事故中所负的事故责任比例，承担相应的赔偿责任。

被保险人或被保险车辆驾驶人根据有关法律法规规定选择自行协商或由公安机关交通管理部门处理事故未确定事故责任比例的，按照下列规定确定事故责任比例：

被保险车辆方负主要事故责任的，事故责任比例为70%；

被保险车辆方负同等事故责任的，事故责任比例为50%；

被保险车辆方负次要事故责任的，事故责任比例为30%。

5. 保险赔偿方式

按投保时被保险车辆的新车购置价确定保险金额的：

(1) 发生全部损失时，在保险金额内计算赔偿，保险金额高于保险事故发生时被保险车辆实际价值的，按保险事故发生时被保险车辆的实际价值计算赔偿。

保险事故发生时被保险车辆的实际价值根据保险事故发生时的新车购置价减去折旧金额后的价格确定。

保险事故发生时的新车购置价根据保险事故发生时保险合同签订地同类型新车的市场销售价格(含车辆购置税)确定，无同类型新车市场销售价格的，由被保险人与保险人协商确定。

(2) 发生部分损失时，按核定修理费用计算赔偿，但不得超过保险事故发生时被保险车辆的实际价值。

按投保时被保险车辆的实际价值确定保险金额或协商确定保险金额的：

(1) 发生全部损失时，保险金额高于保险事故发生时被保险车辆实际价值的，以保险事故发生时被保险车辆的实际价值计算赔偿；保险金额等于或低于保险事故发生时被保险车辆实际价值的，按保险金额计算赔偿。

(2) 发生部分损失时，按保险金额与投保时被保险车辆的新车购置价的比例计算赔偿，但不得超过保险事故发生时被保险机动车的实际价值。

施救费用赔偿的计算方式同上，在被保险车辆损失赔偿金额以外另行计算，最高不超过保险金额的数额。

被施救的财产中，含有本保险合同未承保财产的，按被保险车辆与被施救财产价值的比例分摊施救费用。

6. 权益转让

因第三方对被保险车辆的损害而造成保险事故的，保险人自向被保险人赔偿保险金之日起，在赔偿金额范围内代位行使被保险人对第三方请求赔偿的权利，但被保险人必须协助保险人向第三方追偿。

由于被保险人放弃对第三方的请求赔偿的权利或过错致使保险人不能行使代位追偿权利的，保险人不承担赔偿责任或相应扣减保险赔偿金。

7. 保险合同终止

下列情况下，保险人支付赔款后，本保险合同终止，保险人不退还家庭自用汽车损失保险及其附加险的保险费：

(1) 被保险车辆发生全部损失。

(2) 按投保时被保险车辆的实际价值确定保险金额的，一次赔款金额与免赔金额之和(不含施救费)达到保险事故发生时被保险机动车的实际价值。

(3) 保险金额低于投保时被保险车辆的实际价值的，一次赔款金额与免赔金额之和(不含施救费)达到保险金额。

8. 免赔率

保险人在依据本保险合同约定计算赔款的基础上，按照下列免赔率免赔：

(1) 负次要事故责任的免赔率为5%，负同等事故责任的免赔率为8%，负主要事故责任的免赔率为10%，负全部事故责任或单方肇事事故的免赔率为15%。

(2) 被保险机动车的损失应当由第三方负责赔偿的，无法找到第三方时，免赔率为30%。

(3) 被保险人根据有关法律法规规定选择自行协商方式处理交通事故，不能证明事故原因的，免赔率为20%。

(4) 投保时指定驾驶人，保险事故发生时为非指定驾驶人使用被保险机动车的，增加免赔率10%。

(5) 投保时约定行驶区域，保险事故发生在约定行驶区域以外的，增加免赔率10%。

3.2.9 保险费率调整

保险费率调整的比例和方式以保险监管部门批准的机动车保险费率方案的规定为准。

本保险及其附加险根据上一保险期间发生保险赔偿的次数，在续保时实行保险费浮动。

3.2.10 合同变更和终止

1. 机动车辆保险合同的变更

(1) 保险合同的内容如需变更，须经保险人与投保人书面协商一致。

(2) 在保险期限内，保险车辆转卖、转让、赠送他人，被保险人应书面通知保险人并办理批改手续。未办理批改手续的，保险人不承担赔偿责任。

保险人对保险车辆转卖、转让、赠送他人提出了两点要求：一，在保险合同有效期内，保险车辆合法转卖、转让、赠送他人，被保险人应当事先通知保险人；二，保险车辆转卖、转让、赠送他人，在向公安交通管理部门办理手续后，应向保险人申请办理批改被保险人称谓的手续。

在保险合同有效期内，保险车辆改变使用性质或改装变性，被保险人应事先通知保险人，并申请批改车辆使用性质或车型。被保险人将以非营业性质投保的车辆出租的，视为该车已变更用途。

2. 机动车辆保险合同的终止

(1) 保险责任开始前，投保人要求解除本保险合同的，应当向保险人支付应交保险费 5% 的退保手续费，保险人应当退还保险费。

(2) 保险责任开始后，投保人要求解除本保险合同的，自通知保险人之日起，本保险合同解除。保险人按短期月费率收取自保险责任开始之日起至合同解除之日止期间的保险费，并退还剩余部分保险费。机动车辆保险合同解除时，除法律、法规和保险合同另有规定外，应按《机动车辆保险费率规章》的有关规定计收已了责任部分的保险费。具体实施参照表 3-3。

表 3-3 短期月费率表

保险期限/月	1	2	3	4	5	6	7	8	9	10	11	12
短期月费率 (年保险费的百分比)	10%	20%	30%	40%	50%	60%	70%	80%	85%	90%	95%	100%

注：保险期间不足一个月的部分，按一个月计算。

3.2.11 争议处理

(1) 因履行本保险合同发生的争议，由当事人协商解决。协商不成的，提交保险单载明的仲裁委员会仲裁。保险单未载明仲裁机构或者争议发生后未达成仲裁协议的，可向人民法院提起诉讼。

(2) 机动车辆保险合同争议处理适用中华人民共和国法律。

3.2.12 其他

(1) 保险人按照保险监管部门批准的机动车保险费率方案计算保险费。

(2) 在投保家庭自用汽车损失保险的基础上，投保人可投保附加险。

(3) 附加险条款未尽事宜，以本保险条款为准。

3.3 机动车辆第三者责任保险(A款)

3.3.1 总则

1. 保险合同

机动车辆第三者责任保险合同(以下简称本保险合同)由本条款、投保单、保险单、批单和特别约定组成。凡涉及本保险合同的约定，均应采用书面形式。

2. 保险标的

本保险合同中的机动车是指在中华人民共和国境内(不含港、澳、台地区)行驶，以动力装置驱动或者牵引，上道路行驶的供人员乘用或者用于运送物品以及进行专项作业的轮式车辆(含挂车)、履带式车辆和其他运载工具，但不包括摩托车、拖拉机和特种车。

3. 第三者

本保险合同中，保险人是第一方，也叫第一者；被保险人或使用保险车辆的致害人是第二方，也叫第二者；第三者是指因被保险车辆发生意外事故遭受人身伤亡或者财产损失的人，但不包括被保险车辆本车上人员、投保人、被保险人和保险人。同一被保险人的车辆之间发生意外事故，相互对方均不构成第三者。

3.3.2 保险责任

保险期间内，被保险人或其允许的合法驾驶人员在使用被保险车辆过程中发生意外事故，致使第三者遭受人身伤亡或财产直接损毁，依法应当由被保险人承担的损害赔偿责任，保险人依照本保险合同的约定，对于超过机动车交通事故责任强制保险各分项赔偿限额以上的部分负责赔偿。

1. 被保险人或其允许的驾驶人员

(1) 允许。被保险人允许的驾驶人员，指持有驾驶证的被保险人本人、配偶及经被保险人许可，同意驾驶保险车辆的驾驶人员。

(2) 合格。合格指上述驾驶人员必须持有效驾驶证，并且所驾车辆与驾驶证规定的准驾车型相符。

只有“允许”和“合格”两个条件同时具备的驾驶人员在使用保险车辆发生保险事故造成损失时，保险人才予以赔偿。

2. 意外事故、人身伤亡、财产直接损毁

(1) 意外事故。指不是行为人出于故意，而是行为人不可预见的以及不可抗拒的，并造成人员伤亡或财产损失的突发事件。

(2) 人身伤亡。指人的身体受伤害或人的生命终止。

(3) 财产的直接损毁。指被保险车辆发生意外事故，直接造成事故现场他人现有财产的实际损毁。

3.3.3　责任免除

1. 不可抵御风险

不可抵御风险包括地震、战争、军事冲突、恐怖活动、暴乱、扣押、收缴、没收、政府征用造成的第三者责任。

2. 驾驶人员风险

(1) 驾驶人员饮酒、吸食或注射毒品、被药物麻醉后使用保险车辆。

(2) 事故发生后，被保险人或其允许的驾驶人在未依法采取措施的情况下驾驶被保险机动车或者遗弃被保险机动车逃离事故现场，或故意破坏、伪造现场、毁灭证据。

(3) 无驾驶证或驾驶证有效期已届满。

(4) 驾驶的被保险机动车与驾驶证载明的准驾车型不符。

(5) 使用各种专用机械车、特种车的人员无国家有关部门核发的有效操作证，驾驶营运客车的驾驶人无国家有关部门核发的有效资格证书。

(6) 非被保险人或非其允许的驾驶人员使用被保险车辆。

(7) 利用被保险车辆从事违法活动。

(8) 实习期内驾驶公共汽车、营运客车或者载有爆炸物品、易燃易爆化学物品、剧毒或者放射性等危险物品的被保险机动车，实习期内驾驶的被保险机动车牵引挂车。

(9) 持未按规定审验的驾驶证，以及在暂扣、扣留、吊销、注销驾驶证期间驾驶被保险机动车。

(10) 公安交通管理部门规定的其他属于无有效驾驶证的情况下驾车。

(11) 依照法律法规或公安机关交通管理部门有关规定不允许驾驶被保险机动车的其他情况下驾车。

3. 车辆自身风险

(1) 竞赛、测试、教练，在营业性修理场所修理期间。

竞赛：被保险车辆作为赛车直接参加车辆比赛活动所造成的第三者损失。

测试：对被保险车辆的性能和技术参数进行测量或试验所造成的第三者损失。

教练：指尚未取得合法机动车驾驶证，但已通过合法教练机构办理正式学车手续的学员，在固定练习场所或指定路线，并有合格教练随车指导的情况下驾驶被保险机动车。

在营业性修理场所修理期间：被保险车辆进入维修厂(站、店)保养、修理期间，由于自然灾害或意外事故所造成的第三者损失。其中，营业性修理场所指保险车辆进入以营利为目的的修理厂(站、店)；修理期间指保险车辆从进入维修厂(站、店)开始到保养、修理结束

并验收合格提车时止，包括保养、修理过程中的测试。

(2) 被保险车辆拖带未投保机动车交通事故责任强制保险的机动车(含挂车)或被未投保机动车交通事故责任强制保险的其他机动车拖带。

(3) 被保险车辆不具备有效行驶证件。

(4) 被保险车辆转让他人，未向保险人办理批改手续。

(5) 除另有约定外，发生保险事故时被保险车辆无公安机关交通管理部门核发的行驶证或号牌，或未按规定检验或检验不合格。

4. 其他风险

(1) 被保险车辆造成下列人身伤亡或财产损失，不论在法律上是否应当由被保险人承担赔偿责任，保险人均不负责赔偿：

① 被保险人及其家庭成员的人身伤亡、所有或代管的财产的损失。

② 被保险机动车本车驾驶人及其家庭成员的人身伤亡、所有或代管的财产的损失。

③ 被保险机动车本车上其他人员的人身伤亡或财产损失。

(2) 第三者财产因市场价格变动造成的贬值，修理后价值降低引起的损失，保险人不负责赔偿。

(3) 被保险机动车被盗窃、抢劫、抢夺期间造成的第三者人身伤亡或财产损失，保险人不负责赔偿。

(4) 被保险机动车发生意外事故，致使第三者停业、停驶、停电、停水、停气、停产、通信或者网络中断、数据丢失、电压变化等造成的损失以及其他各种间接损失，保险人不负责赔偿。

(5) 精神损害。因保险事故引起的任何有关精神损害的赔偿，无论是否依法应由被保险人承担，保险人均不负责赔偿。

(6) 因污染(含放射性污染)造成的损失。不论是否发生保险事故，保险车辆本身及保险车辆所载货物泄漏造成的对外界任何污染而引起的补偿和赔偿，保险人都不负责赔偿。

污染包括被保险车辆在正常使用过程中，由于车辆油料或所载货物的泄漏造成的污染，以及保险车辆发生事故导致第三者车辆的油料或所载货物的泄漏造成的污染。

(7) 被保险人或驾驶人的故意行为造成的损失，保险人不负责赔偿。

(8) 仲裁或者诉讼费用以及其他相关费用，保险人不负责赔偿。

(9) 应当由机动车交通事故责任强制保险赔偿的损失和费用，保险人不负责赔偿。

保险事故发生时，被保险车辆未投保机动车交通事故责任强制保险或机动车交通事故责任强制保险合同已经失效的，对于机动车交通事故责任强制保险各分项赔偿限额以内的损失和费用，保险人不负责赔偿。

3.3.4 责任限额

每次事故的责任限额，由投保人和保险人在签订保险合同时按 5 万元、10 万元、15 万元、20 万元、30 万元、50 万元、100 万元和 100 万元以上但不超过 1000 万元的档次协商确定。

主车和挂车连接使用时视为一体，发生保险事故时，由主车保险人和挂车保险人按照保险单上载明的机动车第三者责任保险责任限额的比例，在各自的责任限额内承担赔偿责

任，但赔偿金额总和以主车的责任限额为限。

3.3.5　保险期限

除另有约定外，保险期限为一年，以保险单载明的起讫时间为准。

3.3.6　保险人义务

保险人义务与《机动车辆损失保险条款》相同。

3.3.7　投保人及被保险人义务

投保人及被保险人义务与《机动车辆损失保险条款》相同。

3.3.8　赔偿处理

被保险人索赔时，应当向保险人提供与确认保险事故的性质、原因、损失程度等有关的证明和资料。

被保险人应当提供保险单、损失清单、有关费用单据、被保险机动车行驶证和发生事故时驾驶人的驾驶证。

属于道路交通事故的，被保险人应当提供公安机关交通管理部门或法院等机构出具的事故证明、有关的法律文书(判决书、调解书、裁定书、裁决书等)及其他证明。

属于非道路交通事故的，应提供相关的事故证明。

1. 事故“以责论处”

因保险事故损坏的第三者财产，应当尽量修复。修理前被保险人应当会同保险人检验，协商确定修理项目、方式和费用。否则，保险人有权重新核定；无法重新核定的，保险人有权拒绝赔偿。

保险人依据被保险机动车驾驶人在事故中所负的事故责任比例，承担相应的赔偿责任。

被保险人或被保险机动车驾驶人根据有关法律法规规定选择自行协商或由公安机关交通管理部门处理事故而未确定事故责任比例的，按照下列规定确定事故责任比例：

被保险机动车方负主要事故责任的，事故责任比例为70%；

被保险机动车方负同等事故责任的，事故责任比例为50%；

被保险机动车方负次要事故责任的，事故责任比例为30%。

2. 其他事宜

(1) 被保险机动车重复保险的，保险人按照本保险合同的责任限额与各保险合同责任限额的总和的比例承担赔偿责任。其他保险人应承担的赔偿金额，保险人不负责赔偿和垫付。

(2) 保险人受理报案、现场查勘、参与诉讼、进行抗辩、要求被保险人提供证明和资料、向被保险人提供专业建议等行为，均不构成保险人对赔偿责任的承诺。

(3) 保险人支付赔款后，对被保险人追加的索赔请求，保险人不承担赔偿责任。

(4) 被保险人获得赔偿后，本保险合同继续有效，直至保险期间届满。保险车辆发生第三者责任保险事故，保险人赔偿后，无论每次事故赔款是否达到保险责任限额，在保险期限内，第三者责任险的保险责任仍然有效，直到保险期满。

(5) 保险事故发生后，保险人按照国家有关法律、法规规定的赔偿范围、项目和标准以及本保险合同的约定，在保险单载明的责任限额内核定赔偿金额。

保险人按照国家基本医疗保险的标准核定医疗费用的赔偿金额。

未经保险人书面同意，被保险人自行承诺或支付的赔偿金额，保险人有权重新核定。不属于保险人赔偿范围或超出保险人应赔偿金额的，保险人不承担赔偿责任。

3. 免赔率

保险人在依据本保险合同约定计算赔款的基础上，在保险单载明的责任限额内，按下列免赔率免赔：

(1) 负次要事故责任的免赔率为5%，负同等事故责任的免赔率为10%，负主要事故责任的免赔率为15%，负全部事故责任的免赔率为20%。

(2) 违反安全装载规定的，增加免赔率10%。

(3) 投保时指定驾驶人，保险事故发生时为非指定驾驶人使用被保险机动车的，增加免赔率10%。

(4) 投保时约定行驶区域，保险事故发生在约定行驶区域以外的，增加免赔率10%。

3.3.9　保险费率调整

保险费率调整的具体办法与《机动车辆损失保险条款》相同。

3.3.10　合同变更和终止

合同变更和终止与《机动车辆损失保险条款》相同。

3.3.11　争议处理

争议处理与《机动车辆损失保险条款》相同。

3.3.12　其他

(1) 保险人按照保险监管部门批准的机动车保险费率方案计算保险费。

(2) 在投保机动车第三者责任保险的基础上，投保人可投保附加险。

附加险条款未尽事宜，以本保险条款为准。

3.4　盗　抢　险

机动车盗抢保险合同(以下简称本保险合同)由条款、投保单、保险单、批单和特别约定共同组成。凡涉及本保险合同的约定，均应采用书面形式。

本保险合同中的机动车是指在中华人民共和国境内(不含港、澳、台地区)行驶，以动力装置驱动或者牵引，上道路行驶的供人员乘用或者用于运送物品以及进行专项作业的轮式车辆(含挂车)、履带式车辆和其他运载工具。

本保险合同为不定值保险合同。保险人按照承保险别承担保险责任，附加险不能单独承保。

3.4.1 保险责任

保险期间内，被保险机动车的下列损失和费用，保险人依照本保险合同的约定负责赔偿：

(1) 被保险机动车被盗窃、抢劫、抢夺，经出险当地县级以上公安刑侦部门立案证明，满 60 天未查明下落的全车损失。

(2) 被保险机动车全车被盗窃、抢劫、抢夺后，受到损坏或车上零部件、附属设备丢失需要修复的合理费用。

(3) 被保险机动车在被抢劫、抢夺过程中，受到损坏需要修复的合理费用。

3.4.2 责任免除

下列情况下，不论任何原因造成被保险机动车损失，保险人均不负责赔偿：

(1) 非全车遭盗窃，仅车上零部件或附属设备被盗窃或损坏。

(2) 被保险机动车被诈骗造成的损失。

(3) 被保险人因民事、经济纠纷而导致被保险机动车被抢劫、抢夺。

(4) 被保险人及其家庭成员、被保险人允许的驾驶人的故意行为或违法行为造成的损失。

(5) 被保险机动车被盗窃、抢劫、抢夺期间造成人身伤亡或本车以外的财产损失。

(6) 被保险人索赔时，未能提供机动车停驶手续或出险当地县级以上公安刑侦部门出具的盗抢立案证明。

(7) 租赁车辆与承租人同时失踪。

3.4.3 保险金额

保险金额由投保人和保险人在投保时被保险机动车的实际价值内协商确定。

本保险合同中的实际价值是指新车购置价减去折旧金额后的价格。

本保险合同中的新车购置价是指在保险合同签订地购置与被保险机动车同类型新车的价格(含车辆购置税)。

投保时被保险机动车的实际价值根据投保时的新车购置价减去折旧金额后的价格确定。

投保时的新车购置价根据投保时保险合同签订地同类型新车的市场销售价格(含车辆购置税)确定，并在保险单中载明，无同类型新车市场销售价格的，由投保人与保险人协商确定。

折旧按月计算，不足一个月的部分，不计折旧。最高折旧金额不超过投保时被保险机动车新车购置价的80%。

3.4.4 赔偿处理

(1) 被保险人知道保险车辆被盗窃、抢劫、抢夺后，应在 24 小时内向出险当地县级以上公安刑侦部门报案，并通知保险人。

(2) 被保险人索赔时，须提供保险单、损失清单、有关费用单据、机动车行驶证、机动

车登记证书、机动车来历凭证、车辆购置税完税证明(车辆购置附加费缴费证明)或免税证明、机动车停驶手续以及出险当地县级以上公安刑侦部门出具的盗抢立案证明。

(3) 全车损失，指在保险金额内计算赔偿，但不得超过保险事故发生时被保险机动车的实际价值。保险事故发生时被保险机动车的实际价值根据保险事故发生时的新车购置价减去折旧金额后的价格确定。

保险事故发生时的新车购置价根据保险事故发生时保险合同签订地同类型新车的市场销售价格(含车辆购置税)确定，无同类型新车市场销售价格的，由被保险人与保险人协商确定。

部分损失，指在保险金额内按实际修复费用计算赔偿，但不得超过保险事故发生时被保险机动车的实际价值。

保险人确认索赔单证齐全、有效后，被保险人签具权益转让书，保险人赔付结案。

(4) 保险人确认索赔单、证齐全、有效后，被保险人签具权益转让书，保险人赔付结案。

(5) 免赔率。保险人在依据本保险合同约定计算赔款的基础上，按下列免赔率免赔：

① 发生全车损失的，免赔率为20%；

② 发生全车损失，被保险人未能提供机动车行驶证、机动车登记证书、机动车来历凭证、车辆购置税完税证明(车辆购置附加费缴费证明)或免税证明的，每缺少一项，增加免赔率1%；

③ 投保时指定驾驶人，保险事故发生时为非指定驾驶人使用被保险机动车的，增加免赔率5%；

④ 投保时约定行驶区域，保险事故发生在约定行驶区域以外的，增加免赔率 10%。

(6) 保险车辆全车被盗窃、抢劫、抢夺后被找回的：

① 保险人尚未支付赔款的，被保险机动车应归还被保险人；

② 保险人已支付赔款的，被保险机动车应归还被保险人，被保险人应将赔款返还给保险人；被保险人不同意收回被保险机动车，被保险机动车的所有权归保险人，被保险人应协助保险人办理有关手续。

在投保机动车盗抢保险的基础上，投保人可投保附加险。附加险条款未尽事宜，以本条款为准。

3.5 机动车车上人员责任保险

机动车车上人员责任保险合同(以下简称本保险合同)由条款、投保单、保险单、批单和特别约定共同组成。凡涉及本保险合同的约定，均应采用书面形式。

本保险合同中的机动车是指在中华人民共和国境内(不含港、澳、台地区)行驶，以动力装置驱动或者牵引，上道路行驶的供人员乘用或者用于运送物品以及进行专项作业的轮式车辆(含挂车)、履带式车辆和其他运载工具。

本保险合同中的车上人员是指保险事故发生时在被保险机动车上的自然人。

3.5.1 保险责任

保险期间内，被保险人或其允许的合法驾驶人员在使用被保险机动车过程中发生意外

事故，致使车上人员遭受人身伤亡，依法应当由被保险人承担的损害赔偿责任，保险人依照本保险合同的约定负责赔偿。

3.5.2　责任免除

被保险机动车造成下列人身伤亡，不论在法律上是否应当由被保险人承担赔偿责任，保险人均不负责赔偿：

(1) 被保险人或驾驶人的故意行为造成的人身伤亡。

(2) 被保险人及驾驶人以外的其他车上人员的故意、重大过失行为造成的自身伤亡。

(3) 违法、违章搭乘人员的人身伤亡。

(4) 车上人员因疾病、分娩、自残、斗殴、自杀、犯罪行为造成的自身伤亡。

(5) 车上人员在被保险机动车车下时遭受的人身伤亡。

(6) 因污染(含放射性污染)造成的人身伤亡。

3.5.3　责任限额

驾驶人每次事故责任限额和乘客每次事故每人责任限额由投保人和保险人在投保时协商确定。投保乘客座位数按照被保险机动车的核定载客数(驾驶人座位除外)确定。

3.5.4　赔偿处理

每次事故车上人员的人身伤亡按照国家有关法律、法规规定的赔偿范围、项目和标准以及本保险合同的约定进行赔偿。驾驶人的赔偿金额不超过保险单载明的驾驶人每次事故责任限额；每位乘客的赔偿金额不超过保险单载明的乘客每次事故每人责任限额，赔偿人数以投保乘客座位数为限。

保险人按照国家基本医疗保险的标准核定医疗费用的赔偿金额。

未经保险人书面同意，被保险人自行承诺或支付的赔偿金额，保险人有权重新核定。

不属于保险人赔偿范围或超出保险人应赔偿金额的，保险人不承担赔偿责任。

在投保机动车车上人员责任保险的基础上，投保人可投保附加险。附加险条款未尽事宜，以本条款为准。

3.6　附　加　险

3.6.1　玻璃单独破碎险

投保了机动车损失保险的机动车，可投保本附加险。玻璃单独破碎险是车辆损失险的附加险。也就是说在投保车辆损失险的基础上方可投保此险种。

1. 保险责任

被保险机动车挡风玻璃或车窗玻璃的单独破碎，保险人负责赔偿。

在停放和使用过程中发生本车玻璃的单独破碎(不含灯具、车镜玻璃)，保险人按实际损失计算赔偿。

2. 投保方式

投保人与保险人可协商选择按进口或国产玻璃投保。保险人根据协商选择的投保方式承担相应的赔偿责任。

3. 责任免除

对被保险人或其驾驶人员的故意行为，以及安装、维修车辆过程中造成的玻璃单独破碎不予负责。

4. 其他

本附加险在保险期限内发生赔款，续保时，不影响除本附加险以外的其他险种的无赔款保险费优待。

3.6.2　车身划痕损失险

投保了机动车损失保险的机动车，可投保本附加险。车身划痕损失险是车辆损失险的附加险。也就是说，在投保车辆损失险的基础上方可投保此险种。

1. 保险责任

无明显碰撞痕迹的车身划痕损失，保险人负责赔偿。

2. 责任免除

被保险人及其家庭成员、驾驶人及其家庭成员的故意行为造成的损失，保险人不予赔偿。

3. 保险金额

保险金额为2000元、5000元、10000元或20000元，由投保人和保险人在投保时协商确定。

4. 赔偿处理

(1) 在保险金额内按实际修理费用计算赔偿。

(2) 每次赔偿实行15%的免赔率。

(3) 在保险期间内，累计赔款金额达到保险金额，本附加险保险责任终止。

3.6.3　可选免赔额特约条款

投保了机动车损失保险的机动车可附加本特约条款。保险人按投保人选择的免赔额给予相应的保险费优惠。

被保险机动车发生机动车损失保险合同约定的保险事故，保险人在按照机动车损失保险合同的约定计算赔款后，扣减本特约条款约定的免赔额。

3.6.4　不计免赔率特约条款

不计免赔特约条款是车辆损失险和第三者责任险及其他附加险(不含盗抢险，自燃险，火灾、爆炸、自燃损失险)的特约保险，被保险人在办理上述有关险种的同时，可另缴保险费办理不计免赔特约保险。

1. 保险责任

经特别约定，保险事故发生后，按照对应投保的险种规定的免赔率计算的、应当由被保险人自行承担的免赔金额部分，保险人负责赔偿。

2. 责任免除

下列应由被保险人自行承担的免赔金额，保险人不负责赔偿：

(1) 机动车损失保险中应当由第三方负责赔偿而无法找到第三方的。

(2) 被保险人根据有关法律法规规定选择自行协商方式处理交通事故，但不能证明事故原因的。

(3) 因违反安全装载规定而增加的损失。

(4) 投保时指定驾驶人，保险事故发生时为非指定驾驶人使用被保险机动车而增加的损失。

(5) 投保时约定行驶区域，保险事故发生在约定行驶区域以外而增加的损失。

(6) 因同一保险期间内发生多次保险事故而增加的损失。

(7) 发生机动车盗抢保险规定的全车损失保险事故时，被保险人未能提供机动车行驶证、机动车登记证书、机动车来历凭证、车辆购置税完税证明(车辆购置附加费缴费证明)或免税证明而增加的损失。

(8) 可附加本条款但未选择附加本条款的险种规定的损失。

(9) 不可附加本条款的险种规定的损失。

3.7 机动车辆保险费率表使用说明

保险费率是保险人对风险进行识别和控制的基本手段，通过对费率的上浮和下调来达到对不同品质客户的识别和对经营风险的控制。风险修正就是一种通过费率的浮动从而实现风险识别和控制的保险政策。风险修正主要包括单车投保业务的风险修正、车队投保业务的风险修正和统保业务的风险修正。

3.7.1 费率调整系数表

费率调整系数表如表 3-4 所示。

(1) 无赔款优待及上年赔款记录费率调整系数：根据历史赔款记录，按照规定的费率调整系数进行费率调整。

(2) 约定行驶区域：“场内”指仅在工地、机场、厂区、码头等固定范围内使用；“省内”、“固定路线”、“场内”三项系数不能同时使用；家庭自用车不能使用“固定路线”及“场内”费率调整系数。

(3) 承保数量系数：根据同一被保险人或同一投保人在一个投保年度内，在同一公司投保车辆数的情况选择使用。家庭自用车不能使用该费率调整系数。

(4) 指定驾驶人、性别、驾龄、年龄系数：仅适用于家庭自用车指定驾驶人的情况,当指定多名驾驶人时，以乘积高者为准。

(5) 经验及预期赔付率系数、管理水平系数：适用于车队。经验及预期赔付率系数、管

理水平系数不能同时使用。

(6) 使用规则。

① 费率调整系数采用系数连乘的方式：

费率调整系数=系数 1×系数 2×系数 3×…

② 使用费率调整系数后，各险别的费率优惠幅度超过监管部门规定的最大优惠幅度时，按照监管部门规定的最大优惠幅度执行。

③ 费率调整系数表不适用于摩托车和拖拉机。

表 3-4　费率调整系数表

序　号	项　　目	内　　容	系　数
1	无赔款优待及上年赔款记录	连续3年没有发生赔款	0.7
		连续2年没有发生赔款	0.8
		上年没有发生赔款	0.9
		新保或上年赔款次数在 3 次以下	1.0
		上年发生3次赔款	1.1
		上年发生4次赔款	1.2
		上年发生 5 次及以上赔款	1.3
2	多险种同时投保	同时投保车损险、三者险	0.95～1.00
3	客户忠诚度	首年投保	1.00
		续保	0.90
4	平均年行驶里程	平均年行驶里程＜30000公里	0.90
		平均年行驶里程≥50000 公里	1.1～1.3
5	安全驾驶	上一保险年度无交通违法记录	0.90
6	约定行驶区域	省内	0.95
		固定路线	0.92
		场内	0.80
7	承保数量	承保数量＜5台	1.00
		5台≤承保数量＜20台	0.95
		20台≤承保数量＜50台	0.90
		承保数量≥50 台	0.80
8	指定驾驶人	指定驾驶人员	0.90
9	性别	男	1.00
		女	0.95
10	驾龄	驾龄＜1年	1.05
		1年≤驾龄＜3年	1.02
		驾龄≥3 年	1.00

续表

序　号	项　　目	内　　容	系　数
11	年龄	年龄＜25岁	1.05
		25岁≤年龄＜30岁	1.00
		30岁≤年龄＜40岁	0.95
		40岁≤年龄＜60岁	1.00
		年龄≥60 岁	1.05
12	经验及预期赔付率	40%及以下	0.7～0.8
		40～60%	0.8～0.9
		60～70%	1.00
		70～90%	1.1～1.3
		90%以上	1.3 以上
13	管理水平	根据风险管理水平和业务类型	0.7 以上
14	车辆损失险车型	特异车型、稀有车型、古老车型	1.3～2.0

3.7.2　其他说明

在费率表中，凡涉及分段的陈述都按照“含起点不含终点”的原则来解释。例如：

(1) “6 座以下”的含义为 5 座、4 座、3 座、2 座、1 座，不包含 6 座。

(2) “6～10 座”的含义为 6 座、7 座、8 座、9 座，不包含 10 座。

(3) “20 座以上”的含义为 20 座、21 座……包含 20 座。

(4) “10 万以下”不包含 10 万。

(5) “10～20 万”包含 10 万，不包含 20 万。

(6) “20 万以上”包含 20 万。

3.7.3　各险别保费计算

1. 第三者责任保险

(1) 可按照被保险人类别、车辆用途、座位数/吨位数/排量/功率、责任限额直接查找保费，参见表 3-5。

(2) 挂车保险费按同吨位货车保险费的 50%计收。

(3) 如果责任限额为100万元以上，则

$$保险费＝A+0.9×N×(A−B) \tag{3.2}$$

式中：A为同档次限额为100万元时的保险费；B为同档次限额为50万元时的保险费；N＝(限额−100万)/50万元，限额必须是50万元的整数倍。

表 3-5 家庭自用汽车第三者责任保险费表(浙江)

责任限额/万元 保险费/元 家庭自用汽车	5	10	15	20	30	50	100
6 座以下	744	1041	1175	1264	1413	1679	2186
6～10 座	860	1203	1358	1461	1633	1940	2527
10 座以上	860	1203	1358	1461	1633	1940	2527

【例 3.1】 张某投保了一辆车龄为 3 年、座位数为 5 座的中华轿车，责任限额为 50 万元，则根据家庭自用汽车第三者责任险费表(表 3-5)可直接查出，保费为 1679 元。

2. 机动车损失保险

(1) 可按照被保险人类别、车辆用途、座位数/吨位数/排量/功率、车辆使用年限所属档次等查找基础保费和费率。

保费＝基础保费＋保险金额×费率 (3.3)

下面以表 3-6 为例说明保费的计算方法。

表 3-6 家庭自用汽车损失保险费率表(浙江)

家庭自用汽车	车辆使用年限							
	1 年以下		1～2 年		2～6 年		6 年以上	
	基础保费/元	费率/%	基础保费/元	费率/%	基础保费/元	费率/%	基础保费/元	费率/%
6 座以下	566	1.35	539	1.28	533	1.27	549	1.31
6～10 座	679	1.35	646	1.28	640	1.27	659	1.31
10 座以上	679	1.35	646	1.28	640	1.27	659	1.31

【例 3.2】 假定某 5 座家庭自用汽车投保车损险，车龄为 1 年以下，保险金额为 10 万元。在费率表上查得对应的基础保费为 566 元，费率为 1.35%，则该车辆的保费＝566＋10 万×1.35%＝1916 元。如果保险金额变为 15 万元，则该车辆的保费＝566＋15 万×1.35%＝2591 元。

(2) 挂车保险费按同吨位货车对应档次保险费的 50%计收。

3. 车上人员责任险

可按照被保险人类别、车辆用途、座位数等直接查找费率，参见表 3-7。

驾驶人保费=每次事故责任限额×费率 (3.4)

乘客保费=每次事故每人责任限额×费率×投保乘客座位数 (3.5)

表 3-7　家庭自用汽车车上人员责任险费率(浙江)

家庭自用汽车	费率/%	
	驾驶人	乘客
6 座以下	0.41	0.26
6～10 座	0.40	0.26
10 座以上	0.40	0.26

4. 盗抢险

可按照被保险人类别、车辆用途、座位数直接查找基础保费和费率，参见表 3-8。

$$保费＝基础保费＋保险金额×费率 \tag{3.6}$$

挂车保险费按同吨位货车对应档次保险费的 50%计收。

表 3-8　家庭自用汽车盗抢险费率(浙江)

家庭自用汽车	基础保费/元	费率/%
6 座以下	120	0.41
6～10 座	140	0.45
10 座以上	140	0.45

5. 不计免赔率特约条款

可按照适用的险种直接查找费率，参见表 3-9。

$$保费＝适用本条款的险种标准保费×费率 \tag{3.7}$$

表 3-9　不计免赔率特约条款费率(浙江)

适用险种	费率/%
第三者责任保险	15
机动车损失保险	15
车上人员责任险	15
车身划痕损失险	15
盗抢险	20

6. 玻璃单独破碎险

可按照被保险人类别、座位数、投保国产/进口玻璃等直接查找费率，参见表 3-10。

$$保费＝新车购置价×费率 \tag{3.8}$$

注：对于特种车，防弹玻璃等特殊材质玻璃标准保费上浮 10%。

表 3-10 家庭自用汽车玻璃单独破碎险费率(浙江)

家庭自用汽车	费率/%	
	国产玻璃	进口玻璃
6 座以下	0.21	0.36
6～10 座	0.20	0.36
10 座以上	0.25	0.44

7. 可选免赔额特约条款

可按照选择的免赔额、新车购置价直接查找费率折扣系数，参见表 3-11。

约定免赔额之后的机动车损失保险保费=机动车损失保险保费×费率折扣系数 (3.9)

表 3-11 可选免赔额特约条款费率折扣系数(浙江)

费率折扣系数 \ 新车购置价/元 \ 免赔额/元	5 万以下	5～10 万	10～20 万	20～30 万	30～50 万	50 万以上
300	0.90	0.93	0.95	0.96	0.97	0.98
500	0.81	0.87	0.91	0.94	0.96	0.96
1000	0.71	0.78	0.84	0.88	0.91	0.93
2000	0.58	0.62	0.71	0.78	0.86	0.90

8. 车身划痕损失险

可按车龄、新车购置价、保额所属档次直接查找保险费，参见表 3-12。

表 3-12 车身划痕损失险保费(浙江)

保险费/元 \ 新车购置价 \ 保额/元		30 万元以下	30～50 万元	50 万元以上
2 年以下	2000	400	585	850
	5000	570	900	1100
	10000	760	1170	1500
	20000	1140	1780	2250
2 年及以上	2000	610	900	1100
	5000	850	1350	1500
	10000	1300	1800	2000
	20000	1900	2600	3000

思　考　题

1. 什么是第一者、第二者和第三者?

2. 机动车保险有哪些风险因素?

3. 确定车险费率的原则有哪些?

4. 目前车险费率有哪些模式?各自的优缺点是什么?

5. 金某欲为其新购的供家庭自用的奥迪轿车投保《盗抢险》(A 款)，保险金额 50 万元，保险期为一年，试计算其应缴纳保费。

6. 陈某欲为一辆车龄为 3 年、座位为 5 座的家庭自用汽车办理《第三者责任保险》(A 款)，责任限额为 20 万元，保险期为一年，试计算应缴纳保费。

7. 王某欲为其新购的宝来轿车办理《家庭自用汽车损失保险》(A 款)，新车购置价为 18 万元，足额投保，保险期为一年，试计算其应缴纳保费。

第4章 机动车交通事故责任强制保险

4.1 机动车交通事故责任强制保险简介

4.1.1 机动车交通事故责任强制保险的背景

1. 强制汽车保险的产生

第一次世界大战以后，汽车产业迅速发展，汽车迅速得到普及，为汽车保险业的发展创造了条件。但由于车主在购买时几乎花费了所有积蓄，出现了许多无力购买汽车保险的驾车人。这使得发生交通事故时，事故受害人的人身伤亡或财产损失无法得到及时有效的赔偿。因此，许多国家的政府相继制定法令，强制实行汽车责任险，以保障交通事故受害人的权益。

2. 强制汽车责任保险的含义

1) 强制汽车责任保险的定义

责任保险是指以被保险人依法应当对第三人承担的损害赔偿责任为保险标的的保险。强制汽车责任保险是国家政府基于公共政策的考虑，为维护社会的普遍利益，以颁布法律法规的形式实施的汽车责任保险。一方面用法律法规的手段强制被保险人必须参加责任保险；另一方面保险人也必须承保汽车责任险，其中心目的就是为了保障交通事故的受害人能得到合理的基本保障。实施强制汽车责任保险的国家广泛采用“法定保险，商业经营”的模式。

2) 强制汽车责任保险的特征

与商业汽车责任保险相比，强制汽车责任保险的特征表现为：

(1) 强制性。

(2) 对第三者的利益具有基本保障性。

(3) 不可选择性。

(4) 建立社会保险基金，由政府专门管理和使用。

(5) 以无过失责任为基础。

(6) 公益性。

3. 我国的机动车交通事故责任强制保险

2003年10月28日，第十届全国人民代表大会常务委员会第五次会议通过了《道路交通安全法》，该法规定：“国家实行机动车第三者责任强制保险制度，设立道路交通事故社会救助基金，具体办法由国务院规定”；“机动车发生交通事故造成人身伤亡、财产损失的，由保险公司在机动车第三者责任强制保险责任范围内予以赔偿”。与《道路交通安全法》相配套，最高人民法院于 2003 年 12 月 4 日通过了《最高人民法院关于审理人身损害赔偿案件适用法律若干问题的解释》。2004 年 5 月 1 日，《道路交通安全法》开始施行，《最高人民法院关于审理人身损害赔偿案件适用法律若干问题的解释》也于同日施行。

《道路交通安全法》施行后，机动车第三者责任强制保险受到社会各界的广泛关注，全国有 24 个省市陆续通过地方立法或者部门规章要求机动车必须投保机动车第三者责任保险，使得第三者责任险具有了强制的意义；但由于国务院尚未出台关于机动车第三者责任强制保险的具体办法，截止 2005 年底，全国 1.3 亿辆机动车的投保率仅约 35%。这样就导致了：一方面，大量的交通事故受害人因肇事机动车辆未投保第三者责任险而不能得到及时、足额的赔偿；另一方面，部分地区的法院在审理机动车交通事故损害赔偿诉讼案件时，依据当地的法规条文，将保险公司承保的商业机动车第三者责任保险全额或部分视为交强险，不以交通安全管理部门出具的《交通事故认定书》为依据，简单要求保险公司按其承保的商业第三者责任保险赔偿限额直接向受害人进行赔偿。

由于媒体的广泛宣传，公众的维权意识迅速加强，机动车交通事故损害赔偿案件(特别是人伤案件)诉诸法律的现象不断增多，保险公司不得不一次次坐上机动车交通事故损害赔偿诉案的被告席且屡屡败诉，加之《最高人民法院关于审理人身损害赔偿案件适用法律若干问题的解释》中，人身损害赔偿标准的大幅度提高，保险公司的理赔成本进一步加重。在此形势下，保险公司和社会公众关于尽快出台机动车第三者责任强制保险办法的呼声日益高涨。

在《道路交通安全法》颁布实施的同时，国务院相关部门开始着手制定《机动车交通事故责任强制保险条例》，以规范机动车第二者责任强制保险。国务院法制办、保监会经过反复研究和论证，多次通过各种媒体向社会各界广泛征求意见和建议。2005 年 2 月，保监会组织两次专题研讨会，听取国内外专家学者的意见。在征求意见过程中，社会关注的焦点主要集中在赔偿原则、责任限额、保险条款和费率、救助基金来源以及税收政策等方面。针对这些问题，国务院法制办、保监会等有关部门经过深入的分析研究，在严格遵守《道路交通安全法》有关规定的前提下，充分吸收了各方面的意见和建议，对该条例草案进一步予以修改和完善。

经过两年多的工作，国务院于 2006 年 3 月 21 日正式发布了《机动车交通事故责任强制保险条例》，该条例于 2006 年 7 月 1 日起施行。

根据《机动车交通事故责任强制保险条例》(以下简称《强制保险条例》)的规定，从 2006 年 7 月 1 日起，各中资保险公司经保监会批准，可以从事机动车交通事故责任强制保险业务。

2007 年 12 月 14 日，保监会对交强险费率调整方案进行了听证。2008 年 2 月 1 日零时起，全国实行新的交强险责任限额和费率方案。

4.1.2　机动车交通事故责任强制保险的特点

根据《机动车交通事故责任强制保险条例》第三条规定，机动车交通事故责任强制保险是指由保险公司对被保险机动车发生道路交通事故造成本车人员、被保险人以外的受害人的人身伤亡、财产损失，在责任限额内予以赔偿的强制性责任保险，与商业机动车第三者责任保险(以下简称商业三者险)相比，机动车交通事故责任强制保险(以下简称交强险)具有以下特点：

(1) 实行强制性投保和强制性承保。交强险的强制性体现在所有上道路行驶的机动车的所有人或管理人必须依法投保该险种。同时，区别于现行商业三者险，《强制保险条例》也要求具有经营交强险资格的保险公司不能拒绝承保和随意解除合同。

(2) 突出“以人为本”，保障范围宽。交强险将保障受害人得到及时有效的赔偿作为首要目标。除被保险人故意造成交通事故等少数几项情况外，其保险责任几乎涵盖了所有道路交通风险，且不设免赔率与免赔额。而商业三者险规定有不同的责任免除事项和免赔率(额)，此外，一些保险公司还在商业三者险合同中规定了不同等级、数额的免赔率或免赔额。

(3) 实行“限额内完全赔偿”的原则。交强险实施后，无论被保险人是否在交通事故中负有责任，保险公司均将按照《强制保险条例》以及交强险条款的具体要求在责任限额内予以赔偿。而现行的商业三者险，保险公司是根据被保险人在交通事故中所承担的事故责任来确定其赔偿责任的。

(4) 坚持社会效益，实行不盈不亏的经营原则。保险公司经营交强险业务不以盈利为目的，并实行与其他保险业务分开管理、单独核算，保监会定期核查保险公司经营交强险业务的盈亏情况，以保护广大投保人的利益；不盈不亏原则具体体现在保险公司在厘订交强险费率时，不加入“利润因子”。而保险公司在厘订商业三者险费率时，需考虑利润因素，且在经营过程中，商业三者险无需与其他车险险种分开管理、单独核算。

(5) 实行分项责任限额。交强险由法律规定实行分项责任限额，即分为死亡伤残赔偿限额、医疗费用赔偿限额、财产损失赔偿限额以及被保险人在道路交通事故中无责任的赔偿限额。而商业三者险实行的是不分项责任限额，即无论人伤还是物损均在一个限额下进行赔偿，并由保险公司自行制定责任限额水平。

(6) 实行统一条款和基础费率，并且费率与交通违章挂钩。交强险实行统一的保险条款和基础费率。此外，为了促进驾驶人安全驾驶，交强险实行保险费率与交通违章及交通事故挂钩的“奖优罚劣”的浮动费率机制。而在商业三者险中，不同保险公司的条款费率存在差异。

4.1.3 机动车交通事故责任强制保险与商业机动车第三者责任保险的区别

交强险与商业三者险的区别主要体现在以下几个方面。

1．设立依据和目的不同

交强险的设立依据是《保险法》第十一条、《道路交通安全法》第十七条和《强制保险条例》，其主要目的在于保障受害人得到及时有效的赔偿。商业三者险的设立依据是《保险法》第五十条，其主要目的在于分散被保险人因事故带来的风险。

2．性质不同

保险公司经营交强险坚持社会效益原则，不以营利为目的，实行“总体上不盈利不亏损”的原则，但实行商业化运作，兼有商业保险和社会保险的属性。而保险公司经营商业三者险则坚持经济效益原则，以营利为目的，是纯粹的商业保险。

3．责任范围不同

交强险的保险责任范围比商业三者险宽。交强险的保险责任范围几乎涵盖了所有道路交通责任风险，责任免除极少，《强制保险条例》只规定了“道路交通事故的损失是由受害人故意造成的，保险公司不予赔偿”，这体现了以人为本的思想，有利于受害人获得及时有效的赔偿。而在商业三者险中，保险公司不同程度地规定有免赔额、免赔率或责任免除事项，如被保险人的故意行为、酒后驾车、无证驾驶等。

4．责任限额不同

交强险的功能是为被保险人、交通事故受害人提供基本的保障，因此其责任限额较低，《强制保险条例》规定实行分项责任限额，分为死亡伤残、医疗费用、财产损失和被保险人无责任的赔偿限额，有利于结合人身伤亡和财产损失的风险特点进行有针对性的保障，有效控制风险，降低费率水平。而商业三者险的责任限额较高，分为若干个档次，由投保人选择，可以满足投保人较高的责任限额要求，给被保险人提供更高的保障。

5．条款费率确定方式不同

交强险按《强制保险条例》规定实行统一的保险条款和基础保险费率，并根据保险公司交强险业务的总体盈利或者亏损情况，可以要求或者允许保险公司相应调整保险费率。而商业三者险的条款费率由保险公司遵循商业保险的风险管理原则及费率厘定方式自行制定。由于《道路交通安全法》第七十六条的规定使交强险的赔付范围扩大，《关于审理人身损害赔偿案件适用法律若干问题的解释》提高了人身损害赔偿标准，交强险一定比例的保险费收入将用于组建道路交通事故社会救助基金等原因，预计交强险的费率水平将高于现行的商业三者险。

6．保险金支付对象不同

根据《保险法》第五十条规定，在商业三者险中，虽然保险人可以依照法律规定或合同约定直接向第三者赔偿保险金，但如果法律没有另行规定或者合同没有另行约定，保险人只能向被保险人赔偿保险金。只有在法律另有规定或者合同另行有约定的情况下，保险人才可以向第三者赔偿保险金。而根据《道路交通安全法》第七十六条和《强制保险条例》第三十一条的规定，保险公司可以向被保险人赔偿保险金，也可以直接向受害人赔偿保险金。也就是说，交强险保险金的支付对象为被保险人或者受害人。被保险人是享有保险金请求权的人，作为保险金支付对象没有异议；虽然受害人并非是保险合同当事人，与保险公司之间没有直接法律关系，不能直接向保险公司主张权利，但根据上述有关法律法规规定，对机动车发生交通事故造成第三者人身伤亡、财产损失的，保险公司可以直接向受害人(第三者)赔偿保险金。这样的规定有利于保护交通事故受害人的利益，使受害人能及时得到救助。

7．实施方式不同

根据实施方式不同，保险可分为强制保险和自愿保险。交强险的强制性体现在强制投保和强制承保两个方面，根据《强制保险条例》有关规定，在中国境内道路上行驶的机动车的所有人或者管理人应投保交强险，保险公司不得拒绝或者拖延承保，同时，除该条例规定的特殊情形外，投保人、保险公司均不得解除交强险合同。商业三者险属于自愿保险，根据《保险法》有关规定，投保人可以自主选择投保，保险人也可自主决定是否承保及以何种条件承保，在解除保险合同方面对投保人、保险人要求有所不同，除保险法另有规定或者保险合同另有约定外，保险合同成立后，投保人可以解除保险合同，而保险人不得解除保险合同。

8．赔偿原则不同

交强险实行无过错责任赔偿原则，即无论被保险人是否在交通事故中负有责任，对机动车发生交通事故造成人身伤亡、财产损失的，保险公司均按照《强制保险条例》以及《机动车交通事故责任强制保险条款》的具体要求在交强险责任限额范围内予以赔偿。而商业三者险实行过错责任赔偿原则，即根据被保险人在交通事故中所承担的事故责任来确定其赔偿责任。

9．赔偿顺序不同

在被保险机动车发生第三者保险事故后，首先在交强险的责任限额内予以赔偿，超过交强险赔偿部分的由商业三者险在保险责任范围内进行赔偿。

10．是否垫付抢救费用不同

根据《强制保险条例》第二十二条的规定，保险公司对驾驶人未取得驾驶资格或者醉酒、被保险机动车被盗抢期间肇事和被保险人故意制造事故这 3 种情形下，在交强险的医疗费用赔偿责任限额范围内垫付抢救费用，并有权向致害人追偿。而一般商业三者险条款均没有规定保险公司垫付抢救费用的义务，保险公司因而没有垫付的义务。

由此可见，交强险与商业三者险存在着诸多方面的差别。交强险能快速、及时地为受害人提供必要的救济，但其仅提供一种基本保障，不足以转移被保险人的全部风险，应由商业三者险予以补充。交强险与商业三者险之间并不构成重复保障，也不能相互代替，交强险与商业三者险将共同建立一种保障全面而又科学的交通事故责任保险制度。

4.1.4 机动车交通事故责任强制保险适用对象

《机动车交通事故责任强制保险条款》明确要求，在中华人民共和国境内道路上行驶的机动车的所有人或者管理人应当投保机动车交通事故责任强制保险。这一规定明确了我国机动车交通事故责任强制保险的适用对象是在中国境内道路上行驶的机动车的所有人或者管理人。

机动车交通事故责任强制保险的强制性不仅体现在强制投保上，同时也体现在强制承保上。一方面，未投保机动车交通事故责任强制保险的机动车不得上道路行驶；另一方面，具有经营机动车交通事故责任强制保险资格的保险公司不能拒绝承保机动车交通事故责任强制保险业务，也不能随意解除机动车交通事故责任强制保险合同(投保人未履行如实告知义务的除外)。违反强制性规定的机动车所有人、管理人或保险公司都将受到处罚。

机动车所有人、管理人未按照规定投保机动车交通事故责任强制保险的，由公安机关交通管理部门扣留机动车，通知机动车所有人、管理人依照规定投保，处依照规定投保最低责任限额应缴纳的保险费的 2 倍罚款。上道路行驶的机动车未放置保险标志的，公安机关交通管理部门应当扣留机动车，通知当事人提供保险标志或者补办相应手续，可以处警告或者 20 元以上 200 元以下罚款。

4.1.5 机动车交通事故责任强制保险运作主体

《机动车交通事故责任强制保险条例》规定，中资保险公司经保监会批准，可以从事机动车交通事故责任强制保险业务。未经保监会批准，任何单位或者个人不得从事交强险业务。目前保监会已经批准 22 家中资保险公司经营交强险业务并向社会公示。为了保证机动车交通事故责任强制保险制度的实行，保监会有权要求保险公司从事机动车交通事故责任强制保险业务。

由于我国加入世贸组织时未承诺允许外资保险公司经营强制保险业务，因此，目前机动车交通事故责任强制保险暂时不对外资开放。

4.1.6　机动车交通事故责任强制保险保障对象和保障内容

1. 机动车交通事故责任强制保险保障对象

机动车交通事故责任强制保险保障的对象是被保险机动车致害的交通事故受害人，但不包括被保险机动车的本车人员、被保险人。限定受害人范围，一是考虑到机动车交通事故责任强制保险作为一种责任保险，以被保险人对第三方依法应负的民事赔偿责任为保险标的；二是考虑到 2004 年实施的《中华人民共和国道路运输条例》要求从事客运服务的承运人必须投保承运人责任险，乘客的人身财产损害可以依法得到赔偿。

2. 机动车交通事故责任强制保险保障内容

机动车交通事故责任强制保险保障内容包括受害人的人身伤亡和财产损失。《机动车交通事故责任强制保险条例》第二十一条规定，被保险机动车发生道路交通事故造成本车人员、被保险人以外的受害人人身伤亡、财产损失的，由保险公司依法在机动车交通事故责任强制保险责任限额范围内予以赔偿。目前，从已经建立机动车交通事故责任强制保险的国家和地区看，对机动车交通事故责任强制保险的保障范围一般有两类：一类是仅保障受害人人身伤亡，对财产损害不予赔偿，如日本、韩国、中国台湾等国家和地区。另一类对人身伤亡和财产损失均予以保障，如英国、美国等。我国的机动车交通事故责任强制保险保障内容既包括人身伤亡也包括财产损失，这贯彻了《道路交通安全法》第七十六条的有关规定，更好地维护了交通事故受害人的合法权益。《条例》第二十一条规定，被保险机动车发生道路交通事故造成本车人员、被保险人以外的受害人人身伤亡、财产损失的，由保险公司依法在机动车交通事故责任强制保险责任限额范围内予以赔偿。道路交通事故的损失是由受害人故意造成的，保险公司不予赔偿。

4.1.7　机动车交通事故责任强制保险的保单及统一标志

中国保监会统一规定了交通道路强制保险的保险单格式以及保险标志。图 4-1 所示为交强险保险单的格式。(2008 年 2 月 1 日前使用)

机动车交通事故责任强制保险投保单

欢迎您向财产保险股份有限公司投保机动车交通事故责任强制保险！在您填写本投保单前请先仔细阅读《机动车交通事故责任强制保险条款》，尤其注意该条款中保险责任、责任免除、投保人和被保险人义务等内容，并听取保险人就《机动车交通事故责任强制保险条款》所作的说明。请您认真填写每个项目，确保填写内容真实。您所填写的内容我公司将为您保密。**

投保情况	强制保险	续保前承保公司：		保险单号：		保险期限：	
	商业保险	续保前承保公司：		保险单号：		保险期限：	
客户信息	投保人					联系电话	
	投保人性别		投保人年龄		地址及邮编		□□□□□□□
	证件类型	□居民身份证 □组织机构代码证 □其他：			证件号码		
	被保险人					联系电话	
	被保险人性别		被保险人年龄		地址及邮编		□□□□□□□
	证件类型	□居民身份证 □组织机构代码证 □其他：			证件号码		
投保车辆信息	号牌号码		车辆所有人				
	厂牌型号		发动机号码				
	识别代码/车架号				登记日期	年 月	排量/功率 升/千瓦
	核定载质量	千克	核定载客	人	车辆检验合格至	年 月有效	
	被保险人与车辆的关系		□所有 □管理 □使用		车辆产地	□国产□进口	车身颜色
	车辆种类	□客车	□货车	□特种车：	□运输型拖拉机	□挂车	
	车辆使用性质	车辆所属性质					
	□非营业	□企业用车	□机关、事业单位用车		□家庭自用		
	□营业	□出租租赁	□城市公交	□公路客运			
责任限额	死亡伤残赔偿限额		50000元		无责任死亡伤残赔偿限额		10000元
	医疗费用赔偿限额		8000元		无责任医疗费用赔偿限额		1600元
	财产损失赔偿限额		2000元		无责任财产损失赔偿限额		400元
道路交通安全违法行为相联系的浮动比率					道路交通事故相联系的浮动比率		
保险期间	自 年 月 日零时起，至 年 月 日二十四时止						
保险费合计(人民币大写)： (￥：元) 其中救助基金(%)￥： 元							
因履行本合同或与本合同有关的争议，双方应协商解决；经双方协商未达成协议的，采取下列之一方式解决： □向( )仲裁委员会申请仲裁； □向人民法院提起诉讼。							
特别提示： 本投保单是投保人投保要约，经保险人审核通过后，投保人一次支付全部保险费，保险人签发保险单和保险标志。							
投保人声明： 本人已详细阅读《机动车交通事故责任强制保险条款》，保证上述填写内容真实。保险人已向本人说明《机动车交通事故责任强制保险条款》和本投保单的内容，并已向本人解释和明确说明该条款关于保险人责任免除的规定，本人已明了该条款关于保险人责任免除规定的真实含义和法律后果，并同意遵守。 本人希望保单：□由业务员送达 □邮寄 □本人自己取 投保人(或其受托人)签章： 年 月 日							
经办人声明： 本人对投保人所投保机动车交通事故责任强制保险的条款、费率，特别是保险人责任免除、退保规定、投保人和被保险人义务等内容均已向投保人明确说明。本人保证投保人签字盖章真实有效，如因投保人签字盖章不真实有效给公司造成的任何损失，本人愿承担相应的民事赔偿责任。 经办人代码： 经办人联系电话： 经办人签名(盖章)： 年 月 日							
业务来源	□网上投保 □直接业务 □代理业务 □经纪业务 □其他						
中介机构名称					中介机构代码		
验车情况： □须验车 □已验车 □免验车 验车记录： 验车人签章： 日期： 年 月 日					核保人意见： 核保人签章： 日期： 年 月 日		

图 4-1 机动车交通事故责任强制保险的保单

机动车交通事故责任强制保险保险单是各种机动车交通事故责任强制保险保险单的总称，包括机动车交通事故责任强制保险保险单、机动车交通事故责任强制保险定额保险单和机动车交通事故责任强制保险批单三种。其中机动车投保机动车交通事故责任强制保险应适用计算机打印的机动车交通事故责任强制保险保险单。除摩托车和农用拖拉机可以使用机动车交通事故责任强制保险定额保险单外，其他投保车辆必须使用机动车交通事故责任强制保险保险单。机动车交通事故责任强制保险保险单和机动车交通事故责任强制保险批单必须由计算机打印出单，而机动车交通事故责任强制保险定额保险单可手工填写，但保险公司必须在 7 个工作日内补录到计算机系统内。

机动车交通事故责任强制保险的保险标志是保险公司向投保人核发的、证明其已经投保机动车交通事故责任强制保险的标识，分为内置型保险标志和便携型保险标志两种，如图 4-2 和图 4-3 所示。具有前挡风玻璃的投保车辆应使用内置型保险标志，不具有前挡风玻璃的投保车辆(如摩托车、部分拖拉机等)则应使用便携型保险标志。

除应注意粘贴或携带保险标志外，投保人在拿到保险公司出具的机动车交通事故责任强制保险保单和保险标志后，要认真阅读保单中的“重要提示”，核对机动车交通事故责任强制保险保险单和机动车交通事故责任强制保险标志中的各种信息是否正确，保管好“交投保人联”和“公安交管部门留存联”，在车辆注册登记、检验时，应携带“公安交管部门留存联”。

图 4-2　机动车交通事故责任强制保险标志(内置型)

票　强制保险标志　样

2008

中国保险监督管理委员会监制

票　№ 0000000000　样

保险单号：

号牌号码：

保险期间自　　年　月　日零时起至

年　月　日二十四时止

XXXXXXXXXXXXXXXXXX　公司承保

服务电话：

注：本标志未经承保公司盖章或涂改填写内容视为无效，请注意随身携带。

图 4-3　机动车交通事故责任强制保险标志(便携型)

4.2　机动车交通事故责任强制保险条款

中国保监会公布了《机动车交通事故责任强制保险条款》，作为交强险合同的重要组成部分，交强险条款是投保人在投保前需仔细阅读的。

4.2.1　条款体例结构和特别提示

《机动车交通事故责任强制保险条款》(以下简称《交强险条款》)包括：总则、定义、保险责任、责任免除、垫付与追偿、保险期间、投保人与被保险人义务、赔偿处理、合同变更与终止和附则十个部分。比一般的商业三者险条款多了“垫付与追偿”部分。

特别提示说明交强险本身保障的基本性，并不能有效转嫁机动车所有人、管理人的全部风险，同时提示交强险不得重复投保，以避免车主多份投保造成支出浪费。但投保人在投保交强险后，可以结合自身的经济实力和风险保障需求，购买其他机动车保险产品，以更加充分地转嫁风险。

4.2.2　总则和定义

1．交强险保险费

签订交强险合同时，投保人应当一次支付全部保险费。投保人一次支付全部保险费，可避免出现保险人未收到全部保险费而要承担交强险责任的情况。

2．交强险费率

交强险费率实行与被保险机动车道路交通安全违法行为、交通事故记录相联系的浮动机制。也就是说，保险费率与交通违章记录挂钩，被保险机动车没有发生道路交通安全违法行为和道路交通事故的，保险人应当在下一年度降低其保险费率，发生道路交通安全违法行为或者道路交通事故的，保险人应当在下一年度提高其保险费率，在道路交通事故中被保险人没有过错的，不提高其保险费率。表 4-1 所示为机动车交通事故责任强制保险基础费率表(2008 版)。

表 4-1　机动车交通事故责任强制保险基础费率表(2008 版)

车辆大类	序号	车辆明细分类	保费/元
一、家庭自用车	1	家庭自用汽车 6 座以下	950
	2	家庭自用汽车 6 座及以上	1100
二、非营业客车	3	企业非营业汽车 6 座以下	1000
	4	企业非营业汽车 6～10 座	1130
	5	企业非营业汽车 10～20 座	1220
	6	企业非营业汽车 20 座以上	1270
	7	机关非营业汽车 6 座以下	950
	8	机关非营业汽车 6-10 座	1070
	9	机关非营业汽车 10～20 座	1140
	10	机关非营业汽车 20 座以上	1320
三、营业客车	11	营业出租租赁 6 座以下	1800
	12	营业出租租赁 6～10 座	2360
	13	营业出租租赁 10～20 座	2400
	14	营业出租租赁 20～36 座	2560
	15	营业出租租赁 36 座以上	3530
	16	营业城市公交 6～10 座	2250
	17	营业城市公交 10～20 座	2520
	18	营业城市公交 20～36 座	3020
	19	营业城市公交 36 座以上	3140
	20	营业公路客运 6- 10 座	2350
	21	营业公路客运 10～20 座	2620
	22	营业公路客运 20～36 座	3420
	23	营业公路客运 36 座以上	4690
四、非营业货车	24	非营业货车 2 吨以下	1200
	25	非营业货车 2～5 吨	1470
	26	非营业货车 5～10 吨	1650
	27	非营业货车 10 吨以上	2220

续表

车辆大类	序号	车辆明细分类	保费/元
五、营业货车	28	营业货车2吨以下	1850
	29	营业货车2～5吨	3070
	30	营业货车5～10吨	3450
	31	营业货车10吨以上	4480
六、特种车	32	特种车一	3710
	33	特种车二	2430
	34	特种车三	1080
	35	特种车四	3980
七、摩托车	36	摩托车50CC及以下	80
	37	摩托车50CC～250CC(含)	120
	38	摩托车250CC以上及侧三轮	400
八、拖拉机	39	农用型拖拉机14.7 kW及以下	待定
	40	农用型拖拉机14.7 kW以上	待定
	41	运输型拖拉机14.7 kW及以下	待定
	42	运输型拖拉机14.7 kW以上	待定
1. 座位和吨位的分类都按照“含起点不含终点”的原则来解释；			
2. 特种车一：油罐车、汽罐车、液罐车、冷藏车； 特种车二：用于牵引、清障、清扫、清洁、起重、装卸、升降、搅拌、挖掘、推土等的各种专用机动车； 特种车三：装有固定专用仪器设备，从事专业工作的监测、消防、医疗、电视转播等的各种专用机动车； 特种车四：集装箱拖头。			
3. 挂车根据实际的使用性质并按照对应吨位货车的50%计算。			
4. 低速载货汽车参照运输型拖拉机14.7 kW以上的费率执行。			

3．投保人和被保险人

交强险合同中的被保险人是指投保人及其允许的合法驾驶人。投保人是指与保险人订立交强险合同，并按照合同负有支付保险费义务的机动车的所有人、管理人。投保人即机动车的所有人、管理人作为被保险人一般没异议，但投保人允许的合法驾驶人也可作为被保险人则与我们通常的理解有不同，由此可能存在同一辆车有数个被保险人，从而产生同一辆车上附有多种交强险合同的情况，在实务中要注意。

4．受害人

交强险合同中的受害人是指因被保险机动车发生交通事故遭受人身伤亡或者财产损失的人，但不包括被保险机动车本车的车上人员、被保险人。受害人把被保险机动车本车车上人员、被保险人排除在外，与商业三者险中的“第三者”范围有所不同，商业三者险的“第三者”一般不包括投保人、保险人、被保险人和本车车上人员。

5．责任限额

交强险合同中的责任限额是指被保险机动车发生交通事故，保险人对每次保险事故所有受害人的人身伤亡和财产损失所承担的最高赔偿金额。责任限额定义突出了责任限额是保险人对“每次事故”、“所有受害人”的最高赔偿金额。表 4-2 所示为机动车交通事故责任强制保险责任限额(2008 版)。

表 4-2 机动车交通事故责任强制保险责任限额(2008 版)

被保险车辆责任情况	死亡伤残赔偿限额/元	医疗费用赔偿限额/元	财产损失赔偿限额/元
被保险机动车在道路交通事故中有责任	110000	10000	2000
被保险机动车在道路交通事故中无责任	11000	1000	100

6．抢救费用

交强险合同中的抢救费用是指被保险机动车发生交通事故导致受害人受伤时，医疗机构对生命体征不平稳和虽然生命体征平稳但如果不采取处理措施会产生生命危险，或者导致残疾、器官功能障碍，或者导致病程明显延长的受害人，参照国务院卫生主管部门组织制定的交通事故人员创伤临床诊疗指南和国家基本医疗保险标准，采取必要的处理措施所发生的医疗费用。

抢救费用是属于医疗费用的一个部分：

(1) 抢救费用限于因抢救交强险范围内的受害人而产生的费用。

(2) 抢救费用的发生前提是若不立即进行抢救，将会对受伤人员产生严重后果。

(3) 抢救费用指为挽救交通事故受伤人员而进行紧急处理和治疗所产生的费用，包括事故现场急救费用、伤员转运费用、急疗室紧急处理费用等必要、合理的费用。

(4) 抢救费用具有一定的范围限制，要参照有关法律法规规定、国务院卫生主管部门组织制定的交通事故人员创伤临床诊疗指南和国家基本医疗保险标准进行核定。

4.2.3 责任限额和责任免除

1．责任限额

交强险责任限额如表 4-2 所示，不同的赔偿项目对应在不同的赔偿限额内赔偿。该条规规定了死亡伤残赔偿限额和医疗费用赔偿限额赔偿的范围。死亡伤残赔偿限额和无责任死亡伤残赔偿限额项下负责赔偿丧葬费、死亡补偿费、受害人亲属办理丧葬事宜支出的交通费用、残疾赔偿金、残疾辅助器具费、护理费、康复费、交通费、被扶养人生活费、住宿费、误工费，被保险人依照法院判决或者调解承担的精神损害抚慰金；医疗费用赔偿限额和无责任医疗费用赔偿限额项下负责赔偿医药费、诊疗费、住院费、住院伙食补助费，必要的、合理的后续治疗费、整容费、营养费。

【例 4.1】 甲在保险公司为 A 车投保了交强险，甲开的 A 车与乙开的 B 车在道路上发生碰撞，乙受伤，构成 5 级伤残，B 车受损，为医治乙，共花费抢救费用 30000 元，其他

医疗费 20 000 元，残疾赔偿金 100 000 元，车辆损失费 20 000 元。

(1) 经交警部门认定甲负事故主要责任，乙负事故次要责任。首先由保险公司支付 10 000 元抢救费用，不够部分即 20 000 元，如果甲无力支付，则由救助基金先行垫付，然后向甲追偿，保险公司还需要支付死亡伤残赔偿金 110 000 元，财产损失赔偿金 2000 元，乙剩余部分的残疾赔偿金和车辆损失无法从交强险中得到赔偿，可以要求甲按主要责任应承担的比例赔偿。

(2) 经交警部门认定甲不负事故责任，乙负事故全部责任。首先由保险公司支付 1000 元抢救费用，不够部分即 29 000 元，则由救助基金先行垫付，然后向甲追偿，保险公司还需要支付死亡伤残赔偿金 11 000 元，财产损失赔偿金 100 元，乙剩余部分的残疾赔偿金和车辆损失无法从交强险中得到赔偿，只能自己承担。

2. 责任免除

责任免除主要有：

(1) 因受害人故意造成的交通事故的损失。

(2) 被保险人所有的财产及被保险机动车上的财产遭受的损失。

(3) 被保险机动车发生交通事故，致使受害人停业、停驶、停电、停水、停气、停产、通信或者网络中断、数据丢失、电压变化等造成的损失以及受害人财产因市场价格变动造成的贬值、修理后因价值降低造成的损失等其他各种间接损失。

(4) 因交通事故产生的仲裁或者诉讼费用以及其他相关费用。

4.2.4 保险期间

除国家法律、行政法规另有规定外，交强险合同的保险期间为一年，以保险单载明的起止时间为准。

4.2.5 投保人与被保险人义务

1. 如实告知重要事项

投保人投保时，应当向保险人如实告知重要事项，否则，对保险费计算有影响的，保险人按照保单年度重新核定保险费计收。同时，投保人对重要事项未履行如实告知义务的，保险人应当书面通知投保人自收到通知之日起 5 日内履行如实告知义务，否则保险人有权解除合同。投保人应如实告知的重要事项如表 4-3 所示。

表 4-3　投保人应如实告知的重要事项

机动车	机动车所有人或者管理人
种类 厂牌型号 识别代码 号牌号码 使用性质	姓名(名称) 性别 年龄 住所 身份证或者驾驶证号码(组织机构代码) 续保前该机动车发生事故的情况 保监会规定的其他事项

2. 不得附加其他条件

签订交强险合同时，投保人不得在保险条款和保险费率之外，向保险人提出附加其他条件的要求。同样，签订交强险合同时，保险公司不得强制投保人订立商业保险合同以及提出附加其他条件的要求。

3. 续保

投保人续保时，应当提供被保险机动车上一年度交强险的保险单。而在商业三者险中，无续保时提供被保险机动车上一年度保险单的规定。

4. 危险程度增加

在保险合同有效期内，被保险机动车因改装、加装、使用性质改变等导致危险程度增加的，被保险人应当及时通知保险人，并办理批改手续，否则，保险人按照保单年度重新核定保险费计收。也就是说，保险标的的危险程度增加的，保险人无权解除合同，只能重新核定保险费。而《保险法》第三十七条规定："在合同有效期内，保险标的危险程度增加的，被保险人按照合同约定应当及时通知保险人，保险人有权要求增加保险费或者解除合同。被保险人未履行前款规定的通知义务的，因保险标的危险程度增加而发生的保险事故，保险人不承担赔偿责任。"在商业三者险中，保险标的的危险程度增加的，保险人可选择增加保险费或者解除合同，同时对因保险标的危险程度增加而发生的保险事故，保险人不承担赔偿责任。

4.2.6 赔偿处理及垫付与追偿

1. 保险赔偿金请求权主体和支付对象

被保险机动车发生交通事故的，由被保险人向保险人申请赔偿保险金。在此强调了交强险保险金的索赔主体是被保险人，只有被保险人才有交强险保险金请求权。但《保险法》第五十条规定："保险人对责任保险的被保险人给第三者造成的损害，可以依照法律的规定或者合同的约定，直接向该第三者赔偿保险金。"《道路交通安全法》第七十六条规定："机动车发生交通事故造成人身伤亡、财产损失的，由保险公司在机动车第三者责任强制保险责任限额内予以赔偿……"《强制保险条例》第三十一条规定："保险公司可以向被保险人赔偿保险金，也可以直接向受害人赔偿保险金。但是，因抢救受伤人员需要保险公司支付或者垫付抢救费用的，保险公司在接到公安机关交通管理部门通知后，经核对应当及时向医疗机构支付或者垫付抢救费用。"交强险保险金的支付对象为被保险人或者受害人，虽然受害人并非是保险合同当事人，与保险公司之间没有直接法律关系，不能直接向保险公司主张权利，但根据上述有关法律法规规定，对机动车发生交通事故造成第三者人身伤亡、财产损失的，保险公司可以直接向受害人(第三者)赔偿保险金。对于抢救费用(可能仅为实际发生的医疗费用的一部分)，则由保险公司向医疗机构直接支付或者垫付，不向被保险人或者受害人支付。

2. 被保险人索赔时需提供的材料

被保险人索赔时应当向保险人提供以下材料：

(1) 交强险的保险单。

(2) 被保险人出具的索赔申请书。

(3) 被保险人和受害人的有效身份证明、被保险机动车行驶证和驾驶人的驾驶证。

(4) 公安机关交通管理部门出具的事故证明，或者人民法院等机构出具的有关法律文书及其他证明。

(5) 被保险人根据有关法律法规规定选择自行协商方式处理交通事故的，应当提供依照《交通事故处理程序规定》规定的记录交通事故情况的协议书。

(6) 受害人财产损失程度证明、人身伤残程度证明、相关医疗证明以及有关损失清单和费用单据。

(7) 其他与确认保险事故的性质、原因、损失程度等有关的证明和资料。

3．赔偿依据和标准

根据《交强险条款》第十九条规定，赔偿依据和标准是国家有关法律法规规定、交强险合同约定、交通事故人员创伤临床诊疗指南和国家基本医疗保险标准。

4．垫付和支付抢救费用

垫付抢救费用包括四种情况：

(1) 驾驶人未取得驾驶资格的。

(2) 驾驶人醉酒的。

(3) 被保险机动车被盗抢期间肇事的。

(4) 被保险人故意制造交通事故的。

上述四种情况是保险人的除外责任，但保险人仍要在医疗费用赔偿限额或者无责任医疗费用赔偿限额内垫付抢救费用，对于垫付的抢救费用，保险人有权向致害人追偿。这与商业三者险有所不同，商业三者险中保险人对除外责任不承担赔偿责任，也无须垫付费用。

对交通事故的受害人，保险人要在医疗费用赔偿限额或者无责任医疗费用赔偿限额内垫付或者支付抢救费用，对于其他损失和费用，保险人不负责垫付和赔偿。

保险人垫付与救助基金垫付的区别如表 4-4 所示。

表 4-4　保险人垫付与救助基金垫付的区别

保险人垫付：抢救费用	救助基金垫付：抢救费用、丧葬费用
驾驶人未取得驾驶资格	抢救费用超过机动车交通事故责任强制保险责任限额
驾驶人醉酒	肇事机动车未参加机动车交通事故责任强制保险
被保险机动车被盗抢期间肇事	机动车肇事后逃逸
被保险人故意制造交通事故	

保险人支付或者垫付抢救费用的步骤是：

(1) 由公安交警部门向保险人出具相关的支付(或者垫付)费用通知。

(2) 保险人对于医疗机构出具的抢救费用清单按照交通事故人员创伤临床诊疗指南和国家基本医疗保险标准进行审核。

(3) 对于满足有关支付(或者垫付)条件的抢救费用，保险人在医疗费用赔偿限额或者无责任医疗费用赔偿限额内支付(或者垫付)。

4.2.7 合同变更与终止

1．保险车辆转移

被保险机动车所有权发生转移时，投保人应当及时通知保险人，并办理交强险合同变更手续(即批改手续)，保险人不能拒绝变更要求。但如果投保人没有履行该条规定的义务，没有规定其他处罚。

2．投保人解除合同的三种情况

投保人可以解除合同的三种情况：

(1) 被保险机动车被依法注销登记的。

(2) 被保险机动车办理停驶的。

(3) 被保险机动车经公安机关证实丢失的。

在合同解除后，投保人应当及时将保险单、保险标志交还保险人；无法交回保险标志的，应当向保险人说明情况，征得保险人同意。

3．收取短期保险费

发生投保人、保险人解除交强险合同的情况时，保险人按照日费率收取自保险责任开始之日起至合同解除之日止期间的保险费。

4.2.8 附则

履行交强险合同时发生争议，首先由合同当事人协商解决，协商不成的，查看保险单是否约定了仲裁，如果约定了仲裁，则可申请仲裁，如果没有约定，则可向法院起诉。

4.2.9 法律责任

在此主要介绍保险人、被保险人违反《强制保险条例》有关规定时所应承担的法律责任。

(1) 保险公司未经保监会批准从事机动车交通事故责任强制保险业务的，由保监会责令改正，责令退还收取的保险费，没收违法所得，违法所得 10 万元以上的，并处违法所得 1 倍以上 5 倍以下罚款；没有违法所得或者违法所得不足 10 万元的，处 10 万元以上 50 万元以下罚款；逾期不改正或者造成严重后果的，责令停业整顿或者吊销经营保险业务许可证。

(2) 保险公司有下列行为之一的，由保监会责令改正，处 5 万元以上 30 万元以下罚款；情节严重的，可以限制业务范围、责令停止接受新业务或者吊销经营保险业务许可证：

① 拒绝或者拖延承保机动车交通事故责任强制保险的；

② 未按照统一的保险条款和基础保险费率从事机动车交通事故责任强制保险业务的；

③ 未将机动车交通事故责任强制保险业务和其他保险业务分开管理，单独核算的；

④ 强制投保人订立商业保险合同的；

⑤ 违反规定解除机动车交通事故责任强制保险合同的；

⑥ 拒不履行约定的赔偿保险金义务的；

⑦ 未按照规定及时支付或者垫付抢救费用的。

(3) 机动车所有人、管理人未按照规定投保机动车交通事故责任强制保险的，由公安机关交通管理部门扣留机动车，通知机动车所有人、管理人依照规定投保，处依照规定投保的最低责任限额应缴纳的保险费的 2 倍罚款。上道路行驶的机动车未放置保险标志的，公安机关交通管理部门应当扣留机动车，通知当事人提供保险标志或者补办相应手续，可以处警告或者 20 元以上 200 元以下罚款。

(4) 伪造、变造或者使用伪造、变造的保险标志，或者使用其他机动车的保险标志，由公安机关交通管理部门予以收缴，扣留该机动车，并处 200 元以上 2000 元以下罚款；构成犯罪的，依法追究刑事责任。

4.3　机动车交通事故责任强制保险承保与理赔实务

目前，我国的机动车交通事故责任强制保险由商业保险公司来经营，但作为国家强制性保险，机动车交通事故责任强制保险在承保和理赔方面与商业保险不完全相同。本节介绍机动车交通事故责任强制保险的承保和理赔实务。而关于机动车辆商业保险的承保与理赔实务将在本书的第 6 章和第 7 章加以介绍。

4.3.1　机动车交通事故责任强制保险承保

1. 保险人的义务

1) 保险人向投保人介绍条款、履行明确说明义务

(1) 向投保人介绍条款，主要包括：保险责任、各项赔偿限额、责任免除、投保人义务、被保险人义务、赔偿处理等内容。特别对责任免除事项，要向投保人明确说明。

(2) 向投保人明确说明机动车交通事故责任强制保险(以下简称交强险)各分项的赔偿限额。

(3) 向投保人明确说明，保险人按照国务院卫生主管部门组织制定交通事故人员创伤临床诊疗指南和国家基本医疗保险标准进行医疗费用审核。

(4) 告知投保人不要重复投保交强险，即使投保多份也只能获得一份保险保障。

(5) 提醒有挡风玻璃的机动车的投保人将保险标志贴在车内挡风玻璃右上角；摩托车、拖拉机的驾驶人要随身携带。

(6) 告知投保人如何查询交通安全违法行为、交通事故记录。

2) 提醒投保人履行如实告知义务

(1) 投保人应提供以下资料：

① 首次投保交强险的，投保人应提供投保机动车行驶证和驾驶证复印件。

② 对于续保业务，投保人需要提供上期交强险保险单原件或其他能证明上年已投保交强险的书面文件。未建立交通事故责任交强险信息平台的地区，投保人不能提供机动车上年交通安全违法行为、交通事故记录的，保险人不给予相应的费率优惠；建立交通事故责任交强险信息平台的地区，根据信息平台记录的信息相应浮动费率。

(2) 要求投保人对重要事项履行如实告知义务。

① 重要事项包括机动车种类、厂牌型号、识别代码、牌照号码、使用性质等内容；

② 机动车所有人或者管理人的姓名(名称)、性别、年龄、住址、身份证或驾驶证号码(组织机构代码)；

③ 续保前该机动车交通安全违法行为、交通事故记录等影响费率水平的事项(交强险实施第一年不需要提供)；

④ 保监会规定的其他事项。

(3) 要求投保人提供联系电话、地址、邮政编码等，以便于保险人提供保险服务。

(4) 交强险合同解除后，投保人应当及时将保险单、保险标志交还保险人核销(若标志残损只要可辨认，即可核销)。

2．投保单的填写

(1) 保险人应指导投保人正确填写投保单。投保单至少应当载明机动车的种类、厂牌型号、识别代码、号牌号码、使用性质，投保机动车所有人或者管理人的姓名(名称)、性别、年龄、住所、身份证或者驾驶证号码(组织机构代码)，以及续保前投保机动车交通安全违法行为、交通事故记录等影响费率水平的事项。

(2) 要求投保人真实、准确地填写交强险投保单的各项信息，并在投保单上签字或加盖公章。

(3) 投保人提供的资料复印件附贴于投保单背面。

(4) 保险期间的起期必须在保险人接受投保人的投保申请日之后，保险期间开始前保险人不承担赔偿责任。

(5) 交强险的保险期间为 1 年，但有下列情形之一的，投保人可以投保短期保险：

① 临时入境的境外机动车；

② 距报废期限不足 1 年的机动车；

③ 临时上道路行驶的机动车(例如：领取临时牌照的机动车，临时提车到异地办理注册登记的新购机动车等)；

④ 保监会规定的其他情形。

3．出具保险单、保险标志

(1) 保险人必须在收取保险费后方可出具保险单、保险标志。

(2) 保险单必须单独编制保险单号码并通过业务处理系统出具。

(3) 交强险必须单独出具保险单、保险标志和发票。保险单、保险标志必须使用保监会监制的交强险保险单、保险标志，不得使用商业保险单证代替。

(4) 投保人因交强险保险单、保险标志发生损毁或者遗失申请补办的，保险人应在收到补办申请及报失认定证明后的 5 个工作日内完成审核，补发相应的交强险保险单、保险标志，并通过业务系统重新打印保险单、保险标志，新保险单、保险标志的印刷流水号码与原保险单号码能够通过系统查询到对应关系。

(5) 对于业务分散的摩托车、农用型拖拉机业务可以使用定额保险单。定额保险单可以手工出单，但必须在出具保险单后的 7 个工作日内，准确补录到业务处理系统中。

(6) 对于运输型拖拉机不使用定额保险单。

4．保险合同变更和终止

(1) 保险人解除合同。投保人对重要事项未履行如实告知义务的，保险人解除合同前，

应当书面通知投保人，投保人应当自收到通知之日起 5 日内履行如实告知义务；投保人在上述期限内履行了如实告知义务的，保险人不得解除合同。

保险人解除合同的，保险人应收回保险单、保险标志，并书面通知机动车管理部门。

(2) 除下列情况外，不得接受投保人解除合同的申请：

① 被保险机动车被依法注销登记的；

② 被保险机动车办理停驶的；

③ 被保险机动车经公安机关证实丢失的；

④ 投保人重复投保交强险的。

办理合同解除手续时，投保人应提供相应的证明材料，保险人在收回交强险保险单、保险标志后，方可办理交强险退保手续，并书面通知机动车管理部门。

投保人因重复投保解除交强险合同的，只能解除后签订的保险合同，保险人全额退还后签订的保险合同的保险费，出险时由起期在前的保险合同负责赔偿。

(3) 发生以下变更事项时，保险人应对保险单进行批改，并根据变更事项增加或减少保险费：

① 被保险机动车转卖、转让、赠送他人；

② 被保险机动车变更使用性质；

③ 变更其他事项。

上述批改按照日费率增加或减少保险费。

(4) 发生下列情形时，保险人应对保险单进行批改，并按照保单年度重新核定保险费计收：

① 投保人未如实告知重要事项，对保险费计算有影响的，并造成按照保单年度重新核定保险费时使保险费上升的；

② 在保险合同有效期限内，被保险机动车因改装、加装、使用性质改变等导致危险程度增加，未及时通知保险人，且未办理批改手续的。

4.3.2　机动车交通事故责任强制保险理赔

1．接报案和理赔受理

(1) 接到被保险人或者受害人报案后，应询问有关情况，并立即告知被保险人或者受害人具体的赔偿程序等有关事项。

涉及人员伤亡或事故一方没有投保交强险的，应提醒事故当事人立即向当地交通管理部门报案。

(2) 保险人应对报案情况进行详细记录，并统一归档管理。

(3) 被保险机动车发生交通事故的，应由被保险人向保险人申请赔偿保险金。保险人应当自收到赔偿申请之日起 1 个工作日内，以索赔须知的方式书面告知被保险人需要向保险公司提供的与赔偿有关的证明和资料。保险人应当自收到被保险人提供的证明和资料之日起 5 个工作日内，对是否属于保险责任作出核定，并将结果通知被保险人。对不属于保险责任的，应当书面说明理由；对属于保险责任的，在与被保险人达成赔偿协议后 10 个工作日内赔偿保险金。

索赔须知必须通俗、易懂，并根据实际案情提供与赔偿有关的证明和资料：索赔申请书，机动车交通事故责任强制保险单正本，交通事故责任认定书，调解书，简易事故处理书，交通事故自行协商处理协议书，法院裁定书、裁决书、调解书、判决书，仲裁书，车辆定损单，车辆修理发票，财产损失清单，医院诊断证明，医疗费报销凭证，误工证明及收入情况证明，伤残鉴定书，死亡证明，被扶养人证明材料，户籍证明，机动车行驶证，机动车驾驶证，被保险人身份证明，领取赔款人身份证明等。

2．查勘和定损

(1) 事故各方机动车的保险人在接到客户报案后，均有责任进行查勘，对受害人的损失进行核定。

(2) 事故任何一方的估计损失超过交强险赔偿限额的，应提醒事故各方当事人依法进行责任划分。

(3) 事故涉及多方保险人，但存在一方或多方保险人未能进行查勘定损的案件，未能进行查勘定损的保险人，可委托其他保险人代为查勘定损。接受委托的保险人，应向委托方的被保险人提供查勘报告、事故/损失照片和损失情况确认书。损失情况确认书一车一份，并由事故各方签字确认。

3．垫付和追偿

1) 抢救费用垫付条件

(1) 符合《机动车交通事故责任强制保险条例》第二十二条规定的情形(详见附录 A)。

(2) 接到公安机关交通管理部门要求垫付的通知书。

(3) 受害人必须抢救，且抢救费用已经发生，抢救医院提供了抢救费用单据和明细项目。

(4) 不属于应由道路交通事故社会救助基金垫付的抢救费用。

2) 垫付标准

(1) 按照交通事故人员创伤临床诊疗指南和抢救地的国家基本医疗保险的标准，在交强险医疗费用赔偿限额或无责任医疗费用赔偿限额内垫付抢救费用。

(2) 被抢救人数多于一人且在不同医院救治的，在医疗费用赔偿限额或无责任医疗费用赔偿限额内按人数进行均摊；也可以根据医院和交警的意见，在限额内酌情调整。

3) 垫付方式

自收到交警部门出具的书面垫付通知、伤者病历/诊断证明、抢救费用单据和明细之日起，及时向抢救受害人的医院出具《承诺垫付抢救费用担保函》，或将垫付款项划转至抢救医院在银行开立的专门账户，不进行现金垫付。

4) 追偿

对于所有垫付的案件，保险人垫付后有权向致害人追偿。追偿收入在扣减相关法律费用(诉讼费、律师费、执行费等)、追偿费用后，全额冲减垫付款。

4．赔偿处理

1) 赔偿原则

保险人在交强险责任范围内负责赔偿被保险机动车因交通事故造成的对受害人的损害赔偿责任。

2) 抢救费用支付

交通事故属于保险责任，因抢救受害人需要保险人支付抢救费用的，保险人在接到公安机关交通管理部门的书面通知和医疗机构出具的抢救费用清单后，参照事故赔款的标准和支付方式进行赔偿。

交通事故不属于保险责任或者应由道路交通事故社会救助基金垫付的抢救费用，保险人不予以支付。

5．支付赔款

1) 支付赔款

未建立机动车交通事故责任交强险信息平台的，保险人支付赔款后应在保险单正本上加盖“×年×月×日出险，负××(全部、主要、同等、次要)责任，××(有、无)伤人”条形章。

2) 单证分割

如果交强险和商业三者险在不同的保险公司投保，如损失金额超过交强险责任限额，由交强险承保公司留存已赔偿部分发票或费用凭据原件，将需要商业保险赔付的项目原始发票或发票复印件，加盖保险人赔款专用章，交被保险人办理商业险索赔事宜。

3) 直接向受害人支付赔款的赔偿处理

(1) 发生受害人人身伤亡，且符合下列条件之一的，保险人可以受理受害人的索赔：

① 被保险人出具书面授权书；

② 人民法院签发的判决书或执行书；

③ 被保险人死亡、失踪、逃逸、丧失索赔能力或书面放弃索赔权利；

④ 法律规定的其他情形。

(2) 受害人索赔时应当向保险人提供的材料：

① 人民法院签发的判决书或执行书，或交警部门出具的交通事故责任认定书和调解书原件；

② 受害人的有效身份证明；

③ 受害人人身伤残程度证明以及有关损失清单和费用单据；

④ 其他与确认保险事故的性质、原因、损失程度等有关的证明和资料。

经被保险人书面授权的，还应提供被保险人书面授权书。

(3) 赔款计算：

① 保险事故涉及多个受害人的，在所有受害人均提出索赔申请，且受害人所有材料全部提交后，保险人方可计算赔款。

② 事故中所有受害人的分项核定损失之和在交强险分项赔偿限额之内的，按实际损失计算赔偿。

保险事故中各分项赔偿限额下核定损失之和超过交强险各分项赔偿限额的，保险人按照各分项赔偿限额下各受害人的核定损失金额占所有受害人的总核定损失金额的比例，乘以相应赔偿限额，计算被保险人对各受害人的分项赔偿金额。

某一受害人得到的被保险人交强险项下的分项赔偿金额：

$$\text{各分项陪偿限额}\times\frac{\text{事故中某一受害人的分项核定损失金额}}{\text{事故中所有受害人的分项核定损失金额之和}}$$

6．结案和归档

1) 理赔单证

保险人向被保险人或受害人支付赔款后，将赔案所有单证按赔案号进行归档。必备单证包括：

(1) 保单抄件。

(2) 报案记录、被保险人书面索赔申请。

(3) 查勘报告、现场照片及损失项目照片、损失情况确认书、医疗费用原始票据及费用清单、赔款计算书。以上原始票据，由查勘定损公司留存。

(4) 行驶证及驾驶证复印件，被保险人和受害人的身份证明复印件(如直接支付给受害人)。

(5) 公安机关交通管理部门或法院等机构出具的合法事故证明、有关法律文件和其他证明，以及当事人自行协商处理的协议书。

(6) 其他能够确认保险事故性质、原因、损失程度等的有关证明、协议及文字记录。

(7) 赔款收据、领取赔款授权书。

2) 上传至信息平台

有关赔付情况应于赔付后 3 个工作日内上传至机动车事故责任交强险信息平台。

4.4　机动车交通事故责任强制保险的赔款计算

交强险实施后，赔偿的原则是由交强险先进行赔付，不足的部分再由商业三者险来补充。组合购买交强险和商业三者险时，保障额度也不是两个险种额度的简单相加。

4.4.1　基本原则

1．基本计算公式

保险人在交强险各分项赔偿限额内，对受害人死亡伤残费用、医疗费用、财产损失分别计算赔偿：

总赔款=∑各分项损失赔款=死亡伤残费用赔款+医疗费用赔款+财产损失赔款

即：

各分项损失赔款=各分项核定损失承担金额

死亡伤残费用赔款=死亡伤残费用核定承担金额

医疗费用赔款=医疗费用核定承担金额

损失赔款=财产损失核定承担金额

各分项核定损失承担金额超过交强险各分项赔偿限额的，各分项损失赔款为交强险各分项赔偿限额。

注：“受害人”为被保险机动车的受害人，不包括被保险机动车本车车上人员、被保险人，下同。

2．保险事故涉及多个受害人时

(1) 基本计算公式中的相应项目表示为

各分项损失赔款=∑各受害人各分项核定损失承担金额

即：

死亡伤残费用赔款=∑各受害人死亡伤残费用核定承担金额

医疗费用赔款=∑各受害人医疗费用核定承担金额

财产损失赔款=∑各受害人财产损失核定承担金额

(2) 各受害人各分项核定损失承担金额之和超过被保险机动车交强险相应分项赔偿限额的，各分项损失赔款为交强险各分项赔偿限额。

(3) 各受害人各分项核定损失承担金额之和超过被保险机动车交强险相应分项赔偿限额的，各受害人在被保险机动车交强险分项赔偿限额内应得到的赔偿为

$$\begin{array}{l}\text{被保险机动车交强险对某一}\\\text{受害人分项损失的赔偿金额}\end{array}=\text{交强险分项赔偿限额}\times\frac{\text{事故中某一受害人的分项核定损失金额}}{\Sigma\text{各受害人分项核定损失承担金额}}$$

3．保险事故涉及多辆肇事机动车时

(1) 各被保险机动车的保险人分别在各自的交强险各分项赔偿限额内，对受害人的分项损失计算赔偿。

(2) 各方机动车按其适用的交强险分项赔偿限额占总分项赔偿限额的比例，对受害人的各分项损失进行分摊。

$$\text{某分项核定损失承担金额}=\text{该分项损失金额}\times\frac{\text{适用的交强该分项赔偿金额}}{\Sigma\text{各至害方交强险该分项赔偿限额}}$$

(3) 肇事机动车均有责任或均无责任的，简化为各方机动车对受害人的各分项损失进行平均分摊：

① 对于受害人的机动车、机动车上人员、机动车上财产损失：

$$\text{某分项核定损失承担金额}=\frac{\text{受害人的该分项损失金额}}{N-1}$$

② 对于受害人的非机动车、非机动车上人员、行人、机动车外财产损失：

$$\text{某分项核定损失承担金额}=\frac{\text{受害人的该分项损失金额}}{N}$$

注：N 为事故中所有肇事机动车的辆数；肇事机动车中有应投保而未投保交强险的车辆的，视同投保机动车计算。

(4) 初次计算后，如果有致害方交强险限额未赔足，同时有受害方损失没有得到充分补偿，则对受害方的损失在交强险剩余限额内再次进行分配，在交强险限额内补足。对于待分配的各项损失合计没有超过剩余赔偿限额的，按分配结果赔付各方；超过剩余赔偿限额的，则按每项分配金额占各项分配金额总和的比例乘以剩余赔偿限额分摊；直至受损各方均得到足额赔偿或应赔付方交强险无剩余限额。

4.4.2　处理方法

1．均投保了交强险的两辆或多辆机动车互碰，不涉及车外财产损失或人身伤亡

1) *两辆机动车互碰，两车均有责*

双方机动车交强险均在分项赔偿限额内，按实际损失承担对方机动车(车辆、车上人员、车上财产)的损害赔偿责任。

【例 4.2】　A、B 两车互碰造成双方车损，A 车主责(损失 3000 元)，B 车次责(损失 1500 元)，则两车交强险赔付结果为

A 车交强险赔付 B 车 1500 元；

B 车交强险赔付 A 车 2000 元。

2) *两辆机动车互碰，一方全责，一方无责*

无责方机动车交强险在无责任分项赔偿限额内承担全责方机动车(车辆、车上人员、车上财产)的损害赔偿责任，全责方机动车交强险在分项赔偿限额内承担无责方机动车(车辆、车上人员、车上财产)的损害赔偿责任。

【例 4.3】　A、B 两车互碰造成双方车损，A 车全责(损失 1000 元)，B 车无责(损失 1500 元)，则两车交强险赔付结果为

A 车交强险赔付 B 车 1500 元；

B 车交强险赔付 A 车 100 元。

3) *多辆机动车互碰，部分有责(含全责)，部分无责*

(1) 一方全责，多方无责，且所有无责方的总损失小于全责方交强险分项赔偿限额时，可简化计算为：所有无责方视为一个整体，在各自交强险无责任分项赔偿限额内，对全责方损失按平均分摊的方式承担损害赔偿责任；全责方对各无责方在交强险各分项赔偿限额内承担损害赔偿责任，无责方之间不再互相赔偿。

【例 4.4】　A、B、C 三车互碰造成三方车损，A 车全责(损失 3000 元)，B 车无责(损失 600 元)，C 车无责(损失 800 元)，则赔付结果为

A 车交强险赔付 B 车 600 元，赔付 C 车 800 元；

B 车、C 车交强险分别赔付 A 车 100 元。

(2) 多辆机动车互碰，不满足“一方全责、多方无责，且所有无责方的总损失小于全责方交强险分项赔偿限额”的条件时：

① 各方机动车在其适用的交强险各分项赔偿限额内，对受害人的某分项损失，按其适用的交强险该分项赔偿限额占总分项赔偿限额的比例进行分摊。

② 各受害人分项核定损失承担金额之和超过被保险机动车交强险相应分项赔偿限额的，按各受害人分项核定损失承担金额占总分项核定损失承担金额的比例进行分摊。

【例 4.5】　A、B、C 三车互碰造成三方车损，A 车主责(损失 600 元)，B 车无责(损失 600 元)，C 车次责(损失 300 元)，则 A 车、B 车交强险对 C 车的赔付计算结果为

A 车交强险赔付 C 车：$300\times2000/(2000+100)=285.7$ 元；

B 车交强险赔付 C 车：$300\times100/(2000+100)=14.3$ 元。

【例 4.6】 A、B、C 三车互碰造成三方车损，A 车全责(损失 3000 元)，B 车无责(损失 1000 元)，C 车无责(损失 1500 元)，则 B 车交强险对 A 车、C 车的初次赔付计算结果为

B 车交强险分摊 A 车损失金额：

$$\frac{3000\times100}{100+100}=1500\text{元}$$

B 车交强险分摊 C 车损失金额：

$$\frac{1500\times100}{2000+100}=71.4\text{元}$$

B 车分摊损失金额 1571.4(=1500+71.4)元，大于 100 元，则

B 车交强险赔付 A 车：

$$100\times\frac{1500}{1500+71.4}=95.5\text{元}$$

B 车交强险赔付 C 车：

$$100\times\frac{71.4}{1500+71.4}=4.5\text{元}$$

4) 交警调解结果为各方机动车承担本方车辆损失

(1) 能够找到事故对方机动车并勘验损失的，对事故对方车辆损失在本方交强险赔偿限额内计算赔偿，超过限额部分在商业车险项下按过错责任比例计算赔偿。

【例 4.7】 A、B 两车互碰，各负同等责任。A 车损失 3500 元，B 车损失 3200 元，交警调解结果为各自修理本方车辆。在能够勘验双方车辆损失的情况下，A 车保险公司在交强险项下赔偿 B 车损失 2000 元；B 车保险公司在交强险项下赔偿 A 车损失 2000 元。对于 A 车剩余的 1500 元损失，如 A 车投保了车损险、B 车投保了商业三责险，则可以在 B 车的商业三责险项下赔偿 750 元，在 A 车的车损险项下赔偿 750 元。

(2) 事故对方已无法找到并勘验损失，被保险机动车无法得到对方赔偿的，可对被保险机动车的车辆损失在本方机动车交强险赔偿限额内计算赔偿，超过限额部分在本方机动车商业车损险项下按条款规定计算赔偿。

【例 4.8】 A、B 两车互碰，各负同等责任。A 车损失 3500 元，B 车损失 3200 元，交警调解结果为各自修理本方车辆。在无法找到 B 车勘验损失的情况下，A 车保险公司可在交强险项下赔偿 A 车损失 2000 元。对于 A 车剩余的 1500 元损失，如 A 车投保了车损险，则在 A 车的车损险项下按条款规定计算赔偿。

2．均投保了交强险的两辆或多辆机动车发生事故，造成车外财产损失或人身伤亡

(1) 肇事机动车均有责(含全责)或均无责的，各机动车按平均分摊的方式，在各自交强险分项赔偿限额内计算赔偿。

【例 4.9】 A、B 两机动车发生交通事故，两车均有事故责任，A、B 车损分别为 2000 元、5000 元，B 车车上人员医疗费用 7000 元，死亡伤残费用 6 万元，另造成路产损失 1000 元，则 A 车交强险初次赔付计算结果如下。

① B 车车上人员死亡伤残费用核定承担金额为

$$\frac{60\,000}{2-1}=60\,000\text{元}$$

没有超过 A 车交强险死亡伤残赔偿限额，按限额赔偿 60 000 元。

② B 车车上人员医疗费用核定承担金额为

$$\frac{7000}{2-1}=7000\text{元}$$

③ 财产损失核定承担金额为

$$\frac{1000}{2}+\frac{5000}{2-1}=5500\text{元}$$

超过财产损失赔偿限额，按限额赔偿，赔偿金额为 2000 元。

因此，A 车交强险赔偿金额为

$$60\,000+7000+2000=69\,000\text{ 元}$$

A 车交强险对 B 车车损的赔款为

$$2000\times\frac{5000}{500+5000}=1818.18\text{元}$$

A 车交强险对路产损失的赔款为

$$2000\times\frac{500}{500+5000}=181.82\text{元}$$

(2) 肇事机动车中有部分适用无责任赔偿限额的，按各机动车交强险赔偿限额占总赔偿限额的比例，在各自交强险分项赔偿限额内计算赔偿。

【例 4.10】 A、B、C 三车共同造成第三方人员伤害，且 A、B 两车各负事故的 50%责任，C 车和受害人无事故责任，受害人支出医疗费用 4500 元，则初次赔付计算结果为

$$\text{A车交强险赔款}=4500\times\frac{10\,000}{10\,000+10\,000+1000}=2142.9\text{元}$$

$$\text{B车交强险赔款}=4500\times\frac{10\,000}{10\,000+10\,000+1000}=2142.9\text{元}$$

$$\text{C车交强险赔款}=4500\times\frac{1000}{10\,000+10\,000+1000}=214.2\text{元}$$

(3) 支付、垫付抢救费金额参照以上方式计算。

3．一方投保交强险，一方仅投保商业险或无保险的机动车发生事故

1) 一方机动车投保交强险，另一方仅投保商业险

一方机动车投保了交强险，另一方机动车投保了商业三责险，二车在连接使用时碰撞车外财产或行人，首先由承保交强险的保险公司在交强险限额内，计算出对受害人损失的赔偿金额；超出交强险限额部分再由承保商业三责险的保险公司按条款约定计算赔偿。

2) 一方机动车投保交强险，另一方无保险

所有无保险的机动车均视同投保交强险参与赔款计算。

思 考 题

1. 什么是强制汽车责任保险？它具有哪些特征？

2. 交强险与商业三者险有哪些区别？

3. 简述《机动车交通事故责任强制保险条例》的主要特点。

4.《机动车交通事故责任强制保险条例》的适用对象和机动车交通事故责任强制保险运作的主体是什么？

5. 机动车交通事故责任强制保险的费率和限额是如何规定的？

6. 机动车交通事故责任强制保险的保障对象以及保障内容是什么？有哪些事故赔偿原则？

7. 什么是交强险合同的被保险人、交强险合同的受害人、交强险合同的责任限额以及交强险合同中的抢救费用？

8.《机动车交通事故责任强制保险条例》规定交强险不负责赔偿和垫付的损失和费用有哪些？

第 5 章　机动车辆商业保险投保实务

5.1　机动车辆保险的选择

保险的目的都是为了最大程度地减小风险产生的后果，机动车辆保险也不例外，它也是车辆的所有者基于对机动车这种特殊的生活用品的风险保障需要，根据自己的具体情况，选择不同的保险公司，投保不同的保险品种，也是法律赋予投保人的权利。《中华人民共和国保险法》第十一条明确规定：“投保人和保险人订立保险合同，应当遵循公平互利、协商一致、自愿订立的原则，不得损害社会公共利益。除法律、行政法规规定必须保险的以外，保险公司和其他单位不得强制他人订立保险合同。”

随着承接车辆保险业务的保险公司的增加，各保险公司根据车辆的具体情况和投保人的不同，纷纷推出了不同保险内容及费率的车辆险种。整个车辆保险市场日趋多元化，竞争也日趋激烈。这一方面提高了车辆保险行业的规范性和服务质量，另一方面也使客户的投保有了更大的选择余地，能够选择自己信赖的保险公司和适合自己的保险产品。

5.1.1　选择车辆保险的原则

1. 保险场所的选择原则

《中华人民共和国保险法》第六条规定：“在中华人民共和国境内的法人和其他组织需要办理境内保险的，应当向中华人民共和国境内的保险公司投保。”这里的保险公司，包括国内的保险公司以及经保监会批准的以独资或合资方式在中华人民共和国境内开办的保险公司。

2. 信誉和服务原则

投保人在选择保险公司时，必须考虑以下因素：资产是否雄厚、经营的年份、信誉度、服务便捷度、服务区域的广度等等。由于风险的客观性和不确定性，当风险真的来临时，保险公司必须有足够的资金支付赔保金；办理保险和理赔手续时，应能快捷方便、省时省事；并且，由于机动车辆的活动范围较广，应考虑在哪些地域能直接接受服务，以减少不必要的麻烦，最大程度确保投保人的利益。

3. 高性价比原则

由于目前各保险公司开设的保险品种较多，投保人选择的余地也较大，因此在投保时，要选择一些交费少而又能充分满足风险保障的险种，以避免造成不必要的资金浪费。

5.1.2 选择车辆保险的内容

投保人支付一定的资金并与保险公司签订保险合同，目的在于当投保人遭受风险时，能获得一定的经济赔偿，以减少经济损失。对保险公司、保险品种、投保方式进行合理的选择，是达到这一目的的前提和保证。

1. 保险公司的选择

可想而知，只有优秀的保险公司才能提供优质的保险产品和服务，正确选择保险公司，投保人的利益才能充分得到保障。由于保险市场竞争激烈，每家公司在介绍自己的产品时都只会强调自己的亮点，而判断一个保险公司的情况，靠这些是远远不够的，因此必须综合考虑以下几个方面：

(1) 所投保的公司应该是在中国境内依法成立、守法经营，并有车险经营权的保险公司。

(2) 所投保的公司必须经营稳健、财务状况良好、有足够的偿付能力、行业内信誉好。

(3) 所投保的公司应具有健全的管理组织机构、完善的服务体系，并且机构网点能遍布全国，以便在异地出险时，能得到当地网点机构及时的现场勘查和相关手续的办理。

(4) 所投保的公司必须拥有力量强大的专业技术人员，服务内容丰富、质量好。

另外，投保人还应更多方面获取信息，了解已保客户的评介，研究保险合同中是否存在不合理的甚至是否存在“霸王”条款。这些都是正确选择保险公司的合理渠道。

2. 投保险种的选择

由于各保险公司的车辆险种众多，投保人应充分收集资料，比较各保险公司对于各险种的费率，并根据保险的原则以及自己的实际，通过对比，挑选出比较适合自身的公司和险种。因此，了解自身的特点是非常重要的，特别是自身的驾驶经历、车辆的种类、特性、用途等。在了解宣传资料时，应仔细掌握保险产品的保险责任、免除范围以及赔偿方式。

为达到选择切合自身高性价比险种的目的，一般应遵循以下步骤：

(1) 投保人首先应该非常清楚自身车辆的特点及用途，判断哪种风险产生的可能性较大，以及在风险产生时损失的严重程度。比如，新车被盗抢的可能性较大一些；旧车发生自燃的可能性较大一些；营运车辆发生事故时，损失的金额会大一些，特别是客运车辆，更应考虑到这一点。

(2) 向自己选定的保险公司或其代理人(机构)索要保险条款和费率表，仔细阅读，特别要重点注意保险产品的保险责任、责任免除和特别约定。另外，被保险人的权利和义务、免赔额或免赔率的计算、申请免赔的手续、退保和折旧的规定也应了解得一清二楚。如有疑问，应及时进行咨询，以免自己的正当利益得不到保证。

(3) 进一步比较各保险公司对该险种的具体规定，选择机动车辆保险产品的保障范围时，一定要把产生风险可能性大的包括在内，否则，容易产生保的不易发生，发生的没投保的情况，造成不必要的浪费和经济损失。

当然，并非经过以上步骤就能确定投保的险种了，若此时自己还是拿不定注意，那就向保险咨询机构或者专业人士进行咨询。

3. 对投保方式的选择

一般保险公司目前所提供的投保方式有以下几种。

1) 通过代理人投保

近年来，由于汽车销售市场火爆，各大汽车销售公司的 4S 店纷纷进行了车辆保险业务的代理，这也是大部分人投保的途径。在选择该种方式投保时，应注意确信该代理人是否具有执业资格证书且与保险公司签订有正式代理合同。因为从现实看，确实也存在非法的代理活动，哪怕是正规的代理人，也存在业务水平差、素质不高的情况，有的代理人不能从投保的实际和切身利益考虑，对保险夸大其词，一味追求自己的工作业绩而推荐佣金高的保险产品。

2) 上门投保

这是保险公司为提高服务质量，主动开拓市场的一种措施，由保险公司派业务人员到投保人方便的场所进行业务咨询和保险手续办理。采用该种方式时，投保人一般应该主动约定，而对于未约而至的，应查验上门业务人员的身份证明材料，如保险代理人资格证书(保监会签发)、上岗证(保险公司签发)、有效身份证件等。对于该种投保方式，有的保险公司在费率上有优惠措施，比如天安保险公司对于上门投保的费率调整系数值为 0.92。

3) 柜台投保

就是投保人到保险公司的营业网点咨询和办理投保手续的方式，由于有的投保人存在着这样或那样的疑虑，这类人会比较容易采取该类投保方式。而且，一般来说，直接到保险公司，能够了解的情况也是最全面的。有的保险公司对该种投保方式也有费率上的优惠，比如，在人保营业网点投保的，费率优惠 6%。

4) 电话投保

一般每个保险公司都有自己的统一服务专线，比如，人保为 95518、太保为 95500、平安为 95512。服务专线的开通，大大方便了投保人，有的保险公司对该种投保方式也有相应的费率优惠措施。比如，天安保险公司对电话投保的费率调整系数值为 0.92。

5) 网上投保

随着信息技术的不断发展，特别是互联网技术的发展，使得很多商业行为得以在网上进行，投保也是一样，大多保险公司都推出了网上承保业务，这也大大降低了经营成本。保险公司对该类投保也大多有优惠措施，比如，人保公司对于网上投保费率优惠 4%。该种方式相对比较先进，也比较陌生，因此还不能为大多数人接受。

6) 通过保险经纪人投保

该类投保方式一般只有在一些大型机关、企事业单位有，是一种新兴职业，由于以上单位车辆多，为维护自己单位的利益，因此专门聘请了具有法律知识的保险经纪人，为单位的车辆办理投保业务。

5.2　机动车辆的投保

当投保人确定了保险公司、保险产品和投保方式后就可以进行投保操作了。机动车辆的投保，就是投保人购买机动车辆保险产品，办理保险手续，与保险人正式签订机动车辆保险合同的过程。投保操作就是办理相应的保险手续，该手续一般要经过以下程序：准备材料，填写投保单，交保险费并签订保险合同，领取保险单证并进行妥善保管。

5.2.1　机动车辆投保的准备

投保的准备工作就是根据机动车保险的投保条件所做的各项工作，主要包括：准备相关证件，完备车辆保养，协助业务员验车、验证，并告知有关的情况。

1．证件条件

投保人在投保前，应准备好以下证件：

(1) 若被保险人是“法人或其他组织”，且为新保业务，应提供所投保车辆的行驶证、被保险人的组织机构代码复印件、投保经办人的身份证原件。

(2) 若被保险人是“自然人”，且为新保业务，应提供所投保车辆行驶证、被保险人身份证复印件、投保经办人的身份证原件。

(3) 当被保险人与车主不符时，应提供由车主出具的能够证明被保险人与投保车辆关系的证明或契约。

(4) 当投保车辆约定驾驶员时，应提供约定驾驶员的“机动车驾驶证”复印件，并且车辆必须满足该驾驶员驾驶证的准驾条件。

(5) 若投保人为“自然人”，且由他人代办投保手续，或投保人为“法人或其他组织”的，应有投保人的“办理投保委托书”，并有文字明确“授权委托×××以本投保人名义办理××××××车辆的所有投保事宜”。投保人为“法人或其他组织”时，还应在委托书上加盖公章；投保人为自然人时，应有投保人的亲笔签名和身份证原件。而办理投保的经办人必须同时提供身份证的原件和复印件。

2．车辆条件

车辆在投保前必须准备好以下证件：

(1) 有正式的车辆号牌，如果是新车投保，在车辆上牌的同时办理保险业务。如果是购买的新车开往异地的，投单程提车保险的，必须有公安交通管理部门核发的临时车辆号牌。

(2) 有公安交通管理部门核发的机动车辆行驶证。

(3) 有车辆检验合格证和购车发票。新车应有出厂前的检验合格证，旧车的行驶证上应有年审的合格章。所投保的车辆必须达到GB7258—2004《机动车辆安全运行技术条件》的要求，否则视为质量不合格车辆或报废车辆，不具投保资格。

(4) 对于旧车续保的应提供上年度保单正本。

3．车辆性能条件

车辆应保养良好，清洁干净，技术状况正常。

5.2.2　投保单的填写

投保单简称保单，是投保人为订立保险合同向保险人进行要约的书面证明，是确定保险合同内容的依据。在投保单中，一般应写明订立保险合同所必需的项目，投保人应如实填写，保险人据此决定是否承保或以什么条件承保。在保险合同履行时，投保人在投保单上填写的内容是投保人是否履行如实告知义务、保证义务、遵守最大诚信原则的重要凭证。如果投保单上填写的内容不实或存在故意隐瞒、欺诈行为，将影响保险合同的法律效力。

投保人填写投保单后，须经保险人签章同意承保，保险合同才告成立。

不同保险公司的机动车辆保险投保单存在一定的差别，此处以中国人民财产保险股份有限公司机动车辆保险投保单为主介绍投保单的填写方式、填写内容及要求。

1. 投保单的填写方式

投保单的填写方式有以下几种：

(1) 投保人手工填写。

(2) 投保人利用保险公司提供的网上投保系统自助录入，打印后由投保人签字。

(3) 由保险公司业务人员或代理人员根据投保人口述，录入业务处理系统，打印后由投保人签字。

投保人在填写投保单时必须字迹工整、清楚，如有更改，投保人应在更正处签章。投保单一般为一车一单，若同时为多辆车进行投保，投保单可以使用附表形式。其中，投保人情况、被保险人情况、投保车辆情况及投保主险条款名称等共性的内容在投保单主页上填写，个性的内容填写在“机动车辆保险投保单附表”上，但填写规范与一车一单相同。如遇共性的内容有一项存在差别，均应另外启用一份投保单填写共性内容及其附表。例如，某单位同时对 10 辆客车进行投保，其中相同内容有：投保人情况、被保险人情况、投保车辆情况，但如果其中 5 辆车选择《非营业用汽车损失保险条款》和《机动车辆第三者责任保险条款》投保，另外 5 辆车只选择《机动车辆第三者责任保险条款》投保，那么，此时投保主险条款名称不同，要启用两份投保单，分别填写投保单主页和附表。

2. 投保单的填写内容及要求

投保单中所涉及的内容较多，为能快捷方便地进行填写，投保人一般应在保险业务人员的指导下逐项规范填写。投保单的主要填写内容及要求如下。

1) 投保人情况

(1) 投保人的名称或姓名。当投保人为“法人或其他组织”时，应填写其全称(与公章名称一致)；当投保人为“自然人”时，应填写个人姓名(与投保人身份证明一致)。投保人名称一律填写全称，必须完整、准确。

(2) 投保车辆数。填写投保单及附表所列投保车辆的总数，用阿拉伯数字填写。

2) 被保险人情况

(1) “法人或其他组织”和“自然人”选项。只可选择一项，投保人是个人时选择“自然人”，投保人是单位时选择“法人或其他组织”。投保人是个人的，在其后的“姓名”项，填写个人姓名(与被保险人有效身份证明一致)。投保人是单位的，在其后的“名称”项，填写其全称(与公章名称一致)。填写一律用全称，且完整、准确。

(2) “组织机构代码”和“身份证号码”。投保人为“法人或其他组织”时填写其组织机构代码。组织机构代码是国家质量监督局对中华人民共和国境内依法注册、依法登记的机关，企业、事业单位，社会团体和民办非企业单位颁发的一个在全国范围内惟一的、始终不变的代码标识；投保人为“自然人”时填写投保人的“居民身份证”号码。被保险人无“居民身份证”的，如被保险人为军官、外国籍人员时，应在投保单特别约定栏内注明被保险人的有效身份证明名称、证件号码及被保险人性别、年龄。

3) 投保车辆情况

(1) 车主。需填写的内容为“机动车行驶证”上载明的车主名称或姓名。

(2) 号牌号码、底色。填写的内容为车辆管理机关核发的号牌号码及其底色。

(3) 厂牌型号。填写的内容为“机动车行驶证”上注明的厂牌名称和车辆类型，若“机动车行驶证”上注明的厂牌型号不详细，则应在厂牌型号栏后注明具体型号。进口车按商品检验单上的填写，国产车按合格证上的型号填写，应尽量写出具体配置说明，特别是同一型号多种配置的。如桑塔纳 2000GLI。

(4) 发动机号。发动机号是生产厂家在车辆发动机缸体上打印的号码,它是机动车辆的重要身份证明之一，该号码必须与投保车辆的“机动车行驶证”上的发动机号保持一致。

(5) VIN 码。即车辆识别代号。VIN 码是表明车辆身份的代码，它由 17 位字符(包括英文字母和数字)组成，俗称 17 位码。有 VIN 码的车辆必须正确填写 VIN 码。

(6) 车架号。也称底盘号，它也是生产厂家在车架上打印的号码，它表明了机动车辆身份的另一个证明，该号码必须与投保车辆的“机动车行驶证”上的车架号保持一致。无 VIN 码的车辆必须填写车架号。

(7) 核定载客、核定载质量。该项只需按投保车辆的“机动车行驶证”上的内容进行正确填写。

(8) 已使用年限。它是指车辆自新车上牌行驶到投保之日止已使用的年数。不足年的不计算。例如，某车初次登记日期为 2000 年 8 月，如果投保日为 2006 年 7 月 18 日，则使用年限按 5 年计算；若投保日为 2006 年 8 月 18，则使用年限按 6 年计算。

(9) 已行驶里程。填写投保车辆自出厂下线到投保之日的实际行驶总里程。一般该数值能从里程表上直接读出，但有时可能会遇到里程表有损坏或进行过调整、更换的情况，那么其里程表上显示的总里程数与实际已行驶里程数是不符的，此时填写的应是车辆实际已行驶的里程数，但需将里程表上显示的里程数在特别约定中进行注明。

(10) 使用性质。按车辆的实际使用性质填写，如家庭自用。若遇某车辆有两种使用性质，则应按照费率高的使用性质填写。

4) 投保主险条款名称

由投保人根据投保险种填写所适用的主险条款名称，如“车辆损失险”。

5) 保险期限

保险期限通常都为一年，它意味着保险合同的生效时段。有时也可经保险人同意后投保短期保险，由保险双方协商确定合同起止时间，—般自约定起保日零时开始，至保险期满日 24 时止。投保当日不得作为起保日，起保日最早应为投保次日。例如，某投保人 2006 年 2 月 26 日办理投保手续，保险期限为 1 年，要求起保日为次日，保险期限应填写为：2006 年 2 月 27 日零时至 2007 年 2 月 26 日 24 时止。

6) 投保险种

按照投保人选定的险种正确填写。

7) 保险金额/责任限额

保险金额与责任限额的确定以及相关规定，可以详见第 3 章的内容。

(1) 保险金额主要是针对机动车辆损失险、全车盗抢险及其附加险而言的。如在投保车辆损失险时，投保单上需要填写新车购置价。下面说明两种“新车购置价”的确定方式。

① 未投保新增设备时的“新车购置价”，此时的新车购置价为保险车辆的新车购置价，即

新车购置价＝保险车辆的新车购置价　(5.1)

不同时段，同一种车辆的价格会有所不同，这里指的是在投保时日当地该种车型的价格(含车辆购置附加税(费))。

② 投保新增设备时的“新车购置价”，此时的新车购置价应包括新增设备实际的价值，即

新车购置价=保险车辆的新车购置价＋投保新增设备实际价值合计　(5.2)

车辆损失险保险金额以保险车辆的价值来确定，一般有以下三种方式。保险人根据保险金额确定方式的不同承担相应的赔偿责任。

① 按照新车购置价确定保险金额。

【例 5.1】 某非营业用货车新车购置价(含车辆购置附加税)为 10 万元，已使用 3 年零 2 个月，投保人要求按照新车购置价投保，同时投保一件实际价值为 1 万元的新增设备，则

新车购置价=10 万元＋1 万元=11 万元

保险金额=10 万元＋1 万元=11 万元

该种确定保险金额的方法也叫足额投保法，一般人不会采用，原因是，如果该车购买时的价格是 10 万，而现在该种车型的市场价为 8 万，那么，那怕以 10 万投保，当出险时，保险公司也不会以 10 万进行赔偿，而是按 8 万进行计算。

② 按照保险车辆投保时的实际价值确定保险金额。

实际价值是指同类型车辆市场新车购置价减去折旧金额后的价格。折旧按公式(3.1)计算，并按月折旧。

- 未投保新增设备：

保险金额=保险车辆的新车购置价−折旧金额　(5.3)

- 投保新增设备：

保险金额＝(保险车辆的新车购置价＋投保新增设备购置价合计)−折旧金额　(5.4)

【例 5.2】 某家庭自用轿车购置价(含车辆购置附加税)10 万元，已使用 3 年零 2 个月，投保人要求按照实际价值投保，同时投保 1 件购置价为 1 万元的新增设备，月折旧率为 0.8%，则

折旧金额=(10 万元＋1 万元)×38×0.8%=3.344 万元

保险金额=(10 万元＋1 万元)−3.344 万元=7.656 万元

③ 在保险车辆的新车购置价内协商确定保险金额。

- 未投保新增设备：

保险金额=保险车辆协商金额　(5.5)

- 投保新增设备：

保险金额=保险车辆协商金额＋投保新增设备实际价值合计　(5.6)

(2) 责任限额主要是针对机动车辆第三者责任险、车上人员责任险及其附加险而言的。

第三者责任险的责任限额，由投保人和保险人在签订保险合同时按 5 万元、10 万元、15 万元、20 万元、30 万元、50 万元、100 万元和 100 万元以上不超过 1000 万元的档次协商确定。主车与挂车连接时发生保险事故的，保险人在主车责任限额内承担赔偿责任。

投保车上人员责任险，应填写投保人数和每人责任限额，投保人数可以由投保人自行确定，但投保人数总和不能超过投保车辆的核定载客人数。每车最多可以选择两种不同的责任限额档次投保。例如，某车核定载客 5 人，其中 2 人投保责任限额为 5 万元，其他 3

人每人投保责任限额为 3 万元。

8) 特别约定

对于保险合同中的未尽事宜，经投保人和保险人协商一致后，可以在“特别约定”栏中注明。约定的事项应清楚、明确、简练，并写明违约责任。但特别约定内容不得与法律相抵触，否则无效。例如，以下是某车辆在保险时特别约定栏中的内容：

(1) 保险车辆发生全部损失的，遭受损失后的残余部分，经双方协商后进行处理。如折旧归保险人的，由双方协商确定其价值，从赔款中扣除。

(2) 本车驾驶员为：×××。

内容较多，其他内容详见特别约定清单。

9) 保险合同争议解决方式

争议解决方式由投保人和保险人在“诉讼”和“仲裁”两种方式中协商约定一种方式。如果选择“提交××××仲裁委员会仲裁”时，必须在投保单上约定仲裁委员会的名称。

10) 投保人签名/签章

在投保人仔细了解了投保单各项内容，并明确了各自的责任和义务后，在“投保人签名/签章”处签名或签章。当投保人是“自然人”时须由投保人亲笔签字；当投保人为“法人或其他组织”时须加盖公章，投保人签章必须与投保人名称一致。投保人委托他人代为办理投保手续时，投保人应出具办理投保委托书，在“投保人签名/签章”处填写“代办人的姓名＋代办”，其代办人的姓名要与授权委托书上载明的被授权人姓名一致。

至此，投保人要做的工作基本完成，由保险业务员办理其他手续。图 5-1 所示为某保险公司的投保单。

欢迎您到××××××保险公司投保！在您填写本投保单前请先详细阅读我公司的机动车辆保险条款，阅读条款时请您特别注意各个条款中的保险责任、责任免除、投保人义务、被保险人义务等内容并听取保险人就条款（包括责任免除条款）所作的说明。您在充分理解条款后，再填写本投保单各项内容（请在需要选择的项目前的“□”内划√表示）。为了合理确定投保车辆的保险费，并保证您获得充足的保障，请您认真填写每个项目，确保内容的真实可靠。您所填写的内容我公司将为您保密。本投保单所填内容如有变动，请及时到我公司办理变更手续。

投保人	投保人名称/姓名			投保车辆数	辆	
	联系人姓名		固定电话		移动电话	
	投保人住所			邮政编码	□□□□□□	
被保险人	□自然人 姓名:	身份证号码	□□□□□□□□□□□□□□□□□□			
	□法人或其他组织 名称:		组织机构代码	□□□□□□□□□		
	被保险人单位性质	□党政机关、团体 □事业单位 □军队（武警） □使（领）馆 □个体、私营企业 □其他企业 □其他				
	联系人姓名		固定电话		移动电话	
	被保险人住所		邮政编码	□ □ □ □ □ □		
投保车辆情况	被保险人与车辆的关系	□所有 □使用 □管理	车主			
	号牌号码		号牌底色	□蓝 □黑 □黄 □白 □白蓝 □其他颜色		
	厂牌型号		发动机号			
	VIN 码	□□□□□□□□□□□□□□□□□	车架号			
	核定载客	人	核定载质量	千克	排量/功率	L/kW
	车辆初次登记日期	年 月	已使用年限	年	已行驶里程	公里
	车身颜色	□黑色 □白色 □红色 □灰色 □蓝色 □黄色 □绿色 □紫色 □粉色 □棕色 □其他颜色				
	车辆种类	□客车 □货车 □客货两用车 □挂车 □摩托车 □拖拉机 □农用运输车 □特种车：请填用途______。				
	车辆使用性质	□家庭自用 □非营业用（不含家庭自用） □出租客运 □公交客运 □公路客运 □旅游客运 □租赁 □营业性货运				
	车辆安全配置	□防盗装置 □ABS □安全气囊	上两年度完整维护保养记录	□有 □无		

	固定停放地点	□有人看管的露天停车场所	□地下停车场	□车库	□无人看管场所
	是否在我公司投保车辆保证保险	□是	□否	是否投保新增设备	□是　□否
投保主险条款名称					
约定驾驶员	姓名	驾驶证号码		初次领证日期	
主驾驶人员		□□□□□□□□□□□□□□□□□□□□□□		年　月　日	
从驾驶人员		□□□□□□□□□□□□□□□□□□□□□□		年　月　日	
主驾驶人员上年交通违章记录		□有		□无	
保险期限	年　月　日零时起至　年　月　日二十四时止				

投保险种		保险金额/责任限额(元)	保险费(元)	保险费(元)
□车辆损失险：新车购置价_____元				
□第三者责任险				
□附加车上人员责任险	投保人数_____人	/人		
	投保人数_____人	/人		
□附加车上货物责任险				
□附加盗抢险				
□附加玻璃单独破碎险	□国产玻璃			
	□进口玻璃			
□附加停驶损失险：日赔偿金额_____元×_____天				
□附加自燃损失险				
□附加车身划痕损失险				
□附加火灾、爆炸、自燃损失险				
□附加无过失责任险				
□不计免赔特约	□车辆损失险　□第三者责任险			
	□车上货物责任险　□无过失责任险			
□救助特约				
保险费合计（人民币）：		（¥：　　元）		
特别约定				
保险合同争议解决方式选择		□诉讼　□提交_____仲裁委员会仲裁		

本保险合同由保险条款、投保单、保险单、批单和特别约定组成。

投保人声明：保险人已将投保险种对应的保险条款（包括责任免除部分）向本人作了明确说明，本人已充分理解；上述所填写的内容均属实，同意以此投保单作为订立保险合同的依据。

投保人签名/签章：

_____年_____月_____日

验车验证情况	□ 已验车　□ 已验证　查验人员签名：_____年_____月_____日_____时_____分		
初审情况	业务来源　□ 直接业务　□ 个人代理　□ 专业代理 □ 兼业代理　□ 经纪人　□ 网上业务 代理(经纪)人名称： 上年度是否在本公司承保　□ 是　□ 否 业务员签字：_____年_____月_____日	得核意见	复核人签字：_____年_____月_____日

注：阴影部分内容由保险公司业务人员填写

图 5-1　投保单

5.2.3　核交保险费及领取保险单、证

保险人经过审核，计算出保险费后，即可签发保险证，并开具保险收费收据。投保人应仔细加以核对。

投保人拿到保险单、证后，应妥善保管并随车携带，以便当车辆出险时，能够报案及时、准确，便于保险公司报案受理人员迅速处理报案并安排理赔人员及时进行现场查勘。值得注意的一点是，当车辆的所有人发生变化时，保险单也要完成相应的更改手续。

思　考　题

1. 什么是投保？机动车辆投保有哪些具体要求？
2. 简述机动车辆投保的步骤，机动车辆投保有哪些注意事项？
3. 什么叫投保单？填写投保单有哪些注意事项？通常需要填写哪些项目？
4. 如何选择机动车辆保险产品？
5. 机动车辆保险投保单中一般主要包括哪些内容？
6. 简述机动车辆保险投保流程。

第 6 章 机动车辆商业保险承保实务

机动车辆保险是通过业务承保、收取保费、建立保险基金进行的。保险公司雄厚的保险基金的建立，给付能力的加强，有赖于高质量的业务承保。因此，承保是机动车辆保险经营中的首要问题。

机动车辆承保是指投保人提出投保请求，保险人经审核认为符合承保条件，即同意接受投保人申请，承担保单合同规定的保险责任的行为。它包括业务争取——展业、业务选择——核保、作出承保决策及缮制保单、收取保险费的全过程。

机动车辆承保工作的流程如下：

(1) 保险人向投保人介绍条款、履行明确说明义务。

(2) 协助投保人计算保险费、制定保险方案。

(3) 提醒投保人履行如实告知义务。

(4) 投保人填写投保单。

(5) 业务人员验车、验证，确保保险标的的真实性。

(6) 将投保信息录入业务系统(系统产生投保单号)，复核后利用网络提交核保人员核保。

(7) 核保人员根据公司核保规定，并通过网络将核保意见反馈给承保公司，核保通过时，业务人员收取保费、出具保险单，需要送单的由送单人员递送保险单及相关单证。

(8) 承保完成后，进行数据处理和客服人员进行客户回访。

机动车辆承保流程图见图 6-1。

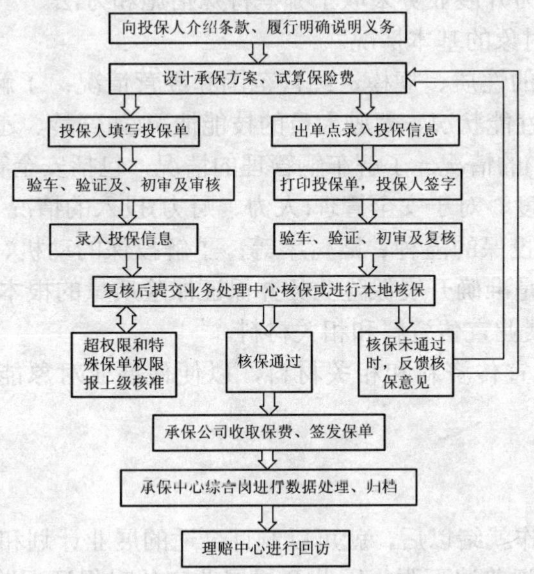

图 6-1 机动车辆承保流程图

6.1 保险展业

保险公司进行市场营销，即向客户提供保险产品服务的过程称为保险展业，与其他产品一样，保险展业的好坏直接影响保险人的业务量，开展保险展业的人员可以是保险公司的员工，也可以是中介机构的代理人或经纪人。

6.1.1 展业准备

展业人员需要具有较高的综合素质，有较强的专业知识和技能，因此必须做好以下工作。

(1) 掌握与机动车保险业务相关的法律、法规和地方性规定。

掌握《保险法》、《合同法》、中国保监会对保险(特别是机动车辆保险)的监管政策、保险机构达成的待业自律或协议、本公司对机动车辆保险经营管理的规定，以及《中华人民共和国道路交通安全法》、《交通事故处理程序规定》等与道路交通管理、交通事故处理相关的法律、法规。这是展业人员开展保险业务的前提条件。

(2) 掌握保险基本原理、保险相关知识及实务操作规程。

要学习保险的基本原理，机动车辆保险的相关条款、费率规章、承保规定以及车辆基本结构、原理等方面的知识。这是展业人员顺利开展机动车辆保险业务的基本要求。

(3) 熟悉当地机动车辆的特点及保险的基本情况。

对当地机动车辆的拥有量进行调查，并分析各类车辆所占的比例，保险业务开展的情况，驾驶人员的数量及特点，机动车辆在近几年事故发生的频率、事故的规律、出险赔付的情况；熟悉市场对机动车辆保险的要求、选择取向，客户投保的心理动态；熟悉当地保险公司的数量，各保险公司的市场占有率、承保车辆的数量、保费收取及出险赔付的情况。特别应注意各保险公司为开展业务采取了哪些特殊措施和方法。

(4) 充分熟悉展业对象的基本情况。

充分调查展业对象的性质、规模、经营范围和经营情况；了解其拥有车辆的数量、车型和用途；了解车辆的性能状况、驾驶人员的技能情况(如驾龄、违章及事故的记录)、运输对象(货物、人员、牲畜)的情况。了解车辆管理的情况，包括安全管理的组织机构、技术力量、管理制度的完善程度、对于安全管理(人力、财力)投入的情况、以往事故发生的情况；了解历年的投保情况、投保的险种、赔付率等；了解投保的动机、信誉程度，防止一些逆向投保和道德风险，这是准确开展保险业务并保证保险质量的根本要求。

(5) 充分准备各种展业宣传资料和相关材料。

充分准备各种展业宣传资料和相关材料，以便使展业对象能充分了解企业及产品的情况。

6.1.2 展业宣传

当各项展业准备工作就绪以后，就可以制订合适的展业计划和策略，开始展业宣传。

我国国民的保险意识普遍不强，因此开展展业宣传对保证保险业务顺利进行有着非常重要的作用。只有大力开展展业宣传，才会有更多的人了解和正确认识保险，也才能吸收更多的企业、家庭、个人进行投保。要充分结合当地的特点，利用报刊、广播、电视、网络、广告牌等各种媒体进行保险案例的宣传，逐步让社会接受保险。对于一些大型的企业、车队，还可以采取上门宣传的方式。同时，要不失时机地争取政府和公安交通部门的支持和配合。

对于机动车辆保险的展业宣传，应特别注重以下内容：

(1) 机动车辆保险的作用和必要性。只有更多的人了解、认识机动车辆保险的作用和必要性，才能拓展机动车辆的保险业务。

(2) 本保险公司车险中的特色险种以及经营能力、偿付能力、机构网络、技术人才、技术服务理念等方面的优势。

(3) 参加保险的条件，投保、索赔手续以及保险条款、费率规章。在介绍保险条款费率规章时，重点介绍保险责任，责任免除，投保人、被保险人义务，保险人义务以及附加险与主险在风险保障上的互补作用。在展业宣传过程中，要遵守国家有关法律、法规和中国保险监督管理委员会对财产保险，特别是机动车辆保险的监管政策和规定，不得对保险条款进行夸大其词或超越权限向投保人私自承诺，误导投保人投保。

6.1.3　保险方案

经过实事求是和富有成效的展业宣传活动后，保险公司或代理人应从投保者实际的角度出发，替有意投保的单位或个人提供科学、完善的保险方案。由于不同的投保人所面临的风险特征、风险概率、风险程度不同，因而对保险的需求也各不相同，这就要求展业人员从投保人自身风险保障需要的角度出发，合理地、定位精确地设计出投保方案。

1．设计保险方案的基本原则

1) 充分保障的原则

应该在对投保人进行充分风险评估的基础上，设计出一套适合投保人的保险险种，并且一定应将投保人容易发生的、相对出险概率较大的风险包括进去，从而达到充分保障的要求。

2) 经济实用的原则

展业人员在制定保险方案时，应充分考虑到险种的必要程度，要避免提供不必要的保障，但这里所提的经济实用并非取决于保险价格的高低，而是应清楚与价格对应的赔偿标准和免赔额的确定。

3) 如实告知的原则

讲究诚信是展业人员维护公司声誉和顺利开展业务的根本保证，展业人员应对设计的险种中的权利和义务充分准确地进行告知，特别是将可能会对投保人或被保险人产生不利影响的规定详细告知。

2．设计保险方案的基本步骤

(1) 充分了解投保人投保车辆的数量、种类、用途、行驶区域等有关情况以及投保人的经济承受能力，全面准确地掌握投保人的投保要求和保险需求。

(2) 从专业的角度对投保人可能面临的风险进行识别和评估，并向投保人作合理的解释。

(3) 根据投保人的实际情况以及风险评估的结果向投保人介绍合理的险种、险种中的有关条款及其含义，设计出让投保人满意的最佳保险方案。

(4) 对保险人及其提供的服务进行介绍。

3．保险方案的主要内容

(1) 保险人情况介绍。

(2) 投保标的的风险评估。

(3) 保险方案的总体建议。

(4) 适用保险条款以及条款解释。

(5) 保险金额和赔偿限额的确定。

(6) 免赔额以及适用情况。

(7) 赔偿处理的程序以及要求。

(8) 服务体系以及承诺。

6.2 核　保

核保是指保险人对于投保人的投保申请进行审核，决定是否接受承保这一风险，并在接受承保风险的情况下，确定承保费率和条件的过程。核保工作的目的，在于对不同风险程度的风险业务进行识别，按不同标准进行承保、制定费率，从而保证承保业务质量，保障保险当事人的合法权益，保证保险经营的稳定性。核保人必须对业务人员拿回的投保单进行详细审核。

6.2.1　核保的运作

核保是保险经营过程中十分重要的环节，建立核保制度对于保证承保业务的质量，控制保险公司经营风险，确保保险业务的健康发展起着举足轻重的作用。所以，各保险公司均十分注重对于核保工作的管理。

1．核保工作的组织体系

核保工作的组织体系是指保险公司内部运行的以核保为主要目的的组织体系，其建立的核心应当体现权限管理和过程控制的目的。目前，我国机动车保险业一般采取的是一种分级设置的核保组织体系，各级核保组织根据各自的核保权限，开展核保工作。全国性的保险公司主要采用的是以总公司、省分公司、地市分公司为各级的三级核保组织体系。

2．核保师制度

核保师制度是一种核保人员技术资格的管理制度。根据等级，核保师一般可分为以下三级，其中一级核保人的资格最高。

一级核保人：一级核保人主要负责审核特殊风险业务，包括高价值车辆的核保、特殊车型业务的核保、车队业务的核保、投保人特别要求业务的核保以及下级核保人员无力核保的业务。一级核保人职责的另一个内容是及时解决其管辖范围内出现的有关核保技术方面的问题，如果自己无法解决，应及时向上级核保部门反映。

二级核保人：二级核保人主要负责审核非标准业务，包括不属于三级核保人业务范围的非标准业务，主要是指在日常工作中可能出现的承保条件方面的问题，如保险金额、赔偿限额、免赔额等有特殊要求的业务。

三级核保：三级核保人主负责对常规业务的核保，即按照公司的有关规定对投保单的各个要素进行形式上的审核，亦称要素核保。

不是所有的保险业务都从三级核保人开始作业，如非标准业务，可以直接由二级和一级核保人来完成。我国目前还没有普遍实行核保师制度。

3．核保的具体方式

核保有多种分类方法，通常可以将核保分为标准业务核保和非标准业务核保、计算机智能核保和人工核保、集中核保和远程核保、事先核保和事后核保等。各保险公司往往并非采用某一确定的核保方式，而是结合投保业务的特点将多种核保方式交叉使用，充分发挥不同方式的特点和优越性。

1) 标准业务核保和非标准业务核保

标准业务核保是指常规风险的机动车辆保险业务，其特点是它基本符合机动车辆保险险种设计所设定的风险情况，按照公司的有关核保规定就能够进行核保。它具有风险出现频率高或出现后损失巨大的特点，必须加以有效控制。

非标准业务核保无法完全依据公司有关的核保规定进行核保，需由核保人运用保险的基本原理，相关的法律、法规和自己的经验，通过研究分析来解决这些特殊的问题，必要时核保人应当向上级核保部门进行请示或组织专家进行论证。

机动车辆保险非标准业务主要有保险金额、赔偿限额、免赔额等有特殊要求的业务，以及特殊车型业务、高档车辆的盗抢险业务、统保协议、代理协议等。

2) 计算机智能核保和人工核保

计算机智能核保指利用计算机，运用特定的程序进行核保工作，这种方式可以减少人的工作量，提高劳动效率及计算精度，但是计算机不能完全代替人工，因此，还需要与人工核保的方式相结合。

3) 集中核保和远程核保

集中核保是一种趋势，它可以有效地解决统一标准和业务规范问题，实现技术和经验最大限度的利用。

远程核保是建立区域性的核保中心，利用互联网技术，集中区域内的核保专家对辖区内的所有业务进行集中核保。这种核保方式较以往任何一种核保方式均具有不可比拟的优势，它不仅可以利用核保中心人员技术的优势，还可以利用中心庞大的数据库，实现资源的共享。同时，远程核保还有利于对经营过程中的管理疏漏，甚至道德风险实行有效的防范。

4) 事先核保和事后核保

事先核保是核保人员在接受承保之前对标的的风险进行评估和分析，决定是否接受承保。

事后核保是在决定承保之后再对标的的风险进行评估和分析，主要是针对标的金额较小、风险较低、承保业务技术比较简单的业务。这些业务往往是由一些偏远的经营机构或

者代理机构承办，保险公司从人力和经济的角度难以做到事先核保的，可以采用事后核保的方式。所以，事后核保是对未进行事先核保的一种补救措施。

6.2.2　核保实务

1．核保流程

核保工作一般是由保险展业人员(包括业务员、代理人、经纪人)在展业的过程中进行初步审核，然后将初步接受的业务交由专业核保人员根据各级核保权限进行审核，超过本级核保权限的，报上级公司核保，进而决定是否承保、承保条件以及保险费率等。图 6-2 所示为车险核保业务工作流程。

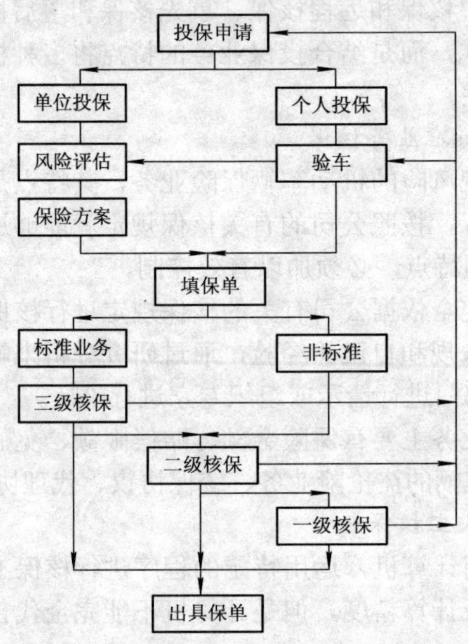

图 6-2　车险核保业务工作流程

2．核保的基本内容

核保工作的基本内容包括：

(1) 审核投保要素是否齐全。

(2) 审核展业人员是否对投保车辆进行了验车、验证，是否按照《保险法》要求向投保人履行了告知义务。

(3) 审核被保险人的性质确定、选择的条款种类、险种组合是否符合规定等。

(4) 审核各险种保险金额或责任限额的确定是否符合规定，新车购置价确定是否准确，折旧率的确定是否符合规定，实际价值的确定是否合理。

(5) 审核费率标准的选择、计收保险费是否准确。

(6) 审核对需要特别约定的事项是否在特约栏内注明。

(7) 对风险特殊的业务提出限制性承保条件。

(8) 对在费率表中未列明的高档、专用或特种车辆，视其风险情况提出费率厘定的意见。

(9) 审核其他相关情况。

如果是上级公司接到下级公司请示的核保申请，应有重点地开展以下核保工作：

(1) 根据掌握的情况考虑是否接受投保人的投保申请。

(2) 接受投保的险种、保险金额、赔偿限额是否需要限制与调整。

(3) 是否需要增加特别的约定。

(4) 协议投保的内容是否准确、完善，是否符合保险监管部门的有关规定。

核保工作结束后，核保人在投保单上签署意见并将投保单转交业务人员。对于同意承保的，业务内勤根据投保单缮制保险单、证。

6.3　缮制和签发保险单、证

保险单或保险凭证是保险合同的书面依据，它明确了双方当事人的权利和义务，是被保险人向保险人索赔的主要依据。因此，缮制保险单、证工作质量的优劣，往往直接影响机动车辆保险合同的顺利履行。缮制和签发保险单、证的流程为：缮制保险单→复核保险单→收取保险费→签发保险单、证→清分保险单、证→归档保险单、证。

6.3.1　缮制保险单

缮制保险单也就是填写保险单的过程，业务人员一般根据核保人员的意见，在电脑上进行信息的录入，保险单一般一式三联，并在制单处签上姓名，然后把保险单号码转录在投保单及其附表上的“保险单号码” 栏内。在缮制保险单时应注意以下几点：

(1) 特别约定的内容应填写在相应的栏内，当内容较多无法填写时，可以注明“因内容较多，其他内容详见约定清单”，并把有详细内容的清单打印完整，贴在保险单后面，且按规定盖章。

(2) 无论是主车和挂车一起投保，还是挂车单独投保，挂车都必须单独出具具有独立保险单号码的保险单。当主车和挂车一起投保时，可以按照多车承保方式处理，给予一个合同号，以方便查阅。

(3) 须将承保险种对应的所有保险条款附贴在保险单正本背面，并统一按规定盖章。

保险单缮制完毕后，制单人应将保险单、投保单及其附表一起送复核人员复核。图 6-3 所示为某保险公司机动车辆保险单。

6.3.2　复核保险单

复核人员应对保险单、投保单及其附表后的内容进行认真对照复核。特别要复核其中特别约定的内容、保险期限起讫时间以及保险金额的确定是否符合规定、费率厘定是否合理、保险费计算是否正确等。

6.3.3　收取保险费

保险单经复核无误后，打印“保险费收据”，保险费收据上的收款金额应与保险单上的总保险费一致。投保人凭保险费收据到财务人员处办理交费手续。

中国保险监督管理委员会监制

保险公司机动车辆保险单(正本)

鉴于投保人已向保险人提出投保申请，并同意按约定交付保险费，保险人依照承保险种及其对应条款和特别约定承担赔偿责任。

<table>
<tr><td>被保险人</td><td colspan="8"></td></tr>
<tr><td rowspan="6">保险车辆情况</td><td>号牌号码</td><td colspan="2"></td><td>厂牌型号</td><td colspan="2"></td><td>发动机号</td><td></td></tr>
<tr><td>VIN 码</td><td colspan="2"></td><td>车架号</td><td colspan="2"></td><td>车辆种类</td><td></td></tr>
<tr><td>核定载客　　人</td><td colspan="2">核定载质量　　千克</td><td colspan="2">排量/功率　　L/kW</td><td colspan="2">已使用年限　　年</td><td></td></tr>
<tr><td>初次登记日期</td><td colspan="2"></td><td colspan="2">已行驶里程　　公里</td><td>使用性质</td><td colspan="2"></td></tr>
<tr><td>安全配置</td><td colspan="2"></td><td>固定停放地点</td><td colspan="4"></td></tr>
<tr><td>行驶区域</td><td colspan="2"></td><td>新车购置价</td><td colspan="4">元</td></tr>
<tr><td colspan="3">承保险种</td><td colspan="3">保险金额/责任限额(元)</td><td colspan="3">保险费(元)</td></tr>
<tr><td colspan="3"></td><td colspan="3"></td><td colspan="3"></td></tr>
<tr><td colspan="3"></td><td colspan="3"></td><td colspan="3"></td></tr>
<tr><td colspan="3"></td><td colspan="3"></td><td colspan="3"></td></tr>
<tr><td colspan="3"></td><td colspan="3"></td><td colspan="3"></td></tr>
<tr><td colspan="3"></td><td colspan="3"></td><td colspan="3"></td></tr>
<tr><td colspan="3"></td><td colspan="3"></td><td colspan="3"></td></tr>
<tr><td colspan="3"></td><td colspan="3"></td><td colspan="3"></td></tr>
<tr><td colspan="9">保险费合计(人民币大写):　　　　　　　　　　　　(￥:　　元)</td></tr>
<tr><td colspan="9">保险期限自　　年　　月　　日零时起至　　年　　月　　日二十四时止</td></tr>
<tr><td>特别约定</td><td colspan="8"></td></tr>
<tr><td colspan="3">保险合同争议解决方式</td><td colspan="6"></td></tr>
<tr><td>重要提示</td><td colspan="8">1．本保险合同由保险条款、投保单、保险单、批单和特别约定组成。
2．收到本保险单、承保险种对应的保险条款后，请立即核对，如有不符或疏漏，请在 48 小时内通知保险人并办理变更或补充手续；超过 48 小时未通知的，视为投保人无异议。
3．请详细阅读承保险种对应的保险条款，特别是责任免除和投保人、被保险人义务。
4．保险车辆转卖、转让、赠送他人或变更用途，应书面通知保险人并办理变更手续。</td></tr>
<tr><td>保险人</td><td colspan="4">公司名称:
邮政编码:</td><td colspan="4">公司地址:
联系电话:
签单日期:　　　　(保险人签章)</td></tr>
</table>

核保:　　　　　　　　制单:　　　　　　　　经办:

图 6-3　某保险公司机动车辆保险单

6.3.4　签发保险单、证

保险费交纳完成后，业务人员根据保险单填制“机动车辆保险证”。“机动车辆保险证”应与保险单同时签发，要做到一车一证，及时发送，不得委托保户自填。保险证的内容应与保险单有关项目的内容一致，电话一栏必须填写公司报案电话，所填内容不得涂改。图 6-4 所示为某保险公司机动车辆保险证。

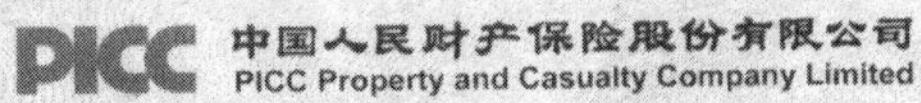

(a) 正面

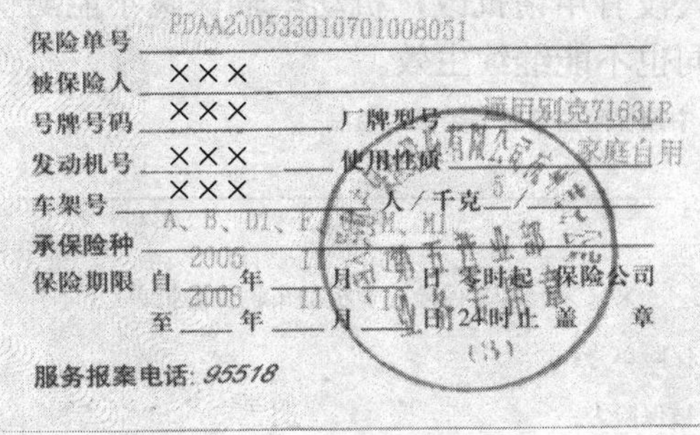

(b) 反面

图 6-4　某保险公司机动车辆保险证

6.3.5　清分保险单、证

对已填完整的投保单及其附表、保险单及其附表、保险费收据、保险证等，业务人员应及时进行清分、归类。投保单和保险单的附表，应分别粘贴在投保单和保险单的背面，并在投保单及其附表和保险单及其附表上按规定盖章。

清分单、证时按下列要求进行：

(1) 投保人应持有的清分单、证有保险单正本及其附表、保险费收据(保户留存联)、保险证。

(2) 财务部门留存的单、证有保险单副本及其附表(财务留存联)、保险费收据(财务留存联)。

(3) 业务部门留存的单、证有保险单副本及其附表(业务留存联)、投保单及其附表、保险费收据(业务留存联)。

6.3.6　归档保险单、证

留存业务部门的单、证，应按下列要求整理、装订、归档：

(1) 每一套承保单、证的整理排列顺序为：保险费收据→保险单副本及其附表→投保单及其附表→其他材料。

(2) 每一套承保单、证按其编号顺序排列，装订成册，封面及装订按档案管理的规定办理。作废的单、证应加盖作废章，并同其他有效单证联号装订。

(3) 各种有效单、证应指定专人妥为保管，不得遗失，并按规定时间移交档案部门归档。

6.4　保险合同的变更

《中华人民共和国合同法》第五章第七十七条规定：“当事人协商一致，可以变更合同”，那么，同样，机动车辆保险合同也存在着变更的可能性。

在保险单签发以后，因保险单或保险凭证需要进行修改或增删时，所签发的一种书面证明称为批单。批单是车险实务中保险合同变更时必须使用的书面凭证。图 6-5 所示为某保险公司机动车辆保险批单。一般在保险合同主体及内容变更的情况下，保险合同需要进行相应变更，当机动车辆保险合同有效后，如果保险机动车辆的所有权发生了变化，机动车辆保险合同是否继续有效，取决于申请批改的情况。如果投保人或保险人申请批改，保险人经过必要的核保，签发批单同意，则原机动车辆保险合同继续有效。如果投保人或被保险人没有申请批改，机动车辆保险不能随保险机动车辆的转让而自动转让，机动车辆保险合同也不能继续生效。

中国保险监督管理委员会监制　　　　限在××省(市、自治区)销售

××××××保险公司机动车辆保险批单(正本)

保险单号：

被保险人：

批文：

第三联　被保险人留存联

保险人签章：

年　月　日

备注：

核保：　　　　制单：　　　　经办：

图 6-5　某保险公司机动车辆保险批单

6.4.1　批改事项

保险车辆在保险有效期内发生转卖、转让、赠送他人，变更使用性质，调整保险金额或每次事故最高赔偿金额，增加或减少投保车辆，终止保险责任等，都需要申请办理批改单证，填写批改申请书送交保险公司。保险公司审核同意后，出具批改单给投保人。投保人应将其贴于保险单正本背面，保险凭证上的内容也将同时批改异动，并在异动处加盖保险业务人员的业务专用章。

在保险合同有效期内，保险车辆转卖、转让、赠送他人、变更用途或增加危险程度，被保险人应当事先书面通知保险人并申请办理批改。同时，一般机动车辆保险单上也会注明“本保险单所载事项如有变更，被保险人应立即向本公司办理批改手续，否则，如有任何意外事故发生，本公司不负赔偿责任。”

批改事项一般有如下几点：

(1) 保险金额或保险责任的调整。

(2) 保险种类增减或变更。

(3) 约定驾驶人员的增减与变更。

(4) 保险费变更。

(5) 保险期限变更。

当一份保险单出现多次变更，多次批改时，会出现变更效力的问题，即出现优先适用的问题。一般采用两种标准：一是时间标准，即最近一次批改的效力优于之前的批改；二是批改方式标准，即手写批改的效力优于打字的批改。

6.4.2　办理批改

保险车辆在有效期内办理变更手续，一般应遵循以下流程：投保人提出书面变更申请→业务人员根据该书面申请对原保险单和有关情况进行核对，按相关规定进行验车并提出处理意见→将申请报告和处理意见提交核保→核保人员进行审核并签署意见→办理收付费手续→对保险合同进行变更→清分有关单、证→归档有关单、证。

办理批改时，批单上主要有以下一些内容：

(1) 保险单号码。登录原保险单号码。

(2) 批单号码。以年度为周期进行连续编号。

(3) 被保险人。应与原保单一致。

(4) 批文。按规定的格式填写，其内容又通常包括：变更的要求、变更前的内容、变更后的内容、增减保险费的情况、增减保险费的计算公式、增减保险费的具体金额、变更起始时间以及明确本变更外原合同的其他内容不变。

下面举例说明批单的内容。

(1) 保险车辆转卖、转让、赠送他人的批文如下：

根据被保险人申请，因______(牌照号)保险车辆已转给______，自______年______月______日______时起该车的被保险人变更为 _____，直至保险期满。其他事项不变。

特此批改。

(2) 车辆使用性质变更，并有保费的增减时的批文如下：

根据被保险人申请，因______(牌照号)保险车辆的使用性质已由_______变更为______，变更时间自______年______月______日______时起至保险期满，应增收(退还)保险费人民币(大写)______元(计算公式______)。其他事项不变。

特此批改。

(3) 调整保险金额、责任限额时的批文如下：

根据被保险人申请，______(牌照号)保险车辆因_______，保险金额由______(元)调整为______(元)，变更时间自______年______月______日______时起至保险期满，应增收(退还)保险费人民币(大写)______元(计算公式______)。其他事项不变。

特此批改。

涉及到保险费需要增收(退还)手续的，应由经办人员填写保险费收据，一式三联，随批单一起送财务部门核收或退还保险费。变更申请、批单、保险费收据等有关单、证的清分与归档的方法与保险单、证的清分与归档的方法及要求相同。

6.5 保险合同的终止

保险合同的终止是指保险合同权利、义务关系的绝对消灭。当保险合同终止后，保险合同也就失去了法律效力。

6.5.1 合同终止的种类

1. 投保人要求解除合同

投保人可以随时向保险人提出解除保险合同的申请，也就是说，既可以在保险责任开始之前，也可以在保险责任开始之后；既可以在保险事故发生之前，也可以在保险标的发生部分损失之后。但需要说明的一点是：投保人在保险标的发生部分损失之后要求解除合同的，《保险法》第四十三条规定：“保险标的发生部分损失的，在保险人赔偿后三十日内，投保人可以终止合同……”。

2. 保险人要求解除合同

一般来说，保险人是不能随意解除保险合同的，《保险法》中已明确规定了保险人解除保险合同必须满足以下条件：

(1) 投保人未履行如实告知义务的。

(2) 投保人、被保险人未履行防灾减损义务的。

(3) 被保险人未履行危险增加通知义务的。

(4) 被保险人有骗取保险金行为的。

(5) 投保人或者被保险人故意制造保险事故的。

(6) 保险标的发生部分损失，保险人履行赔偿行为后。

3. 保险车辆发生全部灭失或损毁致使合同终止

造成保险车辆全部灭失或损毁的原因既可以是保险事故，也可以不是保险事故。

4．保险车辆因报废、转让、赠与他人等原因中途终止合同

保险车辆由于报废、转让、赠与他人，使投保人对保险标的不再具有可保利益，保险合同终止。

5．保险合同有效期届满而自然终止

当保险合同约定的期限届满时，当事人双方之间的权利、义务关系即刻消灭，合同自然终止。

6.5.2　合同终止通知

合同终止的原因有很多，可以是合同约定的期限届满，也可以是《中华人民共和国合同法》规定的合同终止要素。一般合同的权利义务终止后，当事人应当遵循诚实信用原则，根据交易习惯履行通知、协助、保密等义务。对于车辆保险业务，承保方开出的书面通知格式示例如下：

(1) 保险车辆因报废、转让、赠与他人等原因中途终止合同的批文(通知)内容：

________(牌照号)保险车辆，因封存(或报废、转让、赠送他人)，自________年________月________日零时起终止保险责任，应退保险费人民币(大写)______元(计算公式 ________)。

特此批改(通知)。

(2) 保险车辆由于发生全损保险事故，合同终止的批文(通知)内容：

________(牌照号)保险车辆因发生全损保险事故，我公司已按照合同约定履行了保险赔偿义务，因此，有关该车辆的______(保险单号)保险合同自______年 ______月______日零时终止。

特此批改(通知)。

6.5.3　合同终止退费

合同终止可能发生在保险责任开始前，也可能发生在保险责任开始以后，两种情况应分别对待。

保险责任开始前，投保人提出解除合同要求的，保险费全额退还，但按规定扣除一定的手续费，一般为保险费金额的 3%。

保险责任开始后终止保险合同的，终止时按照未了责任期计算退还保险费。未了责任期应退还保险费的计算方法根据合同终止的原因和所属保险公司的不同又有所差异。但下列情况下合同终止的，不办理退费手续：

(1) 保险车辆由于发生保险事故造成全损或推定全损，保险人依约履行了赔偿义务后保险合同终止的。

(2) 保险合同有效期届满而自然终止的。

(3) 投保人在签订保险合同时，不履行如实告知义务，故意隐瞒事实，足以影响保险人决定是否承保的，保险人提出解除合同的。

(4) 被保险人在未发生保险事故的情况下，谎称发生了保险事故，保险人提出解除合同的。

(5) 投保人、被保险人故意制造保险事故，保险人提出解除合同的。

6.6 续保、无赔款优待与退保

6.6.1 续保

续保是指保险期满以后，投保人在同一保险人处重新办理机动车辆保险事宜。机动车辆保险业务中有相当大的比例是续保业务，做好续保工作对于巩固保险业务来源十分重要。

在动机车辆保险实务中，续保业务一般在原保险期到期前一个月开始办理。但保险业务人员一般提前通过上门、电话、信件等方式向投保人或被保险人及时发出续保通知，督促投保人或被保险人按时办理续保手续。为了防止续保开始至原保险单到期期间发生保险责任事故，在续保通知书内应注明："出单前，被保险车辆如有保险责任事故发生的，应重新计算保险费；全年无保险事故发生的，可享受无赔款优待。"

6.6.2 无赔款优待

无赔款优待是指保险车辆在上一保险期限内未发生赔款，在下一年续保时可以享受减收保险费的优惠待遇。这主要是为了鼓励被保险人及其驾驶人严格遵守交通法律、法规，安全行车，认真履行防灾减损义务，避免和减少保险事故的发生。

《机动车辆保险条款》第三十五条规定：保险车辆所投保的险种，在上一保险年度或连续的保险年度内无赔款，续保时可享受无赔款奖励，奖励标准及方法以投保时经保险监管机构批准的费率及规章为准。

1. 无赔款优待的条件

机动车辆保险的被保险人要享受无赔款优待，就必须符合以下条件：

(1) 保险期限必须满一年。

(2) 保险期限内无赔款。

(3) 保险期限届满前办理续保，续保的险种与上一年投保的险种相同。

但有以下任何情况之一的除外：

(1) 如果车辆同时投保车辆损失险、第三责任险和附加险，只要任一险种发生赔偿，补保险人续保时就不能享受无赔款优待。

(2) 被保险车辆未按规定续保。

(3) 保险车辆发生保险事故，续保时案件未决，被保险人不能享受无赔款优待。但事故处理后，保险人无赔款责任，则退还无赔款优待应减收的保险费。

(4) 一年期限内，发生所有权转移的保险车辆，续保时不享受无赔款优待。

(5) 年度投保而未续保的险种和本年度新投保的险种，均不享受无赔款优待。

2. 无赔款优待金额的计算

无赔款优待的金额为本年度续保险种应交保险费的 10%，而且不论机动车辆连续几年无事故，无赔款优待的额度不变。

无赔款优待金额的计算是以保险标的的数量为依据，即一辆车无论投保什么险种，都只能享受一次无赔款优待。若投保人的被保险车辆不止一辆，则无赔款优待分别按车辆计

算。针对续保时的实际情况，在计算无赔款优待金额时应注意以下问题：

(1) 续保险种与投保金额与上一年完全相同，无赔款优待即以本年度应缴纳的保险费为计算基础。

(2) 如果续保的险种与上一年度不完全相同，无赔款优待则以险种相同部分应缴纳的保险费为计算基础。

(3) 如果续保的险种与上一年险种相同，投保金额不同，无赔款优待则以本年度保险金额对应的应交保险费为计算基础。

6.6.3 退保

退保是指投保人在保险合同成立后，要求解除保险合同的事宜。保险公司在接到解除合同的书面申请书之日起，接受退保申请，保险责任终止。

1．机动车辆保险退保的原因

(1) 机动车辆按规定报废。

(2) 机动车辆转卖他人。

(3) 重复保险，为同一辆汽车投保了两份相同的保险。

(4) 对保险公司不满，想换保险公司。

2．办理退保的车辆的条件

(1) 车辆的保险单必须在有效期内。

(2) 在保险单有效期内，该车辆没有向保险公司报案或索赔过可退保，从保险公司得到过赔偿的车辆不能退保；仅向保险公司报案而未得到赔偿的车辆也不能退保。

退保时要向保险公司递交退保申请书，说明退保的原因和从什么时间开始退保，签上字或盖上公章，把它交给保险公司的业务管理部门。保险公司业务管理部门对退保申请进行审核后，出具退保批单，批单上注明退保时间及应退保费金额，同时收回机动车辆保险单。然后退保人持退保批单和身份证，到保险公司的财务部门领取应退还的保险费。

保险公司计算应退保费是用投保时实缴的保险费金额，减去保险已生效的时间内保险公司应收取的保费进行的。

3．退保时被保险人应提供的证件

(1) 退保申请书：写明退保原因和时间，车主是单位的须盖章，车主是个人的需签字。

(2) 保险单原件(正本)：若保险单丢失，则需事先补办。

(3) 保险费发票：一般需要原件，有时复印件也可以。

(4) 被保险人的身份证明：车主是单位的需要单位的营业执照，车主是个人的需要身份证。

6.7　承保中的其他管理工作

6.7.1　单、证的管理

1．机动车辆保险单证的类型

机动车辆保险的单证分为两大类：一类是正式的单证，包括投保单、保险单和批单；

另一类是相关的单证，包括保险证和急救担保卡，以及其他保险抢救卡。

当前，保险单是由中国保监会统一监制的，而投保单、保险证和急救担保卡则是由各家保险公司根据自己的格式要求进行印制的。

2. 保险单证的管理

保险单证的管理主要集中在印制、领用和销毁三个环节，在管理的过程中应当注意各个环节的相互衔接，强化有关人员的责任，切实加强对保险单证的管理工作。

(1) 单证的印制。单证管理从印制开始，故应当注意加强对单证印制的管理。目前，保险单是采用中国保监会统一监制的模式，所以，不存在保险单印制方面的问题。对于其他单证的印制管理，首先是印刷厂的选择，应选择一个具有一定技术和管理水平的印刷厂，要求印刷厂应按照有价单证印刷的管理方式对于承印的保险单证进行印刷管理，防止单证从印刷厂流失。其次是清样和核对工作，避免付印中出现错误，同时，应对单证进行统一的编号，以便对单证进行集中管理。最后是验收和交接工作，在印制之后应进行严格的验收和交接，已经验收合格的单证，应立即移交单证仓库。

(2) 单证的领用。应建立健全的保险单证领用制度，单证的领用制度包括领用单证的审批、领用单证的登记、单证的核销和单证的回收。领用单证的审批制度是指经营单位在需要领用单证时，应按照一定的程序申请和审批，单证仓库的管理人员按照审批发放单证。领用单证的登记制度是指单证仓库应建立严格的进出仓制度，建立专门的登记簿以便对单证的发放进行管理，使用登记簿对每一次领用的单证的名称、数量、号码、经办人进行如实记录。

单证的核销制度是指将验收进入仓库的单证的编号进行统一的管理，对领用的单证进行核销，跟踪相应编号的保单的去向，并配合业务管理部门对于单证的使用进行管理。

单证的回收制度是指对作废的单证必须进行回收，单证作废的情况有两种：一种是在使用过程中，由于在单证的缮制中出现错误，造成单证作废；另一种是由于单证的改版，造成单证的作废。

(3) 单证的销毁。应加强对回收作废单证的管理，防止这些空白的单证流入非法的渠道，对于作废的单证应进行集中的销毁，并对销毁的单证进行登记和记录。

6.7.2 保险费的管理

保险费的管理是保险经营管理中的一个非常重要的环节。缴付保险费是被保险人在合同项目中所要承担的主要义务，而保险人只有收取保险费，才能建立保险赔偿基金，承担赔偿责任。

在我国汽车保险业务的发展过程中，一些保险公司都曾经出现过不同程度上保险费管理失控的现象。究其原因主要有以下几个方面：

- 片面强调规模，盲目追求业务发展目标，忽视或者放松对保险费的管理。
- 管理者的水平问题。有的经营管理人员缺乏对于保险费管理的基本认识和知识，在保险费的管理上出现了严重的漏洞，给一些不法之徒有可乘之机。对此，有关人员，尤其是管理人员应当予以足够的重视，因为保险费管理出现问题极易导致保险公司发生经营危机。所以只有建立一套完整的管理制度体系，才能够确保对保险费实行严格和有效的管理。

保险费管理的方式可以分为对合同的管理和对财务的管理两大块。

1. 保险费的类型

(1) 签单保险费：是指根据保险经营过程中的权责发生制的原则，经保险公司签发了正式保险单的保险费。签单保险费为实收保险费与应收保险费之和。

(2) 实收保险费：是指保险公司根据已经签发的保险单实际收取的保险费。

(3) 应收保险费：是指保险公司根据已经签发的保险单应当收取但尚未收取的保险费。

2. 保险费管理的基本原则

(1) 签单保险费的管理。对于签单保险费的管理是保险费管理的根源和基础。对签单保险费管理的关键是应建立严格的管理制度，将公司所有的业务，包括代理人业务都纳入管理的范畴。应当充分认识签单保险费管理的重要意义，如果在这个环节出现漏洞，那么，后面环节的管理都得不到保证。

(2) 应收保险费的管理。由于汽车保险具有出险率较高、保险期限相对较短的特点，为此，必须强化对应收保险费的管理和催收工作。在管理方面，应将应收保险费分为正常应收保险费和不正常应收保险费。正常应收保险费是指根据保险合同的规定，采用分期付款方式产生的应收保险费；不正常应收保险费是指非正常原因出现的应收保险费，包括采用分期付款的保险费中到期应收但未收的保险费。后者是管理的重点，在管理的过程中可以采用催收责任人制，即指定有关人员负责对不正常的应收保险费的催收工作，通过动态的监督检查，强化催收人员的责任意识。对于催收困难的，应立即终止保险合同，同时，可以通过协商或法律途径寻求解决的办法。

(3) 保险费的合同管理。因保险费管理而产生的纠纷不在少数，较为突出的是在保险合同中没有对保险费的缴交时间以及未按时缴交的责任进行明确，所以，在发生保险事故时，一旦发现保险费尚未缴交的情况，很容易就合同是否有效产生争议。

保险费的合同管理就是要通过加强对保险合同相关措辞的管理，避免产生因措辞不当而产生纠纷。也就是说，在签订保险合同的过程中，应明确保险费缴交的相关事宜，包括保险费缴交的金额及其时间期限，未按期缴交的责任等。

(4) 保险费的财务管理。保险费的财务管理的核心是对应收保险费，或者是在途保险费的管理。从理论上讲，保险公司签发了一份保险单，就形成了一笔应该收取的保险费，这笔保险费应当及时、如数地收回。但是，在保险公司的经营管理中往往出现大量的应收保险费，或者说有大量的保险费在途的现象，这种现象严重影响了保险公司的正常经营，应当引起管理者的足够重视。应通过加强对保险费的财务管理有效地解决这些问题。

保险费的财务管理的关键是建立应收保险费的管理制度，通过这一制度应明确在经营过程中产生应收保险费的条件、管理的职责和管理的程序等。

保险费的财务管理中的一个重要内容是对保险代理人保险费的管理。目前，许多保险公司的保险代理人有意滞留保险费，更为严重的是，有的保险代理人利用保险公司对应收保险费管理的漏洞，大肆挪用保险费，严重危害了被保险人和保险人的利益。为此，加强对代理业务的保险费管理是一个绝对不能忽视的工作。

思 考 题

1. 什么是核保?核保工作具体要求有哪些?
2. 核保的程序有哪些?
3. 什么是承保?承保的流程如何?
4. 什么叫续保?如何办理续保手续?
5. 什么叫批改?批改的内容有哪些?
6. 简要叙述核保的意义。

第 7 章　机动车辆商业保险理赔实务

7.1　理赔工作的原则和流程

机动车辆保险理赔是指保险人依据机动车辆保险合同的约定，对被保险人提出的给付赔偿金的请求进行处理的行为和过程。机动车辆保险理赔工作是保险政策和保险职能的具体体现，是保险人执行保险合同，履行保险人义务，承担损失补偿责任的实现形式。

7.1.1　理赔工作的原则

1．树立为保户服务的指导思想

树立服务意识是保险人在整个理赔工作过程中应该始终贯穿的主导思想，要坚持客户就是上帝，服务至上的基本原则。当发生机动车辆保险事故后，保险人要急被保险人之所急，迅速赶赴事故现场，千方百计避免扩大损失，尽量减轻因灾害事故造成的影响，及时安排损失财产的修复，并保证基本恢复其原有性状，使之尽快发挥经济效益。

另外，要简化程序，及时处理赔案，支付赔款，以保证被保险人生产、经营的持续进行和人民生活的安定。

2．坚持实事求是，贯彻“主动、迅速、准确、合理”的执行方针

要结合具体案情，在现场查勘、损失财产修复定损以及赔案处理等方面，应在尊重客观事实的基础上，具体问题具体分析，严格按条款办事。

“主动”，就是要求保险理赔人员积极主动地受理出险案件，进行案件的调查、了解和现场查勘，掌握出险情况，进行事故分析，确定保险责任；“迅速”就是要求保险理赔人员办理赔案要快，不拖沓，使被保险人及时得到赔付；“准确”就是要求保险理赔人员对出险案件从查勘、核损、定责到赔款计算等，都力求准确无误，不发生错赔、滥赔现象；“合理”是指保险理赔人员根据保险合同的规定，本着实事求是的原则，分清责任，合理定损，合情合理地处理赔案。

3．重合同、守信用、依法办事

保险人同被保险人之间的权责关系，是通过保险合同建立起来的。保险人和被保险人的权利和义务，在保险合同中均有明确规定。在具体理赔工作中，理赔人员要严格按照保险合同中的约定处理好每一桩赔案。保险人在评估保险事故的损失时，既不夸大，也不缩小；在赔款理算时严格按照保险合同条款和赔偿的标准及规定执行，既不惜赔，也不滥赔；

拒赔部分要讲事实、重证据。要依法、依约理赔，坚持重合同、守信用，只有这样才能树立保险的信誉，扩大保险的积极影响。

7.1.2 理赔工作的流程

机动车辆保险理赔工作一般都要经过受理报案、现场查勘、确定保险责任并立案、定损核损、赔款理算、核赔、结案处理、理赔案卷归档等过程。图 7-1 所示为保险公司的机动车辆保险的理赔业务流程。

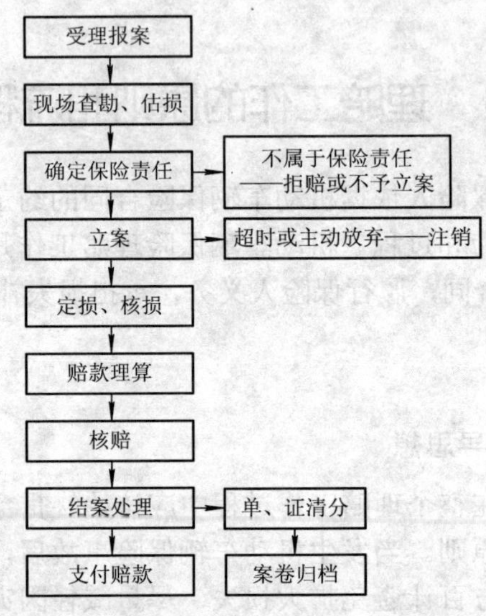

图 7-1　机动车辆保险的理赔业务流程

7.2 受理报案

投保人、被保险人或者受益人在保险事故发生后，应当及时通知保险人。一般情况下，被保险人应在保险事故发生后 48 小时内通知保险人。

报案是指被保险人在发生事故之后以各种方式通知保险人，要求保险人进行事故处理的行为。及时报案也是被保险人履行合同义务的一个重要内容。通常，被保险人可以通过电话、上门、电报、传真等方式向保险人的理赔部门进行报案。各保险公司也都开通了专线电话，指定专人受理报案事宜。表 7-1 所示为国内保险行业部分保险公司的客服电话。

表 7-1　国内保险行业部分保险公司的客服电话

公 司 名 称	客服电话	咨询投诉电话
中国人寿保险公司	95518	95518
太平洋产险公司	95500	95500
中国平安产险公司	95512	95512
永安保险公司	95502	95502
永诚保险公司(上海总部)	021-51105888	021-51105888

对于在异地出险的，如果保险人在出险当地有分支机构，则被保险人可以直接向保险人的当地分支机构进行报案；如果保险人在当地没有分支机构，则被保险人应直接向承保公司报案。

7.2.1　受理报案操作流程

如果被保险人向保险人报案，保险公司的接受报案人员应按照图 7-2 所示流程开展受理工作。

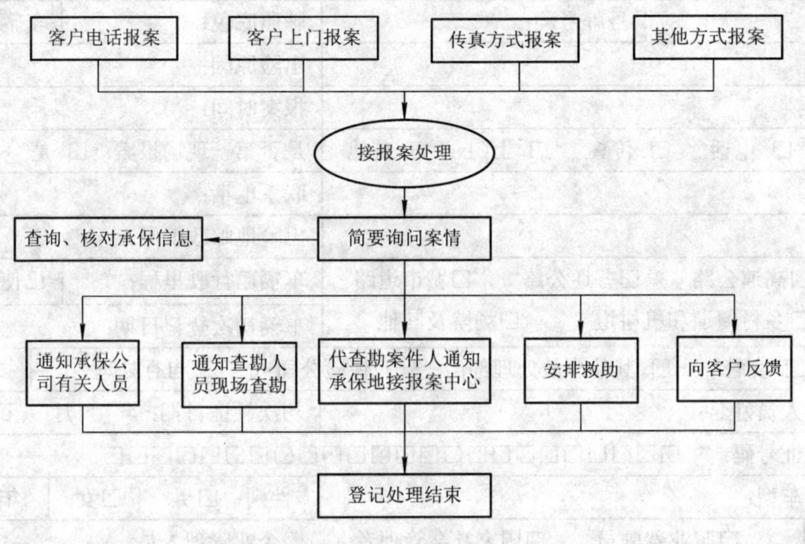

图 7-2　受理报案操作流程

7.2.2　报案登记

1. 报案记录

在接到被保险人报案时，保险公司的接报案人员应询问报案人姓名，被保险人姓名/名称，驾驶员姓名，保险单号码，保险险别，出险标的的厂牌车型、牌照号码、使用性质及所属关系，出险时间、地点、原因与经过，估计损失金额等要素并在报案记录上记录。

2. 查验保险情况

接受报案后，应尽快查抄出险车辆的保险单和批单：

(1) 查询是否重复报案。对连续两起以上事故的出险时间在 10 天以内的案件，要认真进行核查，并将有关情况告知查勘定损人员，要求其在现场查勘时，予以进一步调查。

(2) 查验出险时间是否在保险期限以内，核对驾驶员是否为保单中约定的驾驶员、保险费是否交付、被保险人是否存在不足额投保，初步审核报案人所述事故原因与经过是否属于保险责任等情况。

3. 指导填写有关单、证

(1) 接报案人员在接受现场报案的同时，应向被保险人提供“出险报案表”和“索赔申

请书”，并指导其据实详细填写。

(2) 若被保险人非现场报案，应在查勘现场时请被保险人及时填写“出险报案表”和“索赔申请书”。

图 7-3 和 7-4 所示分别为某保险公司机动车辆保险出险报案表和机动车辆保险索赔申请书。

<table>
<tr><td colspan="4">被保险人：</td><td colspan="3">保险单号：</td></tr>
<tr><td colspan="2">厂牌型号：</td><td colspan="2">号牌号码：</td><td colspan="2">牌照底色：</td><td>车辆种类：</td></tr>
<tr><td colspan="4">出险时间：</td><td colspan="3">出险原因：</td></tr>
<tr><td colspan="4">报案人：</td><td colspan="3">报案时间：</td></tr>
<tr><td colspan="4">报案方式：□ 电话　□ 传真　□ 上门　□ 其他</td><td colspan="3">是否第一现场报案：□ 是　□否</td></tr>
<tr><td colspan="4">联系人：</td><td colspan="3">联系电话：</td></tr>
<tr><td colspan="4">出险地点：</td><td colspan="3">出险地邮政编码：</td></tr>
<tr><td rowspan="2">出险地点分类</td><td colspan="3">□高速公路　□普通公路　□城市道路</td><td colspan="2">车辆已行驶里程：</td><td>已使用年限：</td></tr>
<tr><td colspan="3">□乡村便道和机耕道　□场院及其他</td><td colspan="3">车辆初次登记日期：</td></tr>
<tr><td colspan="6">处理部门：□ 交警　□ 其他事故处理部门　□ 保险公司　□ 自行处理</td><td>排量/功率：</td></tr>
<tr><td rowspan="9">驾驶人情况</td><td colspan="3">驾驶人员姓名：</td><td colspan="3">初次领证日期：年　月　日</td></tr>
<tr><td colspan="6">驾驶证号码：□□□□□□□□□□□□□□□□□□□□□□□□</td></tr>
<tr><td colspan="3">准驾车型：</td><td colspan="2">性别：□男　□女</td><td>年龄：</td></tr>
<tr><td rowspan="5">职业分类</td><td colspan="5">□职业驾驶员　□国家社会管理者　□企业管理人员</td></tr>
<tr><td colspan="5">□私营企业主　□专业技术人员　□办事人员</td></tr>
<tr><td colspan="5">□个体工商户　□商业服务业员工　□产业工人</td></tr>
<tr><td colspan="5">□农业劳动者　□军人　□其他</td></tr>
<tr><td colspan="5"></td></tr>
<tr><td>文化程度</td><td colspan="5">□研究生及以上　□大学本科　□大专　□中专　□高中　□初中及以下</td></tr>
<tr><td colspan="7">事故经过：(请您如实填报事故经过。报案时的任何虚假、欺诈行为，均可能成为保险人拒绝赔偿的依据。)
报案人签字：
年　月　日</td></tr>
<tr><td colspan="7">事故处理结果：
查勘人员签字：
年　月　日</td></tr>
</table>

图 7-3　机动车辆保险出险报案表

<table>
<tr><td colspan="5">被保险人:</td><td colspan="3">保险单号:</td></tr>
<tr><td colspan="2">厂牌型号:</td><td colspan="3">号牌号码:</td><td colspan="2">牌照底色:</td><td>车辆种类:</td></tr>
<tr><td colspan="5">出险时间:</td><td colspan="3">出险原因:</td></tr>
<tr><td colspan="5">报案人:</td><td colspan="3">报案时间:</td></tr>
<tr><td colspan="5">报案方式: □ 电话 □ 传真 □ 上门 □ 其他</td><td colspan="3">是否第一现场报案: □是 □否</td></tr>
<tr><td colspan="5">联系人:</td><td colspan="3">联系电话:</td></tr>
<tr><td colspan="5">出险地点:</td><td colspan="3">出险地邮政编码:</td></tr>
<tr><td rowspan="2">出险地点分类</td><td colspan="4" rowspan="2">□ 高速公路 □ 普通公路 □ 城市道路
□ 乡村便道和机耕道 □ 场院及其他</td><td colspan="2">车辆已行驶里程:</td><td>已使用年限:</td></tr>
<tr><td colspan="3">车辆初次登记日期:</td></tr>
<tr><td colspan="7">处理部门: □交警 □其他事故处理部门 □保险公司 □自行处理</td><td>排量 / 功率:</td></tr>
<tr><td rowspan="9">驾驶人情况</td><td colspan="4">驾驶人员姓名:</td><td colspan="3">初次领证日期: 年 月 日</td></tr>
<tr><td colspan="7">驾驶证号码: □□□□□□□□□□□□□□□□□□□□□□□□□□□□□□□□</td></tr>
<tr><td colspan="3">准驾车型:</td><td colspan="3">性别: □ 男 □ 女</td><td>年龄:</td></tr>
<tr><td rowspan="4">职业分类</td><td colspan="2">□ 职业驾驶员</td><td colspan="2">□ 国家社会管理者</td><td colspan="2">□ 企业管理人员</td></tr>
<tr><td colspan="2">□ 私营企业主</td><td colspan="2">□ 专业技术人员</td><td colspan="2">□ 办事人员</td></tr>
<tr><td colspan="2">□ 个体工商户</td><td colspan="2">□ 商业服务业员工</td><td colspan="2">□ 产业工人</td></tr>
<tr><td colspan="2">□ 农业劳动者</td><td colspan="2">□ 军人</td><td colspan="2">□ 其他</td></tr>
<tr><td>文化程度</td><td colspan="6">□研究生及以上 □大学本科 □大专 □中专 □高中 □初中及以下</td></tr>
<tr><td colspan="8">事故经过: (请您如实填报事故经过。报案时的任何虚假、欺诈行为，均可能成为保险人拒绝赔偿的依据。)

报案人签字:
年 月 日</td></tr>
<tr><td colspan="8">________________:
本人的保险车辆发生的上述事故已结案，相关的索赔材料已整理齐全，现特向贵公司提出索赔申请。
本人声明: 以上所填写的内容和向贵公司提交的索赔材料真实、可靠，没有任何虚假和隐瞒。
此致

被保险人签章:
年 月 日</td></tr>
</table>

图 7-4　机动车辆保险索赔申请书

7.2.3　安排查勘定损

(1) 对属于保险责任范围内的事故和不能明确确定拒赔的案件，应立即调度查勘定损人员赶赴现场开展查勘工作，并为其打印“机动车辆保险报案记录(代抄单)”。

(2) 对于需要提供现场救援的案件，应立即安排救援工作。

图 7-5 所示为某保险公司机动车辆保险报案记录(代抄单)。

保险单号：　　　　　　　　　　　　　　　　　报案编号：

被保险人：			号牌号码：		牌照底色：
厂牌型号：			报案方式：□ 电话　□ 传真　□ 上门　□ 其他		
报案人：	报案时间：		联系人：		联系电话：
出险时间：	出险原因：		是否第一现场报案：□ 是　□ 否		
出险地点：			驾驶人员姓名：		准驾车型：
驾驶证初次领证日期：			驾驶证号码：□□□□□□□□□□□□□□□□□□□□		
处理部门：□交警　□其他事故处理部门　□保险公司　□自行处理			承保公司：		客户类别：
VIN码：	发动机号：		车架号：		
被保险人单位性质：	车辆初次登记日期：		已使用年限：		
新车购置价：	车辆使用性质：		核定载客　人　核定载质量　千克		
保险期限：	车辆行驶区域：		车辆种类：		
基本险条款类别：	争议解决方式：		保险费：		
约定驾驶人员	主驾驶人员姓名：		驾驶证号码：		初次领证日期：
	从驾驶人员姓名：		驾驶证号码：		初次领证日期：
序号	承保险种(代码)	保险金额/责任限额	序号	承保险种(代码)	保险金额/责任限额
1			7		
2			8		
3			9		
4			10		
5			11		
6			12		
特别约定：					
保险单批改信息					
保险车辆出险信息					
本单批改次数：	车辆出险次数：		赔款次数：		赔款总计：
被保险人住址：					邮政编码：
联系人：	固定电话：				移动电话：

签单人：　　　　　　　　经办人：　　　　　　　　核保人：

抄单人：　　　　　　　　抄单日期：　　　　年　　　月　　　日

图 7-5　机动车辆保险报案记录(代抄单)

7.3　现场查勘

现场查勘是对事故现场进行实地、仔细、深入的调查。它是理赔工作的重要环节，是保险案件赔付的基础。现场查勘工作质量的好坏，直接影响保险合同双方当事人的利益。在现场查勘过程中，理赔人员要尊重事实，严格按照国家有关法规及保险条款办事，掌握和熟悉现场查勘方法，妥善解决和处理各类现场查勘中的实际问题。

在实际工作中，现场勘查及事故责任认定主要是由公安交警管理部门进行的。

保险公司查勘定损人员也有必要掌握现场查勘技术，掌握必要的现场查勘判断与分析方面的有关知识。

7.3.1　现场查勘操作流程图

现场查勘工作一般按图 7-6 所示流程进行。

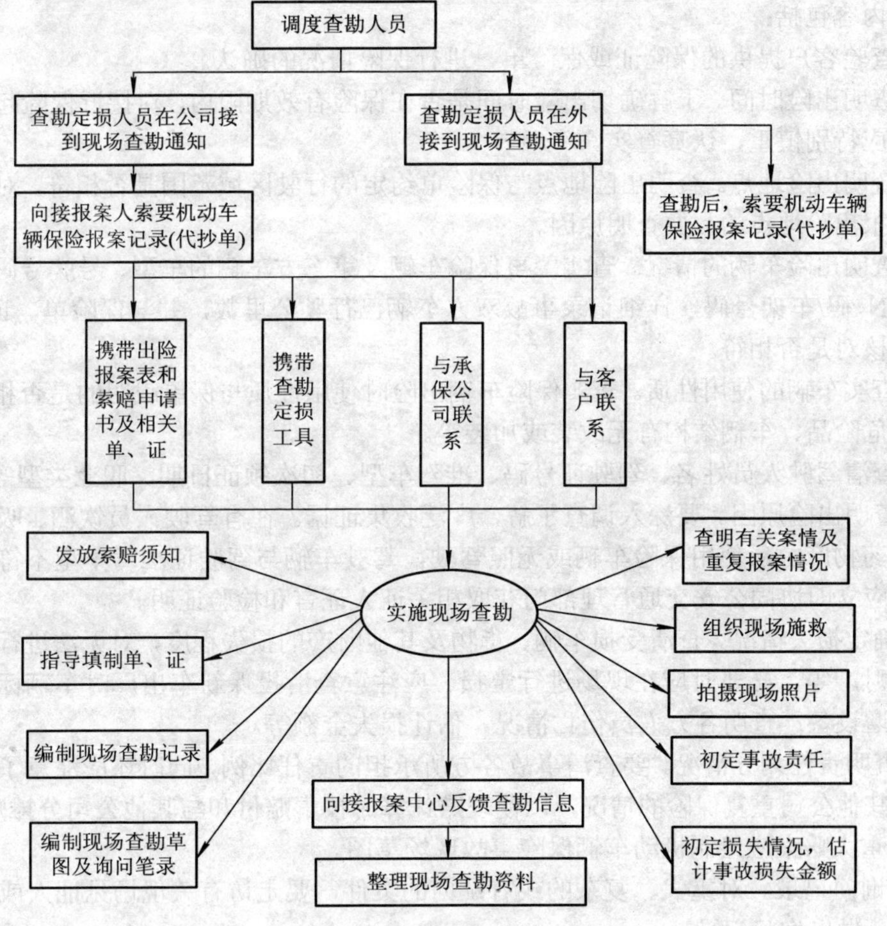

图 7-6　现场查勘操作流程

7.3.2　查勘准备

(1) 查勘定损人员接到查勘通知后，向接报案人员索要“机动车辆保险报案记录(代抄单)”并根据报案记录，了解保险标的的出险时间、地点、原因、经过、事故类别、大致的损失情况以及事故当事人的情况，对事故有一个基本的了解，做到心中有数，以便在查勘过程中有针对性地调查取证，争取主动。

(2) 携带“出险报案表”、“索赔申请书”和查勘定损工具，如相机、皮尺等，赶赴事故现场，并及时与承保公司和报案人取得联系。

(3) 查勘定损人员到达事故现场后及时向接报案中心报告，如果事故尚未控制或人员及车辆尚处在危险中，应立即协助被保险人和有关部门采取有效的施救和保护措施，避免损失扩大。

7.3.3　现场查勘的主要内容

现场查勘人员必须按照“机动车辆保险事故现场查勘记录”所规定的项目逐项查勘，主要查勘内容包括：

(1) 查验客户提供的保险证或保险单，进行保险情况的确认。

(2) 查明出险时间。了解确切出险时间是否在保险有效期限内，对接近保险起讫期出险的案件，应特别慎重，认真查实。

(3) 查明出险地点。查明出险地点与保险单约定的行驶区域范围是否相符。对擅自移动现场或谎报出险地点的，要查明原因。

(4) 查明出险车辆的情况。查实肇事保险车辆及第三方车辆的车型、号牌号码、发动机号码、VIN 码/车架号码，详细记录事故双方车辆已行驶公里数，并与保险单、证(或批单)及行驶证核对是否相符。

(5) 查实车辆的使用性质。查实保险车辆出险时使用性质与保单载明的是否相符，以及是否运载危险品、车辆结构有无改装或加装等。

(6) 查清驾驶人员姓名、驾驶证号码、准驾车型、初次领证日期、职业类型等。

(7) 查明出险原因。要深入调查了解，广泛收集证据。在有驾驶人员饮酒、吸食或注射毒品、被药物麻醉后使用保险车辆或无照驾驶，驾驶车辆与驾驶证准驾车型不符，超载等嫌疑时，应立即协同公安交通管理部门获取相关证人证言和检验证明。

(8) 确定损失情况。查清受损车辆、货物及其他财产的损失程度，对无法进行施救的货物及其他财产等，必要时应在现场进行定损。应注意查清投保新车出厂时车辆标准配置以外是否新增设备；查明各方人员伤亡情况，估计损失金额等。

(9) 查明责任划分情况。要查清事故各方所承担的责任比例，同时还应注意了解保险车辆有无在其他公司重复保险的情况，以便理赔计算时按责赔付和与其他公司分摊赔款。

(10) 重大赔案应绘制机动车辆保险事故现场草图。

(11) 询问记录。对重大、复杂的或有疑问的案件，要走访有关现场见证人或知情人，弄清真相，做出询问记录。

(12) 拍摄事故现场和受损标的照片。凡涉及车辆和财产损失的案件，必须进行拍照。

(13) 对于接报案中心告知需认真查实的同一保险车辆出险时间接近的案件，须认真核查两起(或多起)案件的详细情况，尤其要核对事故车辆的损失部位和损失痕迹。

7.3.4 出险现场分类与查勘方法

1. 出险现场分类

(1) 原始现场。原始现场又称第一现场，即事故发生以后，车辆、人、畜以及一切与事故有关的物体、痕迹仍保持事故发生后最初状态的现场。

(2) 变动现场。在事故发生后现场查勘前，由于自然的或人为非故意的原因，使现场的原始状态部分或全部受到变动的现场。

(3) 伪造现场。伪造现场是指事故发生后，当事人为了推卸或减轻责任，故意将现场原有的痕迹、物证加以消除，更改现场，或有意伪造痕迹，按有利于自己的设想重新摆放的现场。

(4) 逃逸现场。肇事车辆驾驶员在事故发生后，为了逃避责任，有意隐瞒事故不报，并将车辆驶离，从而造成变动或破坏的现场。

接到被保险人报案后，有第一现场的，查勘定损人员应尽量赶赴第一现场进行现场查勘，因为第一现场展现了事故发生后最原始、最真实的状态，有利于查勘定损人员掌握第一手的资料，为确定保险责任，计算事故损害赔偿提供可靠的依据。

2. 查勘方法

1) 沿车辆行驶路线寻找现场痕迹

(1) 刹车印迹，即车辆遇情况采取紧急制动后与地面摩擦时出现的炭黑拖印。

(2) 碰撞、碾压、刮、擦、挤等痕迹，即车辆与车辆、车辆与行人、车辆与牲畜、车辆与其他物体接触后双方留下的痕迹。

(3) 现场遗留物，即车辆发生碰撞后所剥落的漆皮、玻璃碎片、脱落破碎的汽车零件等。

2) 确定肇事接触部位

确定肇事接触点，对处理事故起关键作用。接触点是形成事故的焦点，又是判定事故责任的重要依据。

7.3.5 现场查勘工作的实施

现场查勘的实施途径包括现场勘验和现场访问。

现场勘验包括现场道路环境勘测、事故车辆检验、事故痕迹调查、人体伤害调查等。现场访问主要是通过事故当事人、见证人、目击者了解与事故有关的情况。现场查勘的同时，要制取能够反映事故现场查勘结果的现场记录资料，主要形式有现场图、现场照片、现场询问笔录，有时还有现场录音和录像资料等。

1. 事故现场图的绘制

事故现场图是以正投影原理的绘图方法绘制的，反映事故发生后事故现场一切与事故有关的物体和痕迹的相对位置及状态的平面图。根据现场查勘要求必须迅速全面地把事故现场的各种交通元素、遗留痕迹、道路设施以及地物地貌，以一定的比例展现在图纸上。

(1) 根据出险现场情况，选用适当比例，进行图面构思。

(2) 确定道路走向，画出道路中心线、分界线并在图的右上方画出指北标，并标注道路中心线与指北线的夹角。

(3) 利用图形符号，画出图形。

(4) 根据现场具体条件选择基准点，应用定位法为现场出险车辆、物体及主要痕迹定位。

(5) 测量标注尺寸。

(6) 根据需要绘制副图。

(7) 在图注上写上必要的文字。

(8) 核对、检查现场草图是否与现场实际情况相符，尺寸有无遗漏和差错。经核对无误后签字。

2. 现场摄影

事故现场摄影是指对事故发生地点及有关场所，用照相这种纪实方法，将现场的状况、痕迹、物证、物与物之间的位置和相互关系按现场查勘的要求，迅速、准确、真实、无误地拍摄下来的过程。

1) 事故现场摄影要求

(1) 由于事故现场摄影条件特殊，必须要有适应“全天候”拍摄要求的特殊器材和拥有精湛技术的拍摄人员。

(2) 要求用科学的方法如实记录物体的颜色、形状和细节特征。必须做到中心突出、主题明确、比例正确、影像清晰，不得采用任何艺术加工手段，严格按照比例摄影。

(3) 事故现场摄影要严格执行政策，按照法律程序办事，保证拍摄出来的照片与现场实际相互印证。

2) 事故现场摄影步骤

(1) 了解和观察现场的情况，确定拍摄计划。

(2) 拍摄原始现场。进行现场方位照相，反映事故现场的位置和现场与周围环境的关系，要求使人见到照片时应能认出或明了事故发生的地点；进行现场概貌照相，反映现场的整个情况。

(3) 拍摄详细勘察物。对现场的物体和痕迹进行细目照相，特别是要反映出保险车辆和其他受损财产变形的程度、范围、深度等细微特征。

(4) 一般拍摄顺序。先拍原始现场，后拍移动现场；先拍要点，后拍一般；先从地面拍，后从高处拍；先拍易破坏、易消失的，后拍不易破坏、不易消失的。

7.3.6 现场查勘的判断与分析

现场查勘人员经过现场拍照、测量以及收集物证和人证后，应首先判断和分析是否属于保险责任范围。其次，因交通事故责任认定的需要，还应对肇事车辆的车速、碰撞接触点，以及现场的痕迹进行判断和分析。

1. 判断肇事车辆的车速

机动车辆肇事前的行驶速度是分析事故原因的重要因素。对肇事车辆的行驶速度主要依据现场遗留痕迹作判断。

目前，主要是利用车辆的制动拖印以及散落物抛出的距离等来估算车速的。

2. 判断碰撞接触点

碰撞是指运动着的车辆以其运动方向的正面与对方接触的事故。碰撞接触点就是碰撞双方最初的接触部位在路面上的投影位置。

交通事故中的碰撞形式有机动车辆碰撞行人、碰撞自行车、碰撞固定物体以及机动车相互碰撞等。碰撞的形式有正面碰撞、追尾碰撞、侧面碰撞等。

由于实际碰撞事故十分复杂，很难用动力学的碰撞理论，通过计算确定碰撞点，因此，目前主要是根据现场状况进行逻辑推理分析，或通过事故现场模拟实验确定碰撞点。

判断碰撞接触点的依据：

(1) 事故现场的物理(力和运动)现象、双方车辆损坏的部位及受力情况。当第一现场挪动后，根据双方车辆碰撞损坏位置亦可初步判定事故原因。

(2) 事故现场的散落物，如车体下的泥土、玻璃碎片等。

(3) 刹车印迹。

(4) 汽车运动学和动力学理论(运动轨迹和碰撞损坏情况)。

碰撞接触点的判断通常分以下几种情况。

1) 汽车碰撞固定物体

汽车碰撞固定物体时，无论碰撞后固定物(包括停驶的车辆)是否产生位移，用固定物体原始位置与汽车的接触点就能确定碰撞接触点。

2) 汽车碰撞行人或自行车

由于决定双方碰撞冲量的质量和速度相差悬殊，因此碰撞后不会导致汽车运动速度和运动方向的明显变化。在这种情况下，碰撞位置必然在现场汽车停放位置的后方，所以碰撞接触点应在汽车前保险杠之后(汽车前行事故)，可根据遗留在路面上的自行车轮胎挫划痕迹或行人的鞋底挫划痕迹，被撞者身上或自行车上掉下来的物品等进行判断。

3) 汽车正面相撞

汽车正面相撞时，由于两车均沿同一直线运动，因此碰撞后两车的停驶位置一般不会偏离原先的行驶方向。通常，当两车变形相当时，冲量大的车将使冲量小的车由碰撞位置后移，故碰撞位置应在冲量大的汽车保险杠后方。由于碰撞瞬间车辆前轴负荷突变以及碰撞力可能使前轮轮胎产生横向挫滑的结果，前轮胎将在路面上留下较正常轮印宽而重的挫痕，因此，轮胎挫印的位置，可作为判断碰撞接触点的依据。另外，还可根据碰撞掉落的前灯玻璃等掉落物体判断碰撞接触点。

4) 追尾相撞

追尾时后车碰撞行驶的前车，前车将在碰撞力的作用下加速，碰撞后两车一起向前运动，碰撞接触点应在停驶后的后车前保险杠之后。

5) 侧面相撞

无论是侧面正交或斜交相撞，被撞车都可能程度不同地偏离原先的行驶路线，车辆偏离原行驶路线的程度虽然与两车各自的冲量对比有关，但车辆碰撞后的运动趋势又受到碰撞接触部位、车辆型式和结构、操纵系统状态(车轮制动状态、转向轮偏转角度)、附着系数诸因素影响，所以侧面碰撞的碰撞接触点很难运用运动学关系通过简单定量分析得出可靠结果。一般依靠各种碰撞事故资料及经验进行判断。

3. 车辆变形和破损痕迹的鉴别与分析

事故发生后，无论是机动车辆之间，还是车辆与固定的物体，或车辆与行人之间，甚至车辆自身的事故，都会或多或少地在车体上留下某种痕迹。

1) 车体上的碰撞痕迹

车辆互撞或车辆碰撞固定物体，一般都会造成车体变形或破损。在一般碰撞事故中，汽车前面的保险杠、叶子板、水箱搁栅等部位，可找出凹陷的痕迹。凹陷的位置和大小对判断碰撞对象及碰撞接触部位十分有用；从凹陷的程度也可推断碰撞时相对速度的大小。对于碰撞痕迹，应注意将第一次碰撞与其后的第二次碰撞区别开来。第一次碰撞与事故成因有关，而第二次碰撞则是事故的后果。

2) 车体上的刮擦痕迹

车辆刮擦痕迹的位置通常在车体侧面。刮擦痕多为长条状，除具有凹陷或破损的特征外，还呈现车身灰土、泥土被擦掉或漆皮被刮落的现象。与碰撞事故相仿，刮擦部分上可能留下对方车辆的漆皮、木质纤维或其他物体的痕迹。

3) 碾压痕迹

证明碾压事故的痕迹多留在车裙下沿或底板下面。查勘车辆碾压行人或自行车事故时应注意查找碰撞痕迹，因多数碾压是碰撞以后发生的。

4) 车辆机械事故痕迹

因车辆机件失灵所造成的事故，其原因主要在车辆的行驶系或转向系。行驶系或转向系的某个机件断裂或连接松脱，往往使行驶中的车辆突然失控。因机件失灵所造成的事故虽然为数甚少，但其后果一般都比较严重。机件断裂、松脱的原因有些属于设计、制造质量问题，但大多数情况下则与修理保养以及驾驶员的责任心有关。为了查明这类事故的真正原因，则必须依靠对机件损坏部位痕迹进行必要的技术鉴定(包括材质的技术鉴定)。

汽车制动系以及行驶、转向机构的某些机件，如前轴、转向节、钢板弹簧、转向传动杆件等的松脱或断裂都有其一定的过程。连接件的松脱过程先是防松装置(开口销、锁紧螺帽等)脱落，然后在车辆行驶震动中逐渐松开。而机件的断裂也是如此，如转向节的断裂过程中由于应力集中等影响，最先在转向节轴根部出现疲劳裂纹，随着疲劳裂纹在使用过程中逐渐扩展，零件的有效断面亦随着减小，当有效断面小到使其强度不足以胜任某次冲击力时，转向节才会突然折断。可见，上述松脱和断裂的痕迹也不会是突然变化的。从痕迹处的油迹、锈斑、灰尘一般可以推断机件的损坏原因。这是鉴别事故在先还是机件损坏在先的基本方法。

车辆翻车等事故造成多种机件损坏时，应分析最先造成事故的原因。因为有的机件损坏是事故后造成的，与事故形成无关；有的虽是事故的原因，却不是直接原因。例如传动轴断裂本该不会引起翻车，但断裂旋转的传动轴打裂了制动储气筒或破坏了制动管道，从而导致制动失效，车辆失去控制。这些，都应在对机件破损痕迹的具体分析中，运用科学知识合理推断。

7.3.7 现场查勘的重点

在现场查勘工作中往往会遇到一些似是而非的案件，因此，要求现场查勘人员在查勘

工作中能发现问题，找出疑点，并根据疑点进行认真仔细的调查落实工作，根据事故调查情况判断是否属于保险除外责任或者欺诈骗案。重点掌握对单方事故和非正常交通事故的查勘与调查工作。

1. 正常的交通事故原因的表现形式

(1) 行人或骑车人突然横穿马路，驾驶员为躲避行人，措施不当可能导致车辆与路边设施、树木相撞或倾覆。

(2) 强行超车或抢占路面与对面来车相撞。

(3) 超速行驶或雨、雪天超速行驶，遇情况采取措施不当，造成单方倾覆事故。

(4) 十字路口或弯道不减速，不注意车辆通行情况，造成车辆交叉相撞、正面碰撞及倾覆。

(5) 刹车失灵造成追尾事故。

(6) 疏忽大意，措施不当，迎面碰撞或追尾擦刮。

2. 各类事故的现场查勘重点

1) 机动车碰人事故

查勘重点：

(1) 查清现场变动情况，确定现场原始状态和变动后状态位置的关系。

(2) 检查鉴别轮胎印迹，丈量制动拖印长度，判断车辆行驶路线、速度和制动措施。

(3) 查清人体或血迹位置，判断接触点。

(4) 确定行人横穿前所在位置、横穿路线及与接触点或人体、血迹处的距离(可以通过计算穿过这段距离所需时间和在相等时间内车辆所在的位置确定)。

(5) 检查机动车上有无头发、皮屑、衣服纤维、血迹、手印等，明确其所在部位。

询问重点：

(1) 查询行人横穿道路的原因，未横穿前有谁与当事人在一起。

(2) 查清驾驶员最初发现行人横穿的地点，感到危险采取措施的地点。

其他方面的调查：

(1) 车辆制动性能。

(2) 自然条件，如天气情况、光线、风向等。

(3) 人体损伤鉴定和衣服上的痕迹。

(4) 行人心理和生理方面的影响因素。

2) 机动车辆相互之间的碰撞事故

查勘重点：

(1) 确定车辆停止位置和状态，车辆相互之间的位置关系。

(2) 检查路面上轮胎印迹和印迹突变的位置、形态，判断车辆相互之间的行驶路线及接触点。

(3) 观察确定车体第一次碰撞破损痕迹所在部位、破损程度、着力方向、痕迹、表面异物或颜色，分别丈量痕迹面积，离地高度和车前、后端角的水平距离，以判断接触部位，碰撞角度及碰撞前后车辆的运动趋势。

询问重点：

(1) 在交通复杂路段或叉道口、弯道处采取了哪些安全措施，车辆行驶速度是多少。

(2) 发现对方车辆时彼此位置、距离、动态；如何判断，有无危险感觉，采取了哪些措施。

(3) 碰撞的地点和部位。

(4) 占道行驶的原因。

其他调查：

(1) 道路方面。路面宽度及情况，叉路口形式；弯道、纵坡度的几何线形、视线及标志设施等。

(2) 车辆方面。制动、转向、灯光等完好情况。

3) 车辆倾覆事故

车辆倾覆有驶出路外翻车和路内翻车两种。驶出路外翻车一般为受外因影响操作失误，或转弯时速度过快、制动时跑偏，或者前轮胎爆破、转向节折断、转向机构故障等使方向失控等原因所造成。路内翻车则多由于车辆侧滑时车轮受阻，在车身的惯性作用下引起翻车。翻车场所多数情况留有轮胎的印迹和沟槽痕迹。

查勘重点：

(1) 发现和鉴别路面上遗留的轮胎印迹，检查有无突变现象，突变的位置和原因，判断分析行驶路线、速度和翻车原因等。

(2) 检查路面沟槽痕迹位置、形状、深度、力的作用方向和形成的原因。

(3) 观察散落物散落方向、抛出位置和抛出距离。

如果翻车前因与其他机动车辆碰撞有关，应着重调查接触点的位置，接触点与驶出路外处的距离或与路内翻车位置的距离；调查破损程度、碰撞部位等判断碰撞的冲击力量和碰撞后的运动趋向，分析碰撞是否必然引起翻车，判断是否属于驾驶操作的失误。

询问重点：

(1) 驾驶员当时驾驶车辆的行驶速度以及驾驶操作情况。

(2) 驾驶过程有无发觉车辆有什么异常现象，做了什么检查，采取了什么措施。

(3) 发生事故前瞬间车辆有什么异常现象，采取了什么措施。

其他方面调查：

(1) 道路情况。路面材料、转弯半径、路基情况、护栏设施等。

(2) 车辆情况。转向机构连接部分有无脱落，机械构件有无断裂，断面痕迹特征；制动系的性能和故障原因(必要时进行解体检查和技术鉴定)。车辆方面的检查应特别注意区别自然断裂损坏与人为损坏的区别。

(3) 装载情况。车辆装载货物重量、装载货物的性质、装载高度及装载重心等。

7.3.8 现场查勘案例

【例 7.1】事故简介：2007 年 1 月 27 日凌晨 1 点左右，某单位一桑塔纳轿车在由甲地返回乙地途中倾覆。

现场查勘情况：事故现场如图 7-7 所示。

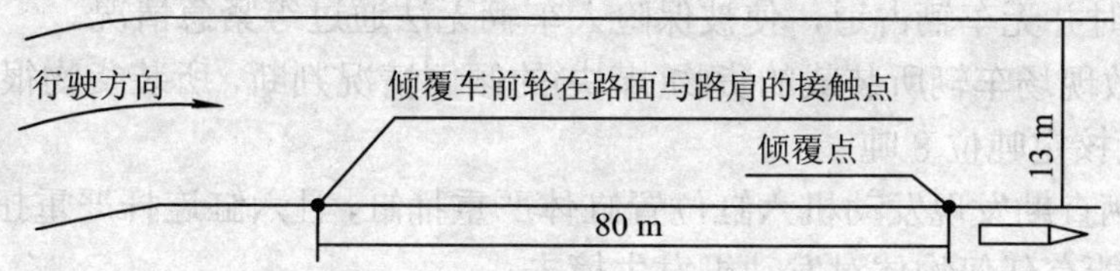

图 7-7　事故现场草图

道路情况：平坦笔直，路面宽 13 米，路肩约 60° 坡度。

天气情况：无雨、无雪。

现场查勘疑点：

(1) 肇事人在由甲地返回乙地途中，在弯道行驶后已驶入一段直行路段，在未会车或躲避行人等紧急情况下，不可能驶入路边致车辆倾覆。

(2) 肇事车辆左轮在路基上，右轮在路肩上冲出 80 余米后方倾覆，说明发生事故当时车速较高，未采取任何措施；亦说明驾驶员精神处于非正常状态。

事故调查情况：

2004 年元月 26 日下午 5 时许，驾驶员与其单位工作人员擅离岗位，一起饮酒至晚间 9 时左右后，又伙同本车间工人私自驾驶桑塔纳轿车去某市某歌舞厅跳舞，并又在舞厅中再次饮酒，直至 27 日凌晨 1 时左右返回，在返回途中发生车辆失控倾覆事故。

此案例属典型的保险条款中所规定的除外责任：酒后驾驶，私自驾车。

【例 7.2】　事故简介：某运输队一辆黄河大货车 2007 年 9 月在由甲地返回乙地途中驶入路外致车辆倾覆，损失严重，车辆基本达到报废程度。

现场查勘情况：事故现场如图 7-8 所示。

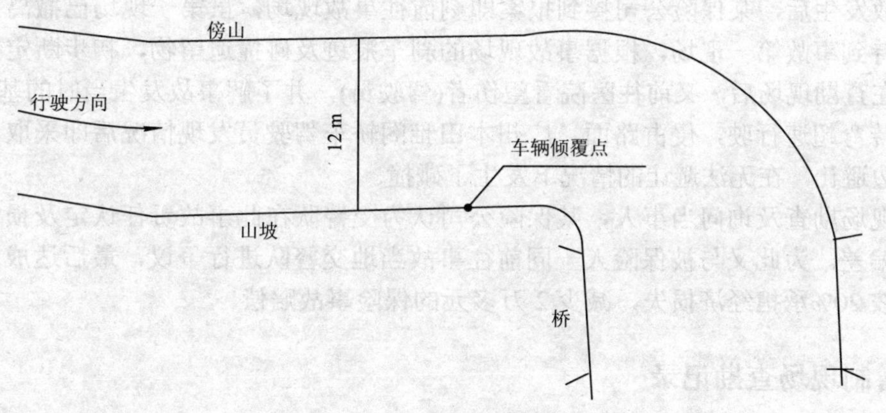

图 7-8　事故现场草图

道路：直行路段，陡坡。

天气：无雨，路面不滑。

现场查勘疑点：

(1) 驾驶员在车辆倾覆前跳车且未受伤。大型货车在陡坡上行驶具有一定的速度，驾驶员是否有条件或有机会跳车且保证不受伤？

(2) 据驾驶员称：当时因对面会车未关远光灯，故使驾驶员目光弦晕，措施不当，致车

辆倾覆。事故当时并无车辆占道，使被保险人车辆无法通过等紧急情况。

(3) 根据事故现场车辆所装载的货物(煤块)的倾倒情况判断，所装货物很有限(约 3 吨左右)，远不够车辆核定吨位 8 吨。

(4) 经对车辆查勘发现发动机六缸位置缸体严重捅缸，且六缸连杆严重扭曲，活塞销断，而事故当时不可能有任何物体对发动机发生撞击。

事故调查情况疑点：

(1) 驾驶员无法解释清楚当时为何要跳车及跳车时的车辆状况及车速，也无法解释为何未受伤(因事故现场路边即陡坡)。

(2) 按正常营运时间推算，时间不符。

(3) 经对该车发动机进行技术鉴定确认，发动机捅缸是在车辆倾覆发生之前。

(4) 被保险人在对车辆进行施救过程中有意扩大事故损失。

经验教训：初次去现场的查勘人员不精通车辆道路驾驶常识，不善于提出问题、发现问题，不善于追究、分析事故发生的可能性，故在现场轻易表态："属单方事故，不必到交警队报案，同意被保险人自行施救"，以致破坏了现场，给以后的事故调查带来很大困难，也失去了很多机会。

【例 7.3】 事故简介：2007 年 8 月 6 日某房地产有限公司驾驶员驾驶广州本田雅阁小轿车由甲地返回乙地途中遇一个体带挂拉煤车辆，该车由东向西行驶，在转弯处强行超车，且高速行驶，侵占路面与被保险人广州本田雅阁轿车正面相撞，造成广州本田雅阁轿车驾驶员受伤、两车严重受损，总损失达 129 725 万元。交警队裁定对方主责，广州本田雅阁轿车次责。在损害赔偿调解方面，对方承担总经济损失的 60%，雅阁轿车承担 40%。

责任认定及损害赔偿调解争议：

该事故发生后，某保险公司接到报案即刻前往事故现场，虽第一现场已撤离，但查勘人员仍坚持到事故第一现场，根据事故现场的刹车痕迹及碰撞遗留物，初步断定被保险人无责任。在查勘现场后，又前往医院看望伤者(驾驶员)，并了解事故发生当时的基本经过，确认对方转弯超速行驶，侵占路面，广州本田雅阁轿车驾驶员发现情况后即采取了刹车减速，向路边避让，在无法避让的情况下发生了碰撞。

根据现场勘查及询问当事人，某保险公司认为交警队在此事故责任认定及损害赔偿方面处理有偏差。为此又与被保险人一同前往事故当地交警队进行争议，最后达成广州本田雅阁轿车按 20%承担经济损失，减少 2 万多元的保险事故赔偿。

7.3.9 缮制现场查勘记录

现场查勘结束后，查勘人员要按照规定据实详细填写现场查勘记录，并将查勘的情况与被保险人和修理人交流。

对非现场报案的被保险人向其提供"出险机动车辆保险出险通知书"和"索赔申请书"。同时，根据报案与现场查勘情况，在保险事故"索赔须知"上注明索赔时需要提供的单、证和证明材料，并对被保险人进行必要的事故处理和保险索赔的指导。

图 7-9 和图 7-10 分别为某保险公司机动车辆保险事故现场查勘记录和机动车辆保险索赔须知。

保险车辆	厂牌型号：	发动机号：	车辆已行驶里程：	已使用年限：
	号牌号码：	车架号(VIN)：		初次登记日期：
驾驶人员姓名：	驾驶证号码：□□□□□□□□□□□□□□□□□□□□			职业：
初次领证日期：　年　月　日	性别：□男　□女	年龄：	准驾车型：	
查勘时间：　年　月　日　时	查勘地点：		是否第一现场：　□是　□否	
赔案类别：□ 一般 □ 特殊(□ 简易□ 互碰□ 救助 □其他)双代(□委托外地查勘□外地委托查勘)				
出险时间：　年　月　日　时	出险地点：　省　市　县			

第三方车辆	厂牌型号：	号牌号码：	是否保险：　□是　□否		车辆已行驶里程：
	驾驶人员姓名：	驾驶证号：□□□□□□□□□□□□□□□□□□□□			车辆初次登记日期：
	初次领证日期：	准驾车型：		职业：	车辆已使用年限：

现场查勘时请按右侧所列内容仔细查验并认真完整填写	
	1. 出险原因：□ 碰撞 □ 倾覆 □ 火灾 □ 爆炸 □ 自燃 □ 外界物体倒塌 □ 外界物体坠落 □ 雷击 □ 暴风 □ 暴雨 □ 洪水 □ 雹灾 □ 其他(　)
	2. 事故原因：□ 制动失灵 □ 转向失灵 □ 其他机械故障 □ 疲劳驾驶 □ 超速行驶 □违章并线 □ 逆向行驶 □ 安全间距不够 □ 违章装载 □ 其他违章行驶 □ 疏忽大意、措施不当 □其他
	3. 事故所涉及险种：□ 车损险 □ 三责险 □ 盗抢险 □ 玻璃单独破碎险 □ 自燃损失险□车上人员责任险　□ 车上货物责任险 □ 其他(　)
	4. 保险车辆的号牌号码、发动机号、车架号与保险单上所载明的是否相符 □是　□否
	5. 出险时间是否在保险有效期限内　□是　□否
	6. 出险时间接近保险起讫期的，有无相应时间证明　□有　□无
	7. 出险地点：(1) 分类：□高速公路□普通公路□城市道路□乡村便道和机耕路□场院及其他； (2) 与报案人所报是否一致：□是　□否
	8. 实际使用性质与保险单上所载明的是否一致　□是　□否
	9. 保险车辆驾驶人员情况与报案人所述是否一致　□是　□否
	10. 保险车辆驾驶人员的驾驶证是否有效　□是　□否
	11. 保险车辆驾驶人员准驾车型与实际驾驶车辆是否相符　□是　□否
	12. 使用各种专用机械车、特种车的人员是否有国家有关部门核发的有效操作证 □是　□否
	13. 驾驶营业性客车的驾驶人员是否有国家有关部门核发的有效资格证书　□是　□否
	14. 保险车辆驾驶人员是否为被保险人允许的驾驶人员　□是　□否
	15. 保险车辆驾驶人员是否为保险合同约定的驾驶人员　□是　□否　□保险合同未约定
	16. 保险车辆驾驶人员是否为酒后驾车　□是　□否
	17. 事故车辆损失痕迹与事故现场痕迹是否吻合　□是　□否
现场查勘时请按右侧所列内容仔细查验并认真完整填写	18. 保险车辆安全配置情况：□安全气囊 □ABS □倒车雷达 □卫星定位 □其他防盗装置
	19. 第三者车辆是否已向其承保公司报案、索赔　□是　□否
	20. 事故是否涉及第三方人身伤亡 □是(伤　人，亡　人)　□否
	21. 事故是否涉及第三方财产损失 □是　□否
	22. 事故是否涉及本车上人员伤亡 □是(伤　人，亡　人)　□否
	23. 确定或预计责任划分：□全部 □主要 □同等 □次要 □无责任 □单方肇事
	24. 保险车辆损失程度：□全部损失 □部分损失
	25. 其他需要说明的内容：
	是否属于保险责任：□是 □不是 □待确定(原因是：　)

事故估损金额	事故损失金额估计：其中：车辆损失险损失：　第三者损失：　其他损失：						
	保险损失金额	车辆损失险	标的损失：	第三者责任险	车辆：	附加险	
			施救费：		人员：		
			吊车：　拖车：　其他：		财产：		

查勘人意见(包括事故经过简单描述和初步责任认定)：	询问笔录　张
	现场草图　张
查勘人签字：	事故照片　张

图 7-9　某保险公司机动车辆保险事故现场查勘记录

______________(被保险人名称/姓名)：

由于您投保的机动车辆发生了事故，请您在向我公司提交“机动车辆保险索赔申请书”的同时，依照我公司的要求，提供以下有关单证。如果您遇到困难，请随时拨打 XXXXX 保险公司的服务专线电话“XXXX”，我公司将竭诚为您提供优质、高效的保险服务。谢谢您的合作!

机动车辆索赔材料手续明细如下：

1. □　“机动车辆保险索赔申请书”

2. □机动车辆保险单正本　□机动车辆保险互碰卡

3. 事故处理部门出具的：□交通事故责任认定书　□调解书　□简易事故处理书　□其他事故证明　(　　)

4. 法院、仲裁机构出具的：□裁定书　□裁决书　□调解书　□判决书　□仲裁书

5. 涉及车辆损失还需提供：□“机动车辆保险车辆损失情况确认书”及“修理项目清单”和“零部件更换项目清单”

□车辆修理的正式发票(即“汽车维修业专用发票”)　□修理材料清单　□结算清单

6. 涉及财产损失还需提供：□“机动车辆保险财产损失确认书”　□设备总体造价及损失程度证明□设备恢复的工程预算□财产损失清单□购置、修复受损财产的有关费用单据

7. 涉及人身伤、残、亡损失还需提供：

□县级以上医院诊断证明　□出院通知书□需要护理人员证明　□医疗费报销凭证(须附处方及治疗、用药明细单据)□伤、残、亡人员误工证明及收入情况证明(收入超过纳税金额的应提交纳税证明)

□护理人员误工证明及收入情况证明(收入超过纳税金额的应提交纳税证明)□残者须提供法医伤残鉴定书

□亡者须提供死亡证明　□被扶养人证明材料　□户籍派出所出具的受害者家庭情况证明　□户□

□丧失劳动能力证明　□交通费报销凭证　□住宿费报销凭证　□参加事故处理人员工资证明

□向第三方支付赔偿费用的过款凭证(须由事故处理部门签章确认)

8. 涉及车辆盗抢案件还需提供：

□ 机动车行驶证(原件)　□ 出险地县级以上公安刑侦部门出具的盗抢案件立案证明　□ 已登报声明的证明

□ 车辆购置附加费缴费凭证和收据(原件)或车辆购置税完税证明和代征车辆购置税缴税收据(原件)或免税证明(原件)

□ 机动车登记证书(原件)　□ 车辆停驶手续证明　□ 机动车来历凭证　□ 全套车钥匙

9. 被保险人索赔时，还须提供以下证件原件，经保险公司验证后留存复印件：

□ 保险车辆“机动车行驶证”　□肇事驾驶人员的“机动车驾驶证”

10. 被保险人领取赔款时，须提供以下材料和证件，经保险公司验证后留存复印件：

□ 领取赔款授权书　□被保险人身份证明　□领取赔款人员身份证明

11.需要提供的其他索赔证明和单据：

(1)　　　　　　(2)

(3)　　　　　　(4)

敬请注意：为确保您能够获得更加全面、合理的保险赔偿，我公司在理赔过程中，可能需要您进一步提供上述所列单证以外的其他证明材料。届时，我公司将及时通知您。感谢您对我们工作的理解与支持！

被保险人：	保险公司：
领到“索赔须知”日期：　年　月　日	交付“索赔须知”日期：　年　月　日
确认签字：	经办人签字：
提交索赔材料日期：　年　月　日	收到索赔材料日期：　年　月　日
确认签字：	经办人签字：

图 7-10　某保险公司机动车辆保险索赔须知

7.4 立　　案

立案是指经初步查验和分析判断，对于属于保险责任范围内的事故进行登记并予以受理的过程。查勘定损人员应根据“机动车辆保险事故现场查勘记录”和有关证明材料，依照保险条款的有关规定，全面分析主、客观原因，确定保险事故是否属于保险责任范围。

(1) 对于经过现场查勘，认定在保险有效期内，且属于保险责任范围的案件，应进行立案登记，正式确立案件，统一编号并对其进行程序化的管理。立案登记项目依据“出险报案表”和“机动车辆保险事故现场查勘记录”中的有关内容认真、准确、翔实地填写。

(2) 对于经过现场查勘，认定不属于保险责任范围的案件，按不予立案或拒赔案件处理，并在“出险报案表”和“机动车辆保险报案、立案登记簿”上签注“因××拒赔”，同时向被保险人送达“机动车辆保险拒赔通知书”，并做出必要的解释。

(4) 本地公司承保车辆在外地出险的，在接到出险地公司通知后，应将代查勘、代定损公司的名称登录“机动车辆保险报案、立案登记簿”，并注意跟踪赔案的处理情况。

7.5 定 损 核 损

定损核损是对保险事故所造成的损失情况进行现场和专业的调查和查勘，对损失的项目和程度进行客观和专业的描述和记录，对损失价值进行确定的过程。

常见的定损核损方式有协商定损、公估定损、聘请专家定损等。

协商定损是由保险人、被保险人以及第三方协商确定保险事故造成的损失费用的过程。

公估定损是由专业的公估机构负责对保险事故造成的损失进行确定的过程，保险公司根据公估机构的检验报告进行赔款理算。这种引入由没有利益关系的第三方负责定损核损工作的模式，能更好地体现保险合同公平的特点，避免了合同双方的争议和纠纷。

聘请专家定损是对于个别技术性、专业性要求极高的案件，聘请专家进行定损，以保证全面、客观、准确地确定保险事故造成的损失费用，维护合同双方的合法权益。

目前，在车险实务中通常采用的是协商定损的定损核损方式。

7.5.1 定损核损流程

保险车辆出险后的定损核损的内容有：车辆定损、人员伤亡费用的确定、施救费用的确定、其他财产损失的确定和残值处理等。

图 7-11 所示为定损核损操作流程。

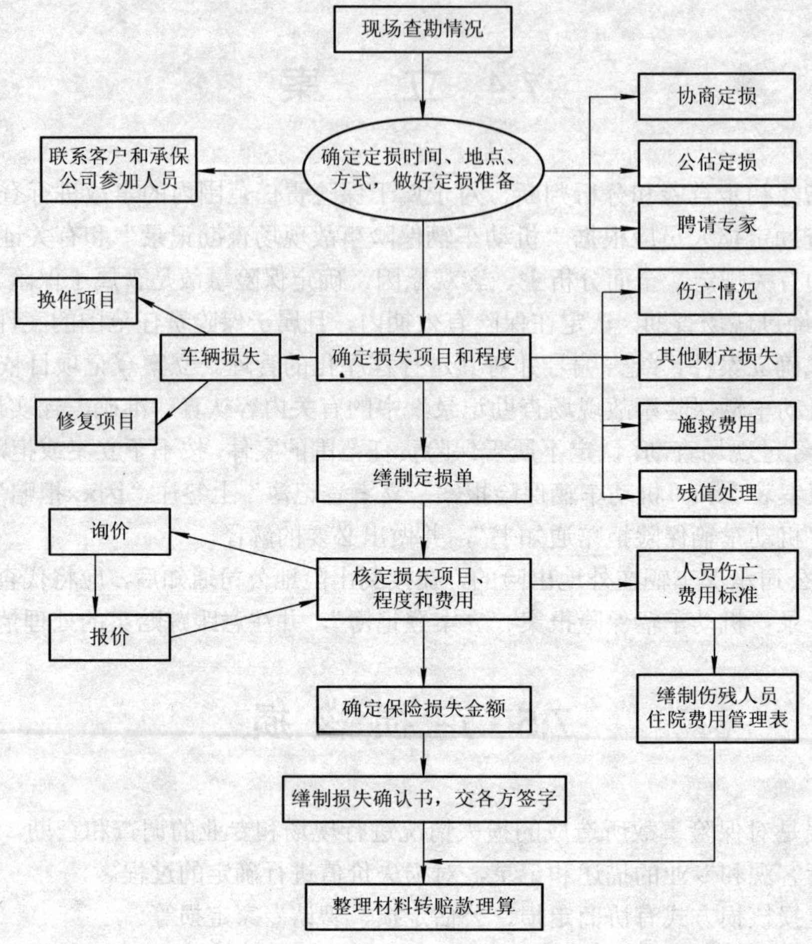

图 7-11　定损核损操作流程

7.5.2　车辆定损

1. 车辆定损的基本步骤

车辆的损失是由其修复的费用所决定的，而修复费用由零配件价格、修理材料费用和维修工时费用构成。

(1) 结合出险现场查勘记录，详细核定事故造成的车辆损失部位、损失项目和损失程度。

(2) 本着实事求是、合情合理的原则与被保险人、可能涉及的第三方和维修人员协商确定维修方案，包括换件项目和修复项目，并逐项列明维修所需的工时定额、工时单价、需要更换的零部件等。

(3) 对于必须更换的零部件进行询价、报价。

(4) 对各维修项目的修复费用进行累加即为车辆损失，协商一致后与各方签订“机动车辆保险车辆损失情况确认书”。图 7-12、图 7-13 与图 7-14 所示分别为某保险公司“机动车辆保险车辆损失情况确认书”及所附“修理项目清单”和“零部件更换项目清单(代询价单)”。

承保公司：

报案编号：　　　　　　　　　　　　　　　　　　　　条款类别：

<table>
<tr><td colspan="2">被保险人：</td><td>出险时间：</td></tr>
<tr><td colspan="2">保险单号：</td><td>出险地点：</td></tr>
<tr><td colspan="2">保险金额：　　　号牌号码：</td><td>事故责任：□ 全部 □主要 □同等 □次要 □无责 □单方</td></tr>
<tr><td colspan="3">厂牌型号：</td></tr>
<tr><td colspan="2">制造年份：　　发动机号：</td><td>定损时间：</td></tr>
<tr><td colspan="2">车架号码(VIN 号)：</td><td>定损地点：</td></tr>
<tr><td colspan="2">发动机型号：</td><td>变速箱形式：□手动挡　□自动挡</td></tr>
<tr><td colspan="2">送修时间：　　修复竣工时间：</td><td>报价公司：□总公司　□省公司　□地市公司</td></tr>
<tr><td colspan="3">损失部位及程度概述：</td></tr>
<tr><td colspan="3">换件项目共计　　项，总计金额：(人民币大写)　　　　　(￥：　　元)
修理费总计金额：(人民币大写)　　　　　(￥：　　元)
残值作价金额：(人民币大写)　　　　　(￥：　　元)</td></tr>
<tr><td colspan="3">保险合同当事人各方经协商，同意按本确认书及所附“修理项目清单”、“零部件更换项目清单”载明的修理及更换项目为确定本次事故损失范围的依据，并达成如下协议：
1.本确认书所列修理费总计金额均已包含各项税费，其为保险公司认定的损失最高赔付金额，超过此金额部分，保险公司不予赔付。
2.修理项目、修理工时费及修理材料费以所附“修理项目清单”为准。
3.更换项目及换件工时费以所附“零部件更换项目清单”为准。
4.更换项目需要报价的，本确认书只确认更换项目的数量，金额及换件工时费以所附“零部件更换项目清单”中的保险公司报价为准。</td></tr>
<tr><td>保险公司

签章：
年　月　日</td><td>被保险人

签章：
年　月　日</td><td>

年　月　日</td></tr>
</table>

图 7-12　机动车辆保险车辆损失情况确认书

承保公司：

报案编号：　　　　　　　　　　　　共　页，第　页　　　　　　　　　条款类别：

保险单号： 保险金额：			厂牌型号： 号牌号码：		
序号	修理项目名称	工时	工时费	材料费	备　注
1					
2					
3					
4					
5					
6					
小计					

图 7-13　修理项目清单

承保公司：

报案编号：　　　　　　　　　　　　共　页，第　页　　　　　　　　　条款类别：

保险单号： 号牌号码：	厂牌型号： 保险金额：					本栏为保险人内部询报价使用		
序号	零部件		配件编号	数量	工时费	估计价格	报价	备注
	部位	名称						
1								
2								
3								
4								
5								
6								
小计								

图 7-14　零部件更换项目清单(代询价单)

2. 车辆损失的确定

车辆损失由各维修项目所必须更换的零配件价格、修理材料费和维修工时费用累加而成，而零配件价格的高低和维修工时费用的合理与否是确定车辆损失的关键。

1) 零配件价格的确定

在保险事故车辆修理费用的构成中，零配件价格所占的比例相当大。轿车维修中，零配件价格所占修理费用的比例更是高达 70%以上。加之由于零配件的生产厂家众多，市场上不仅有原厂或正规厂家生产的产品，还有许多其他小厂生产的产品，这就导致了零配件市场鱼龙混杂、价格差异较大。同时，即使是同样的零配件，由于生产厂家的生产调整、市场供求的变化、地域的差别等多种原因也可能造成零配件价格的不稳定。特别是进口汽车零部件没有统一的价格标准，零配件价格浮动很大。能否准确掌握零配件的价格信息是能否合理确定车辆损失的关键。为此，保险公司也认识到必须建立一个完整、准确、动态的报供结合的零配件报价体系。

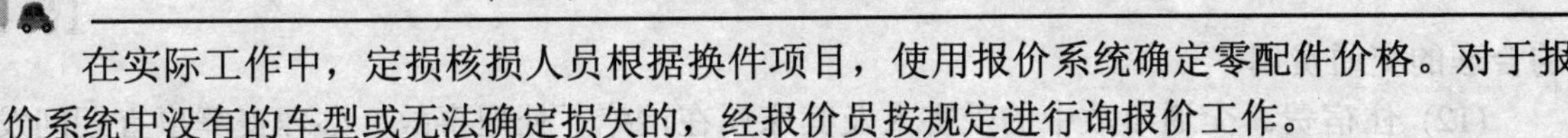

在实际工作中，定损核损人员根据换件项目，使用报价系统确定零配件价格。对于报价系统中没有的车型或无法确定损失的，经报价员按规定进行询报价工作。

2) 维修工时费用的确定

目前，我国汽车维修行业执行的是管制价格。各省交通主管部门和物价管理部门根据当地市场和物价指数情况，联合制定并颁布“机动车辆维修行业工时定额和收费标准”，规定各类维修项目的维修工时定额和工时单价，并以此作为机动车辆维修行业的定价依据。因而有：

$$维修工时费用=\sum维修工时定额\times工时单价$$

其中，维修工时定额是指在一定作业条件下完成某项维修作业所消耗的劳动时间的标准，工时单价是指在生产过程中单位工时的收费标准。

3. 车辆定损时应注意的几个问题

(1) 注意区分本次事故和非本次事故造成的损失，事故损失和正常维修保养的界限。

(2) 经保险公司书面同意，对保险事故车辆损失原因进行鉴定的费用，保险公司负责赔偿。

(3) 受损车辆未经保险公司和被保险人共同查勘定损而自行送修的，根据条款规定，保险人有权重新核定修理费用或拒绝赔偿。

7.5.3　人员伤亡费用的确定

人员伤亡费用是指由于保险事故致使自然人的生命、健康、身体遭受侵害，造成致伤、致残、致死的后果以及其他损害，从而引发的各种费用支出。保险事故常常会造成人员伤亡，可能导致第三者责任险及其相关附加险的赔偿。

保险公司以《最高人民法院关于审理人身损害赔偿案件若干问题的解释》中规定的赔偿范围、项目和标准以及保险合同中的约定作为核定赔偿的依据。

1. 人员伤亡费用的赔偿范围

按照《最高人民法院关于审理人身损害赔偿案件若干问题的解释》的规定，人员伤亡费用可以赔偿的范围包括：

(1) 医疗费。受伤人员在治疗期间发生的由本次事故造成的损伤的治疗费用。

(2) 误工费。事故伤者、残者，或死者生前抢救治疗期间以及家属参加事故处理、办理丧葬事宜期间由于误工减少的收入。

(3) 护理费。伤者、残者，或死者生前抢救治疗期间，因伤势严重，生活无法自理，经医院证明，所需专门护理人员的人工费用。

(4) 住院伙食补助费。伤者在住院期间的伙食补助费用。

(5) 营养费。伤者在治疗期间必要的营养费用。

(6) 残疾赔偿金。对在事故中造成残疾的人员的赔偿费用。

(7) 残疾辅助器具费。因残疾需要配制补偿功能器具的费用。

(8) 丧葬费。事故中死亡人员的有关丧葬费用。

(9) 死亡补偿费。对于在事故中死亡人员的一次性补偿。

(10) 被扶养人生活费。死者生前或残者丧失劳动能力前实际抚养的、没有其他生活来源的人的生活费用。

(11) 交通费。指事故中的受害人及其家属在治疗、处理事故、办理丧葬事宜期间发生

的合理的交通费用。

(12) 住宿费。交通事故中的受害人及其家属在治疗、处理事故、办理丧葬事宜期间发生的合理的住宿费用。

2. 人员伤亡费用的赔偿标准

根据《最高人民法院关于审理人身损害赔偿案件若干问题的解释》和机动车辆保险条款的有关规定，上述赔偿项目的具体赔偿标准如下：

(1) 医疗费。根据结案前实际发生的治疗费用，凭医疗机构出具的医药费、住院费等收款凭证，结合病历和诊断证明等相关证据，按照公费医疗的标准确定。根据医疗证明或者鉴定结论确实需继续治疗的，可以予以赔偿。

(2) 误工费。根据误工者的误工时间和收入状况确定。误工时间根据有关部门出具的证明确定。受害人因伤致残持续误工的，误工时间可以计算至定残日前一天。

误工者有固定收入的，误工费按照实际减少的收入计算。误工者无固定收入的，按照其最近三年的平均收入计算；误工者不能举证证明其最近三年的平均收入状况的，可以参照事故发生地相同或者相近行业上一年度职工的平均工资计算。

但是，误工费计算的前提必须是由于误工导致了收入的减少，如果虽有误工但是实际收入并没有减少，不计误工费。

(3) 护理费。根据护理人员的收入状况和护理人数、护理期限确定。

护理人员有收入的，参照误工费的规定计算；护理人员没有收入或者雇佣护工的，参照当地护工从事同等级别护理的劳务报酬标准计算。护理人员原则上为 1 人，但医疗机构或者鉴定机构有明确意见的，可以参照确定护理人员人数(一般最多为 2 人)。护理期限应计算至受害人恢复生活自理能力时止。受害人因残疾不能恢复生活自理能力的，可以根据其年龄、健康状况等因素确定合理的护理期限，但最长不超过 10 年。受害人定残后的护理，应当根据其护理依赖程度并结合配制残疾辅助器具的情况确定护理级别。

(4) 住院伙食补助费。参照当地国家机关一般工作人员的出差伙食补助标准予以确定。

(5) 营养费。根据受害人伤残情况参照医疗机构的意见确定。

(6) 残疾赔偿金。根据受害人丧失劳动能力程度或者伤残等级，按照事故发生地上一年度城镇居民人均可支配收入或者农村居民人均纯收入标准，自定残之日起按 20 年计算。但 60 周岁以上的，年龄每增加 1 岁减少 1 年；75 周岁以上的，按 5 年计算。伤残等级共分 10 级，伤残等级与对应赔偿比例见表 7-2。

表 7-2　伤残等级与对应赔偿比例

伤残等级	1	2	3	4	5	6	7	8	9	10
赔偿比例/%	100	90	80	70	60	50	40	30	20	10

残疾赔偿金=事故发生地上一年度城镇居民人均可支配收入(农村居民人均纯收入)×赔偿年限×伤残等级对应的赔偿比例　(7.1)

受害人因伤致残但实际收入没有减少，或者伤残等级较轻但造成职业妨害，严重影响其劳动就业的，可以对残疾赔偿金做相应调整。

(7) 残疾辅助器具费。按照国产普通适用器具的合理费用标准计算。辅助器具的更换周期和赔偿期限参照配制机构的意见确定。

(8) 丧葬费。按照事故发生地上一年度职工月平均工资标准，以 6 个月总额计算。

(9) 死亡补偿费。按照事故发生地上一年度城镇居民人均可支配收入或者农村居民人均纯收入标准，按 10 年计算。但 60 周岁以上的，年龄每增加 1 岁减少 1 年；75 周岁以上的，按 5 年计算。

死亡补偿费=事故发生地上一年度城镇居民人均可支配收入(农村居民人均纯收入)×赔偿年限　(7.2)

(10) 被扶养人生活费。根据扶养人丧失劳动能力程度(一般要求 5 级以上)，按照事故发生地上一年度城镇居民人均消费性支出和农村居民人均年生活消费支出标准计算。被扶养人为未成年人的，计算至 18 周岁；被扶养人无劳动能力又无其他生活来源的，计算 20 年。但 60 周岁以上的，年龄每增加 1 岁减少 1 年；75 周岁以上的，按 5 年计算。

被扶养人还有其他扶养人的，赔偿义务人只赔偿受害人依法应当负担的部分。被扶养人有数人的，年赔偿总额累计不超过上一年度城镇居民人均消费性支出额或者农村居民人均年生活消费支出额。

被抚养人生活费=事故发生地上一年度城镇居民人均消费性支出(农村居民人均年生活消费支出)×抚养年限×抚养比例　(7.3)

(11) 交通费。按事故发生地国家一般工作人员出差的交通费标准计算，以正式票据为凭。

(12) 住宿费。按事故发生地国家一般工作人员出差的住宿费标准计算，以正式票据为凭。

3. 确定人员伤亡费用时应注意的几个问题

(1) 全程介入伤者的治疗过程，全面了解伤者受伤和治疗的情况、各类检查和用药情况。对于一些疑难的案件，可以委托专业医疗人员协助。

(2) 伤者需要转医赴外地治疗时，须由所在医院出具证明并经事故处理部门同意。伤残鉴定费需经过保险人同意，方可赔偿。

(3) 事故结案前，所有费用均由被保险人先行支付。待结案后，由被保险人提供有关单、证，保险人进行核赔理算。

(4) 定损核损人员应及时审核被保险人提供的有关单、证，对其中不属于赔偿范围的项目，如精神损失补偿费、困难补助费、招待费、请客送礼费等应予以剔除。同时，定损核损人员要对伤亡人员的有关情况进行调查，重点调查被扶养人的情况和收入水平、医疗费、伤残鉴定证明等证明文件的真实性、合法性、合理性，对不真实、不合理的费用应予以剔除。

7.5.4　其他财产损失的确定

保险事故除了可能造成车辆本身的损失外，还可能导致其他财产的损毁，从而引发第三者责任险和车上货物损失险的赔偿责任。

其他财产损失的确定，应会同被保险人和有关人员逐项清理，确定损失数量、损失程度和损失金额。同时，要求被保险人提供损失财产、货物的原始发票，货物运单，起运地货物价格证明等能够证明损失财产或货物实际价值的证据。

7.5.5　施救费用的确定

施救费用是指当保险标的遭遇保险责任范围内的灾害事故时，被保险人或其代理人、雇佣人员等采取措施抢救保险标的，防止损失扩大而支出的必要的、合理的费用。在机动

车辆保险中施救费用主要是指对于倾覆车辆的起吊费用、抢救车上货物的费用、事故现场的看守费用、临时整理和清理费用以及必要的转运费用。

施救费用的确定必须坚持合理、有效的原则，严格按照条款规定的事项进行确定。

(1) 被保险人使用他人(非专业消防单位)的消防设备，施救保险车辆所消耗的费用及设备损失等可以赔偿。

(2) 保险车辆出险后，雇用吊车和其他车辆进行抢救的费用，以及将出险车辆拖运到修理厂的运输费用，按当地物价部门颁布的收费标准予以赔偿。

(3) 在抢救过程中，因抢救而损坏他人的财产，如果应由被保险人承担赔偿责任的，可酌情予以赔偿。

(4) 抢救车辆在拖运受损保险车辆途中发生意外事故造成的损失和费用支出，如果该抢救车辆是被保险人自己或他人义务派来抢救的，应予赔偿；如果该抢救车辆是有偿的，则不予赔偿。

(5) 保险车辆出险后，被保险人赶赴肇事现场处理所支出的费用，不予赔偿。

(6) 保险公司只对保险标的的施救费用负责，对非承保财产共同施救时，其施救费用应按两类财产的获救价值比例分摊。

(7) 保险车辆为进口车或特种车，发生保险责任范围内的事故后，当地确实不具备修理能力的，经保险公司同意去外地修理的移送费等，可以赔偿。但护送车辆者的工资和差旅费，不予负责。

(8) 车辆损失险的施救费用是一个单独的保险金额，但第三者责任险的施救费用不是一个单独的责任限额。第三者责任险的施救费用与第三者损失金额相加不得超过第三者责任险的责任限额。

7.5.6 残值处理

残值处理是指保险公司根据保险合同履行了赔偿责任并取得对于受损物资的所有权后，对于这些损余物资的处理。

在通常情况下，对于残值的处理均采用协商作价、折归被保险人并在保险赔款中予以扣减的做法。如果协商不成，也可以将已经履行赔偿责任并取得所有权的损余物资收回。这些收回的物资可以委托有关部门进行拍卖处理，处理所得款项冲减赔款。

7.6 赔款理算

赔款理算是保险公司按照法律和保险合同的有关规定，根据保险事故的实际情况，核定和计算应向被保险人赔付金额的过程。

赔款理算工作具体可以分为单、证审核，赔款计算，缮制赔款计算书三个步骤。

7.6.1 审核单、证

1. 单、证的收集

单、证的收集主要是指被保险人在向保险人提出索赔申请的同时提供支持其索赔请求的有关单、证。保险公司理赔人员根据被保险人提供的有关单、证进行理算。

理赔人员依照保险合同的约定，认为有关的单、证不完整的，应当通知被保险人补充提供相关的单、证。各类保险案件所要求提供的单、证主要包括：

(1) 出险通知书，索赔申请书，保险单正本，事故处理部门出具的事故证明，法院、仲裁机构出具的裁定书、裁决书、调解书、判决书、仲裁书，机动车行驶证复印件，肇事驾驶员驾驶证，被保险人身份证明等。

(2) 涉及车辆损失的还需提供车辆损失情况确认书及修理项目清单和零部件更换项目清单、车辆修理的正式发票、修理材料清单、结算清单等。

(3) 涉及其他财产损失的还需提供财产损失确认书，设备总体造价及损失程度证明，设备恢复的工程预算，财产损失清单，购置、修复受损财产的有关费用单据等。

(4) 涉及人员伤亡损失的还需提供医院诊断证明，出院通知书，需要护理人员证明，医疗费报销凭证、处方，治疗用药明细单据，伤、残、亡人员误工证明及收入情况证明，法医伤残鉴定书，死亡证明，被抚养人证明材料，派出所出具的受害者家庭情况证明、户口、丧失劳动能力证明，交通费、住宿费报销凭证，参加事故处理人员工资证明，向第三方支付赔偿费用的过款凭证等。

(5) 涉及车辆盗抢案件的还需提供机动车行驶证(原件)、公安刑侦部门出具的盗抢案件立案证明、车辆购置费(税)凭证、机动车登记证书、车辆停驶手续证明、机动车来历凭证、全套车钥匙等。

被保险人按照要求提供了理赔所需的单、证之后，保险人应与被保险人办理单、证的交接手续，并对被保险人提供的有关单、证进行审核。

2. 单、证的审核

单、证的审核包括形式审核和实质审核两步。

1) 形式审核

形式审核是指理赔人员对被保险人提供的有关单、证在形式上的符合性进行审核，确定这些证明文件是否符合保险合同以及理赔实务的要求。

2) 实质审核

实质审核是指理赔人员对被保险人提供的有关单、证的内容进行审核，包括判断单、证的真实性、合法性和合理性。

真实性审核是对单、证真伪的判定；合法性审核是对单、证出具部门的行政行为是否基于客观事实，是否依法行政进行确认；合理性审核是对伤员抢救、受损财产修复、事故处理等过程中的费用支出是否合理、必要进行认定。

保险人对被保险人提交的索赔单、证认真审核后，对其中不符合规定的项目和金额应予以剔除；认为有关证明和资料不完整的，应及时通知被保险人补充提供有关单、证。审核无误的，应根据保险事故的实际情况结合保险条款的有关规定按照险种分别计算应向被保险人实际支付的赔款数额。

7.6.2　车辆损失险赔款理算

1. 按投保时保险车辆的新车购置价确定保险金额

1) 全部损失

全部损失指保险车辆在保险事故中发生整体损毁或受损严重失去修复价值，从而形成

实际全损或推定全损。

(1) 保险金额高于保险事故发生时保险车辆的实际价值时：

$$赔款=(实际价值-残值)\times事故责任比例\times(1-免赔率之和) \tag{7.4}$$

其中，“免赔率之和”是指依据保险车辆驾驶员在事故中所负事故责任比例而由其自负的免赔率、违反安全装载规定而需要加扣的免赔率、同一保险年度内多次出险每次加扣的免赔率、非约定驾驶员驾驶保险车辆肇事后需要加扣的免赔率之和；“事故责任比例”一般按照事故处理部门或法院出具的调解书、判决书中明确的责任比例进行确定。当事故处理部门出具的调解结果与责任认定书不一致时，对于调解结果中认定的超出被保险人责任范围内的部分，保险人不予赔偿；对于被保险人实际承担的赔偿比例低于其应按责赔偿的比例的，保险人只对被保险人实际承担的部分在限额内进行赔偿。

(2) 保险金额等于或低于保险事故发生时保险车辆的实际价值时：

$$赔款=(保险金额-残值)\times事故责任比例\times(1-免赔率之和) \tag{7.5}$$

其中，如果保险金额低于保险事故发生时保险车辆的实际价值，则由于总残余价值里有一部分是属于保户自保的，因而这里的残值应计算为

$$残值=总残余价值\times(保险金额\div保险事故发生时保险车辆的实际价值) \tag{7.6}$$

【例 7.4】 一投保机动车辆损失保险的车辆发生事故，新车购置价(含车辆购置税) 200 000 元，保额 200 000 元，出险时实际价值 100 000 元，驾驶人员承担全部责任。依据条款规定承担 15%的免赔率，同时由于非约定驾驶人员驾车肇事，应增加 5%免赔率。车辆全部损失，残值 1000 元，求车辆损失险赔款金额。

解：由于保险金额高于保险事故发生时保险车辆的实际价值，因此按公式(7.4)计算：

$$\begin{aligned}赔款&=(实际价值-残值)\times事故责任比例\times(1-免赔率之和)\\&=(100\,000-1000)\times100\%\times[1-(15\%+5\%)]=79\,200(元)\end{aligned}$$

【例 7.5】 一投保机动车辆损失保险的车辆在保险期限内发生保险事故，新车购置价(含车辆购置税)为 45000 元，保险金额为 45000 元，出险时实际价值为 45 000 元，驾驶员承担同等责任，承担经济损失 50%。依据条款规定，承担 10%的免赔率。车辆全部损失，总残值 1000 元，求车辆损失险赔款金额。

解：由于保险金额等于保险事故发生时保险车辆的实际价值，因此按公式(7.5)计算：

$$\begin{aligned}赔款&=(保险金额-残值)\times事故责任比例\times(1-免赔率之和)\\&=(45\,000-1000)\times50\%\times(1-10\%)=19\,800(元)\end{aligned}$$

2) 部分损失

部分损失时的赔款计算方法如下：

$$赔款=(实际修理费用-残值)\times事故责任比例\times(1-免赔率之和) \tag{7.7}$$

若赔款大于或等于保险事故发生时保险车辆的实际价值，则按照实际价值赔付，即

$$赔款=保险事故发生时保险车辆的实际价值 \tag{7.8}$$

若赔款小于保险事故发生时保险车辆的实际价值，则按照实际计算出的赔款赔付。

【例 7.6】 一投保机动车辆损失保险的车辆，在同一保险期限内发生第二次事故，新车购置价(含车辆购置税)100 000 元，保额 100 000 元，实际价值 60 000 元，驾驶人员承担全部责任。依据条款规定，承担 15%的免赔率，同时由于第二次出险，增加 5%免赔率。车辆修理费用 90 000 元，残值 1000 元，求车辆损失险赔款金额。

解：按公式(7.7)有：

赔款=(实际修理费用−残值)×事故责任比例×(1−免赔率之和)

=(90 000−1000)×100%×[1−(15%+5%)]=71 200(元)

因为计算所得赔款为 71 200 元，高于实际价值 60 000 元，所以按照实际价值赔付，即向被保险人支付赔款 60 000 元。

如果例 7.6 中，实际价值为 80 000 元，则由于计算所得赔款小于实际价值，按照实际计算出的赔款向被保险人支付 71 200 元。

3) 施救费赔款计算

施救费赔款=实际施救费用×事故责任比例×(保险财产价值÷实际施救财产总价值)×(1−免赔率之和)　(7.9)

2. 按投保时保险车辆的实际价值确定保险金额或协商确定保险金额

1) 全部损失

同“按投保时保险车辆的新车购置价确定保险金额”的全部损失的计算方法。即

(1) 保险金额高于保险事故发生时保险车辆的实际价值时：

赔款=(实际价值−残值)×事故责任比例×(1−免赔率之和)

(2) 保险金额等于或低于保险事故发生时保险车辆的实际价值时：

赔款=(保险金额−残值)×事故责任比例×(1−免赔率之和)

其中，如果保险金额低于实际价值，则因为总残余价值里有一部分是属保户自保的，所以这里的残值应计算为

残值=总残余价值×(保险金额÷保险事故发生时保险车辆的实际价值)

【例 7.7】　一投保机动车辆损失保险的车辆发生事故，新车购置价(含车辆购置税) 80 000 元，按双方约定价值 50 000 元确定保额，驾驶人员承担全部责任。依据条款规定，承担 15%的免赔率，同时由于非约定驾驶人员驾车肇事，应增加 5%免赔率。车辆全部损失，残值 100 元。已知保险事故发生时的实际价值为 60 000 元，求车辆损失险赔款金额。

解：由于保险金额低于保险事故发生时保险车辆的实际价值，因此按以下公式计算：

赔款=(保险金额−残值)×事故责任比例×(1−免赔率之和)

=(50 000−100×50 000÷60 000)×100%×[1− (15%+5%)]

=39 933(元)

2) 部分损失

部分损失时，赔款计算方式如下：

赔款=(实际修理费用−残值)×事故责任比例×(保险金额÷投保时保险车辆的新车购置价)×(1−免赔率之和)　(7.10)

若赔款大于或等于保险事故发生时保险车辆的实际价值，则按照实际价值赔付，即

赔款=实际价值

若赔款小于保险事故发生时保险车辆的实际价值，则按照实际计算出的赔款赔付。

【例 7.8】　一投保机动车辆损失保险的车辆，在同一保险期限内发生第三次事故，新车购置价(含车辆购置税)100 000 元，保额 80 000 元，实际价值 50 000 元，驾驶人员承担全部责任。依据条款规定，承担 15%的免赔率，同时由于第三次出险，增加 10%免赔率。车

辆修理费用 40 000 元，残值 100 元，求车辆损失险赔款金额。

解：按公式(7.10)有：

赔款=(实际修理费用−残值)×事故责任比例×(保险金额÷投保时保险车辆的新车购置价)
×(1−免赔率之和)
=(40 000−100)×100%×(80 000÷100 000)×[1−(15%+10%)]
= 23 940(元)<50 000(元)

按实际计算出的赔款 23 940 元赔付。

3) 施救费赔款计算

施救费赔款=实际施救费用×事故责任比例×(保险金额÷投保时保险车辆的新车购置价)
×(保险财产价值÷实际施救财产总价值)×(1−免赔率之和)　(7.11)

7.6.3 第三者责任险赔款理算

1. 赔款的计算

(1) 当被保险人按事故责任比例应承担的赔偿金额超过责任限额时：

赔款=责任限额×(1−免赔率之和)　(7.12)

(2) 当被保险人按事故责任比例应承担的赔偿金额低于责任限额时：

赔款=按事故责任比例应承担的赔偿金额×(1−免赔率之和)　(7.13)

2. 诉讼仲裁费用的计算

(1) 当被保险人应承担的诉讼仲裁费用超过第三者责任险保险单载明的责任限额的30%时：

诉讼仲裁费用=责任限额×30%　(7.14)

(2) 当被保险人应承担的诉讼仲裁费用低于第三者责任险保险单载明的责任限额的30%时：

诉讼仲裁费用=应承担的诉讼仲裁费用　(7.15)

【例 7.9】 一投保机动车辆第三者责任险的车辆发生交通事故，在事故中负主要责任，责任限额为 50 000 元。承担 70%的损失，依据条款规定，承担 15%的免赔率。此次事故第三方损失为 200 000 元，诉讼仲裁费用为 50 000 元，求保险公司应支付的赔款金额。

解：被保险人按事故责任比例应承担的赔偿金额为

200 000×70%=140 000(元)

超过 50 000 元的责任限额，则按公式(7.12)有：

第三者责任险赔款=责任限额×(1−免赔率之和)
=50 000×(1−15%)
=42 500(元)

若责任限额为 500 000 元，此时按事故责任比例应承担的赔偿金额低于责任限额，则按公式(7.13)有：

第三者责任赔款=按事故责任比例应承担的赔偿金额×(1−免赔率之和)
=140 000×(1−15%)
=119 000(元)

保险人向被保险人支持赔款为 119 000 元加上诉讼仲裁费用 15 000 元，共计 134 000 元。

被保险人应承担的诉讼仲裁费用为 50 000 元，超过保险单载明的责任限额的 30%(50 000×30%=15000(元))，则按公式(7.14)有：

诉讼仲裁费用=责任限额×30%=50 000×30%=15 000(元)

保险人向被保险人支付赔款为 42 500 元加上 15 000 元，合计为 57 500 元。

3. 挂车的赔款计算(公式同第三者责任险的赔款计算)

(1) 主车与挂车连接时发生保险事故，保险人在主车的责任限额内承担赔偿责任。

主车与挂车由不同保险公司承保的，按主车、挂车实交保险费(指在由费率表直接查询或计算出来的第三者责任险保费基础上，给予修正系数优惠和无赔款保费优待后保单中载明的保险费)比例分摊赔款。但挂车的赔款金额不得超过挂车的责任限额。

$$\text{主车应承担的赔款} = \text{赔款} \times \frac{\text{主车实交保险费}}{\text{主车实交保险费} + \text{挂车实交保险费}} \tag{7.16}$$

$$\text{挂车应承担的赔款} = \text{赔款} \times \frac{\text{挂车实交保险费}}{\text{主车实交保险费} + \text{挂车实交保险费}} \tag{7.17}$$

在处理此类赔案时，应该确认主车、挂车的承保公司，主车的责任限额以及主车、挂车的实交保险费金额。

【例 7.10】　一在甲保险公司投保第三者责任险的主车(责任限额 200 000 元，实交保险费 1000 元)与在乙保险公司投保第三者责任险的挂车(责任限额为 50 000 元，实交保险费 500 元)连接时，发生事故，驾驶员负事故的全部责任，造成第三者损失 500 000 元。求各保险公司应支付的赔款金额(不考虑免赔率等问题)。

解：根据条款规定，主车与挂车连接时发生保险事故，保险人在主车的责任限额内承担赔偿责任。此例中，由于被保险人按事故责任比例应承担的赔偿金额 500 000 元超过主车的责任限额 200 000 元，因此应按照 200 000 元计算主车、挂车各自应该承担的保险赔款。按公式(7.16)和公式(7.17)有：

甲公司支付主车赔款=200 000×1000÷(1000+500)=133 333(元)

挂车赔款：200 000×500÷(1000+500)=66 667(元)

66 667 元超过了挂车的责任限额 50 000 元，因此乙公司支付挂车赔款 50 000 元。

(2) 挂车在未与主车连接时发生保险事故，保险人在挂车的责任限额内承担赔偿责任。

4. 车辆损失险、第三者责任险赔款计算应注意的几点

(1) 对于不属于保险合同中规定的赔偿项目，但被保险人已自行承诺或支付的费用，保险人不予承担。

(2) 法院判决被保险人应赔偿第三者的金额，但不属于保险合同中规定的赔偿项目，如精神损失赔偿费等，保险人不予承担。

(3) 保险人对第三者责任事故赔偿后，对受害第三者的任何赔偿费用的增加不再负责。

(4) 车辆损失的残值确定，应以车辆损失部分的零部件残值计算。

(5) 诉讼仲裁费用标准应按照最高人民法院下发的有关标准执行。车损险诉讼仲裁费用计入车损险施救费，第三者责任险诉讼仲裁费用必须经保险人事先书面同意，在第三者责任险责任限额的 30%以内计算赔偿。

7.6.4 部分附加险赔款理算

1. 全车盗抢险

(1) 全部损失：

$$赔款=保险金额\times(1-免赔率之和) \tag{7.18}$$

(2) 部分损失：

$$赔款=实际修理费用-残值 \tag{7.19}$$

赔款金额不得超过本险种保险金额。

2. 玻璃单独破碎险

$$赔款=实际修理费用 \tag{7.20}$$

3. 火灾、爆炸、自燃损失险

(1) 全部损失：

$$赔款=(保险金额-残值)\times(1-20\%) \tag{7.21}$$

(2) 部分损失：

$$赔款=(实际修理费用-残值)\times(1-20\%) \tag{7.22}$$

赔款金额不得超过本险种保险金额。

(3)施救费用以不超过保险金额为限：

$$赔款=实际施救费用\times(保险财产价值\div实际施救财产总价值)\times(1-20\%) \tag{7.23}$$

4. 自燃损失险

(1) 全部损失：

$$赔款=(保险金额-残值)\times(1-20\%) \tag{7.24}$$

(2) 部分损失：

$$赔款=(实际修理费用-残值)\times(1-20\%) \tag{7.25}$$

赔款金额不得超过本险种保险金额。

(3) 施救费用以不超过保险金额为限：

$$赔款=实际施救费用\times(保险财产价值\div实际施救财产总价值)\times(1-20\%) \tag{7.26}$$

5. 车身划痕损失险

在保险金额(5000 元)内按实际损失计算赔偿，并使用批单冲减保险金额：

$$赔款=实际损失金额 \tag{7.27}$$

批文格式如下：

鉴于被保险人发生“车身划痕损失险”责任范围内的保险事故，保险人已履行赔偿义务，赔款_____元。根据保险合同的约定，本保险合同尚余保险金额_____元，特此批改。在保险期限内，赔款累计达到本险种保险金额(5000 元)，该附加险保险责任终止。

6. 车辆停驶损失险

(1) 全部损失：

$$赔款=保险合同中约定的日赔偿金额\times保险合同中约定的最高赔偿天数 \tag{7.28}$$

(2) 部分损失：

$$\text{赔款}=\text{保险合同中约定的日赔偿金额}\times\text{赔偿天数} \tag{7.29}$$

在计算赔偿天数时，首先比较“机动车辆保险车辆损失情况确认书”中约定的修理天数和实际修理天数，两者以短者为准，即：“机动车辆保险车辆损失情况确认书”中约定的修理天数大于或等于实际修理天数时，以实际修理天数为计算基础；“机动车辆保险车辆损失情况确认书”中约定的修理天数小于实际修理天数时，以“机动车辆保险车辆损失情况确认书”中约定的修理天数为计算基础。

当赔偿天数超过保险合同中约定的最高赔偿天数时：

$$\text{赔款}=\text{保险合同中约定的日赔偿金额}\times\text{保险合同中约定的最高赔偿天数} \tag{7.30}$$

赔偿后，使用批单批改保险合同中约定的最高赔偿天数。

批文格式如下：

鉴于被保险人发生“车辆停驶损失险”责任范围内的保险事故，保险人已履行赔偿义务，赔款____元。根据保险合同的约定，本保险合同尚余赔偿天数______天，特此批改。

在保险期限内，赔款金额累计达到保险单载明的保险金额时，该附加险保险责任终止。保险期限内发生保险事故时，约定赔偿天数超出保险合同终止期限部分，仍应赔偿。

7．车上人员责任险

(1) 当被保险人按事故责任比例应承担的每座车上人员伤亡赔偿金额未超过保险合同载明的每人责任限额时：

$$\text{每人赔款}=\text{应承担的赔偿金额} \tag{7.31}$$

(2) 当被保险人按事故责任比例应承担的每座车上人员伤亡赔偿金额超过保险合同载明的每人责任限额时：

$$\text{每人赔款}=\text{责任限额} \tag{7.32}$$

(3) 赔偿人数以投保座位数为限：

$$\text{赔款}=\sum\text{每人赔款} \tag{7.33}$$

8．车上货物责任险

(1) 当被保险人按事故责任比例应承担的车上货物损失金额未超过保险合同载明的责任限额时：

$$\text{赔款}=\text{应承担的赔偿金额}\times(1-20\%) \tag{7.34}$$

(2) 当被保险人按事故责任比例应承担的车上货物损失金额超过保险合同载明的责任限额时：

$$\text{赔款}=\text{责任限额}\times(1-20\%) \tag{7.35}$$

9．无过失责任险

(1) 当无过失责任险损失金额未超过责任限额时：

$$\text{赔款}=\text{实际损失}\times(1-20\%) \tag{7.36}$$

(2) 当无过失责任险损失金额超过责任限额时：

$$\text{赔款}=\text{责任限额}\times(1-20\%) \tag{7.37}$$

10．不计免赔特约条款

$$赔款=一次赔款中已承保且出险的各险种免赔额之和 \tag{7.38}$$

7.6.5　缮制赔款计算书

赔款计算书是支付赔款的正式凭证，业务人员要对赔款计算书中各栏内容详细填写，确保项目齐全、数字正确，损失计算要分险种、分项目计算并列明计算公式，同时注意免赔率也要分险种计算。赔款计算书缮制完毕后，经办人员要签章并注明缮制日期。业务负责人审核无误后，在赔款计算书上签注意见和日期，送核赔人审核。

图 7-13 所示为某保险公司机动车辆保险赔款计算书。

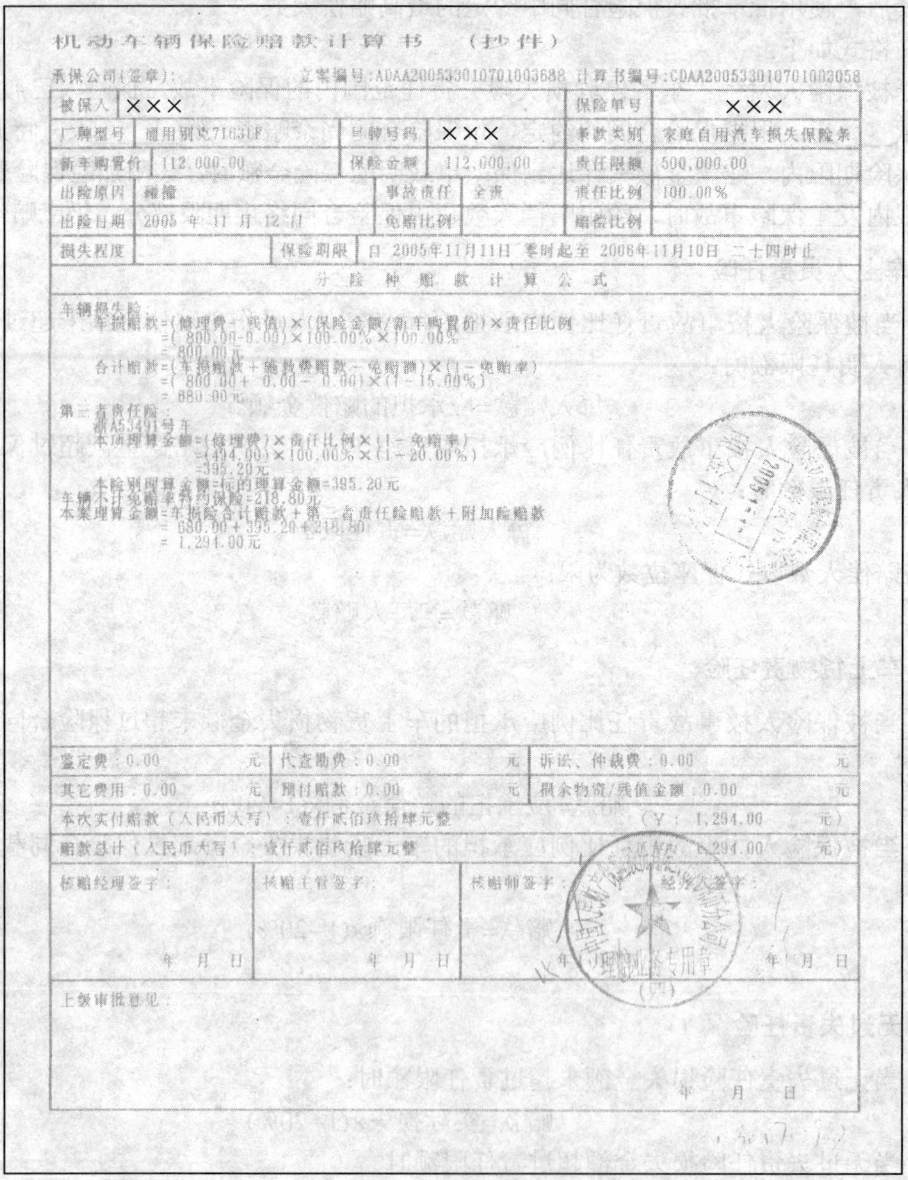

机动车辆保险赔款计算书　（抄件）

承保公司(签章):　　立案编号:ADAA200533010701003688　计算书编号:CDAA200533010701003058

被保人	×××			保险单号	×××
厂牌型号	通用别克7163LE	号牌号码	×××	条款类别	家庭自用汽车损失保险条
新车购置价	112,000.00	保险金额	112,000.00	责任限额	500,000.00
出险原因	碰撞	事故责任	全责	责任比例	100.00%
出险日期	2005 年 11 月 12 日	免赔比例		赔偿比例	
损失程度		保险期限	自 2005年11月11日 零时起至 2006年11月10日 二十四时止		
分险种赔款计算公式					

车辆损失险：
车损赔款=(修理费－残值)×(保险金额/新车购置价)×责任比例
=(800.00-0.00)×100.00%×100.00%
= 800.00元
合计赔款=(车损赔款＋施救费赔款－免赔额)×(1－免赔率)
=(800.00＋ 0.00－ 0.00)×(1－15.00%)
= 880.00元
第三者责任险：
浙A53491号车
本项理算金额=(修理费)×责任比例×(1－免赔率)
=(494.00)×100.00%×(1－20.00%)
=395.20元
本险别理算金额=标的理算金额=395.20元
车辆不计免赔率特约保险=218.80元
本案理算金额=车损险合计赔款＋第三者责任险赔款＋附加险赔款
= 680.00＋395.20＋218.80
= 1,294.00元

鉴定费：0.00　元	代查勘费：0.00　元	诉讼、仲裁费：0.00　元	
其它费用：0.00　元	预付赔款：0.00　元	损余物资/残值金额：0.00　元	
本次实付赔款（人民币大写）：壹仟贰佰玖拾肆元整　（¥：1,294.00　元）			
赔款总计（人民币大写）：壹仟贰佰玖拾肆元整　（¥：1,294.00　元）			
核赔经理签字： 年　月　日	核赔主管签字： 年　月　日	核赔师签字： 年　月　日	经办人签字： 年　月　日
上级审批意见： 年　月　日			

图 7-13　某保险公司机动车辆保险赔款计算书

7.7　核　赔

核赔是指在授权范围内独立负责理赔工作质量的人员，按照保险条款和保险公司有关规章制度对赔案进行审核的过程。核赔的核心是体现权限管理和过程控制。

7.7.1　核赔操作流程

核赔人员在本级核赔权限内开展工作，属于上级公司核赔范围的，核赔人员提出核赔意见后，报上级公司审核。图 7-14 所示为核赔操作流程。

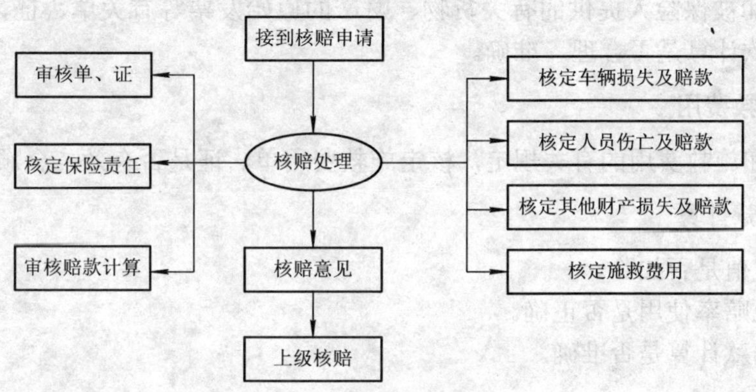

图 7-14　核赔操作流程

7.7.2　核赔的主要内容

1. 审核单、证

(1) 审核确认被保险人按规定提供的单、证、证明及材料是否齐全有效，有无涂改、伪造，是否严格按照单、证填写规范认真、准确、全面的填写。

(2) 审核经办人员是否规范填写与赔案有关的单、证。

(3) 审核签章是否齐全。

2. 核定保险责任

(1) 核定被保险人与索赔人是否相符，驾驶员是否为保险合同约定的驾驶员。

(2) 核定出险车辆的厂牌型号，牌照号码，发动机号，车架号与保险单、证是否相符。

(3) 核定出险原因是否属于保险责任范围。

(4) 核定出险时间是否在保险期限内。

(5) 核定事故责任划分是否准确合理。

(6) 核定赔偿责任是否与承保险别相符。

3. 核定车辆损失及赔款

(1) 核定车辆定损项目、损失程度是否准确、合理。

(2) 核定更换零部件是否按规定进行了询报价，定损项目与报价项目是否一致。

(3) 核定换件部分拟赔款金额是否与报价金额相符。

(4) 核定残值确定是否合理。

4. 核定人员伤亡费用及赔款

(1) 核定伤亡人员数、伤残程度是否与调查情况和证明相符。

(2) 核定人员伤亡费用是否合理。

(3) 核定被抚养人口、年龄是否真实，生活费计算是否合理、准确。

5. 核定其他财产损失及赔款

根据照片和被保险人提供的有关货物、财产的原始发票等有关单、证，核定其他财产损失金额和赔款计算是否合理、准确。

6. 核定施救费用

根据案情和施救费用的有关规定，核定施救费用单、证是否有效，金额确定是否合理。

7. 审核赔款计算

(1) 审核残值是否扣除。

(2) 审核免赔率使用是否正确。

(3) 审核赔款计算是否准确。

7.8 结 案 处 理

7.8.1 结案

在赔案经过分级审批通过之后，业务人员应制作“机动车辆保险领取赔款通知书”，并通知被保险人，同时通知会计部门支付赔款。保户领取赔款后，业务人员按赔案编号输入“机动车辆保险已决赔案登记簿”，同时在“机动车辆保险报案、立案登记簿”备注栏中注明赔案编号、赔案日期，作为续保时是否给付无赔款优待的依据。

未决赔案的处理办法：未决案是指截至规定的统计时间，已经完成估损、立案，尚未结案的赔款案件，或被保险人尚未领取赔款的案件。处理原则是：定期进行案件跟踪，对可以结案的案件，须敦促被保险人尽快备齐索赔材料，赔偿结案；对尚不能结案的案件，应认真核对、调整估损金额；对超过时限，被保险人不提供手续或找不到被保险人的未决赔案，按照“注销案件”处理。

7.8.2 理赔案卷管理

1. 理赔案卷管理内容

(1) 理赔案卷须一案一卷整理、装订、登记、保管。赔款案卷要做到单证齐全、编排有序、目录清楚、装订整齐，照片及原始单据一律粘贴整齐并附说明。

(2) 理赔案卷按分级审批、分级留存并按档案管理规定进行保管。

2. 理赔案卷管理注意事项

1) 车险业务档案卷内的排列顺序一般遵循的原则

承保单证应按承保工作顺序依次排列，理赔案卷应按理赔卷皮内目录内容进行排列。

2) 承保单证、赔案案卷的装订方法

(1) 承保单证、赔付案件中均采用“三孔一线”的装订方法，孔间距为6.5 cm，承保单证一律在卷上侧统一装订，赔付卷一律在卷左侧统一装订，对于承保和理赔中需要附贴的单证，如保费收据、赔案收据和各种医疗费收据、修理费发票等一律粘贴在“机动车辆保险(单证)粘贴表”上，粘贴整齐、美观，方便使用。

(2) 对于承保单证一律按编号排序整齐，每50份装订为一卷，赔付卷要填写卷内目录和备考线，装订完毕后打印自然流水号，以防卷内形式不一的单证、照片等重要原始材料遗失，对于卷内不规格的、形式不一的单证(如照片、锯齿发票等)，除一律粘贴在统一规格的粘贴表上之外，还应加盖清晰的骑缝章，并在粘贴表的“并张单证”中注明粘贴张数。

3) 卷内承保、理赔卷的外形尺寸

卷内承保、理赔卷的外形尺寸分别以承保副本和机动车辆保险(单证)粘贴表的大小为标准，卷皮可使用统一的“车险业务档案卷皮”加封，并装盒保存。

4) 承保单证及赔付案卷卷皮上应列明内容

承保的卷皮上应列明的内容为：机构名称、险种、年度、保单起止号和保管期限；赔案卷皮应注明的内容为：机构名称、险种、赔案年度、赔案起止号和保管期限。

5) 档案管理要求

业务原始材料应由具体经办人提供，按顺序排列整齐，然后交档案管理人员。档案管理人员按上述要求统一建档，保管案卷人员应以保证卷内各种文件、单证的系统性、完整性和真实性为原则。当年结案的案卷归入所属业务年度，跨年度的赔案归入当年的理赔案卷。

6) 业务档案的利用工作

业务档案的利用工作既要积极主动，又要坚持严格的查阅制度。查阅时要填具调阅登记簿，由档案管理人员亲自调档案并协助查阅人查阅。

7) 承保及理赔档案的销毁和注销

根据各个公司的规定，对于车险业务，一般保管期限为三年，对于超过保存期限的、经内勤人员和外勤人员共同确定确实失去保存价值的，要填具业务档案销毁登记清单，上报部门经理方可销毁。

7.9　车险理赔特殊案件的处理

1. 简易赔案

在实际工作中，很多案件案情简单，出险原因清楚，保险责任明确，事故金额低，可在现场确定损失。为简化手续，方便客户，加快理赔速度，根据实际情况可对这些案件实行简易处理，称之为简易赔案。

实行简易赔案处理的理赔案件必须同时具备以下条件：

(1) 车辆损失险列明：自然灾害和被保险人或允许的合格驾驶员或约定的驾驶员，单方肇事导致的车损险案件。

(2) 出险原因清楚，保险责任明确，损失容易确定。

(3) 车损部分损失可以一次核定，已损失容易确定。

(3) 车辆部分损失可以一次核定，已损失金额在5000元以内。

(4) 受损零部件可以准确容易地确定金额。

简易赔案处理的程序是：接受报案→现场查勘、施救，确定保险责任和初步损失→查勘定损人员定损→填写《简易赔案协议书》→报相关处理中心→办理赔款手续→支付赔款。

2. 救助案件

救助案件是指对投保机动车辆保险附加救助特约责任范围内的出险车辆，实施救助理赔的案件。救助案件处理过程是：接受报案并抄单→通知救助协作单位→救助单位实行救助并反馈，被保险人予以确认→立案→核对并缮制赔案→支付赔款→救助协作单位→财务中心支付预付款。

3. 疑难案件

疑难案件分争议案件和疑点案件两种情况。

(1) 争议案件指保险人和被保险人对条款理解有异议或责任认定有争议的案件，在实际操作中应采用集体讨论研究、聘请专家论证和向上级公司请示等方式解决，保证案件圆满处理。

(2) 疑点案件指赔案要素不完全、定损过程中存在疑点或与客户协商不能达成一致的赔案。疑难案件调查采取的形式：

① 在查勘定损过程中发现的有疑点的案件由查勘定损人员进行调查；

② 在赔案制作和审批过程中发现有疑点的案件由各保险公司的专门机构进行调查；

③ 骗赔、错赔案件调查由各保险公司的专门机构完成。

4. 注销案件

注销案件指保险车辆发生保险责任范围内的事故，被保险人报立案后未行使保险金请求权致使案件失效注销的案件。它分为超出索赔时效注销和主动声明放弃索赔权利注销两种情况。

对超出索赔时效注销，即自被保险人知道保险事故发生之日起两年内未提出索赔申请的案件，由业务处理中心在两年期满前10天发出“机动车辆保险结案催告、注销通知书”。被保险人仍未索赔的，案件报业务管理处(科)后予以注销处理。

对主动声明放弃索赔权利注销的案件，在业务处理中心发出“机动车辆保险结案催告、注销通知书”后，由被保险人在回执栏签署放弃索赔权利意见。案件报业务管理处(科)后予以注销处理。对涉及第三方损害赔偿的案件，被保险人主动声明放弃索赔权利的，要慎重处理。

5. 拒赔案件

拒赔案件的拒赔原则是：

(1) 拒赔案件要严格按照《保险法》、《机动车辆保险条款》有关规定处理。拒赔要有确

凿的证据和充分的理由，慎重决定。

(2) 拒赔前应向被保险人明确说明原因，认真听取意见并向被保险人做好解释工作。

6. 代位追偿案件

代位追偿案件的实施原则是：

(1) 代位追偿必须是发生在保险责任范围内的事故。

(2) 代位追偿是《保险法》和《机动车辆保险条款》规定的保险人的权利，根据权利义务对等的原则，代位追偿的金额应在保险金额范围内根据实际情况接受全部或部分权益转让。

(3) 代位追偿工作必须注意诉讼时效。

代位追偿案件的工作程序是：被保险人向造成损失的第三者提出书面索赔申请——被保险人向保险人提出书面索赔申请，签署“权益转让书”——业务处理中心将赔案资料转业务管理部门——业务管理部门组织人员进行代位追偿——业务处理中心整理赔案、归档——财务中心登记、入账。

思　考　题

1. 简要叙述理赔工作的原则和流程。
2. 接受报案的工作内容有哪些?
3. 现场查勘的主要内容有哪些?
4. 机动车辆理赔过程中接受报案的主要工作内容有哪些?
5. 简述机动车辆保险的索赔程序，被保险人理赔时需要哪些单、证?
6. 机动车辆保险理赔的含义及其特点是什么?
7. 什么叫核赔?核赔的主要工作内容包括哪些?

第 8 章　道路交通安全管理法律法规

道路交通安全管理法律法规是关于道路交通管理的法律规范的总称，是由国家权力机关或行政机关依法制定或颁布，体现人民的交通意志，由国家强制力保证实施，在道路交通活动中必须遵守的行为规范的总和。道路交通安全法律法规由众多的法律规范组成，每个交通管理的业务方面都有专门适用的、独立的法律规范。

8.1　道路交通管理的一般规定

8.1.1　车辆和驾驶人管理

1. 车辆和驾驶人管理

1) 车辆和驾驶人管理的概念

车辆和驾驶人员的管理是指公安机关车辆管理部门依照国家的有关法规和政策，对车辆及驾驶人员进行检验、考核、审验、登记、核发牌证，对车辆制造、维修等相关行业进行安全认证、监督以及对行驶人进行教育管理的一项专门工作。

实施车辆和行驶人员管理工作的部门是各级公安机关的车辆管理所。

2) 车辆与驾驶人管理发展的方向

为适应我国现代化建设的需要，车辆管理工作必须进行改革，逐步实现车辆和驾驶人管理现代化。其主要内容包括以下几个方面：

(1) 车辆、驾驶人证照及档案管理计算机化，建立档案管理中心。档案管理中心通过计算机掌握每一辆车和每一个驾驶人的情况及变化。例如，发生事故和违章行为，进行扣分、罚款、扣证等处理，以此实现对各类车辆管理机关和驾驶人员的有效控制。另外，在驾驶人理论考试中，采用计算机出题、答题和阅卷，当场便可经公布成绩，杜绝一切作弊的可能性。

(2) 车检现代化。在车辆检测中心的指导下，逐步改变检验车辆全凭“眼看、手摸、耳听、脚踩”的状况，实行车辆检验仪器化、计算机化，对各类机动车辆进行准确的检测和鉴定。例如，全自动检测线对检查值的读取、判定及检查顺序全部自动进行检测。

(3) 提高管理人员的素质。通过加强培训，不断提高车辆管理人员的素质，提高其工作水平，逐步实现车辆管理工作正规化、科学化、现代化。

(4) 全面推行保险制度。由于交通事故的不可避免性，因而在大力预防事故的同时，也要积极减轻事故带来的损失和危害。推行保险制度，让全社会共同承担交通风险是实现这一目标的有效途径。推行保险制度，首先必须提高人们的保险意识；其次要坚持强制与自愿结合的原则；最后采用强制保险费用与违章肇事记录挂钩的方法。

2. 机动车辆的管理范畴

1) 机动车辆管理的内容

(1) 对车辆进行分类，核定载质量及乘坐人数，并进行注册登记，核发号牌及行驶证。

(2) 对车辆补发、换发牌证，并办理车辆移动登记、变更、封存、启封和报废手续。

(3) 对车辆进行检验。

(4) 对车辆制造、保修单位等相关行业实行安全监督并对机动车进行安全环保性能的检验。

(5) 建立并管理车辆档案，掌握车辆的分布及技术状况。

2) 机动车号牌

机动车号牌除了反映车辆的归属外，同时也是机动车辆取得合法行驶权的标志。只有号牌完全符合规定的车辆才准许在道路上运行。车辆管理机关通过号牌的核发，强化了车辆管理工作。据公安部《关于全国启用、换发九二式机动车牌证的公告》，从 1994 年 7 月起，所有在中华人民共和国大陆境内的民用汽车、摩托车、农用运输车以及外国驻华机构、外商独资、合资企业的车辆，华侨和居住在台湾、香港、澳门地区的居民在大陆的车辆都应当换领“九二”式机动车牌证。

3) 机动车行驶证

(1) 机动车行驶证的作用与规定。机动车行驶证与号牌一样，是机动车取得合法行驶权的凭证，全国有效。机动车辆行驶时，必须随身携带行驶证，车辆管理部门通过对它的检查，可以了解车辆的归属和车辆的使用状况，这对于加强车辆管理、保障交通安全具有重要的作用。行驶证与车辆号牌编号相同。挂车与拖拉机号牌为单独增发的号牌，故主车与挂车不是同一号牌，拖带挂车的机动车辆应携带主车和挂车两个行驶证。行驶证必须由发证机关签章才能生效。

(2) 机动车行驶证的内容。行驶证包括该车(包括挂车)的厂牌、车型、车辆类型、车辆牌号、核定载质量和载客数量、车属单位或个人、主管机关和发证机关、检验记录、异动登记、附记及注意事项等内容。

4) 机动车辆登记

机动车辆的登记，是指公安车辆管理机关对我国民用机动车辆的车主、住址、电话、单位代码、居民身份证号、车辆类型、厂牌型号及车辆技术参数和变更情况所实行的记录手续。车辆登记的目的是使车辆管理机关及时掌握车辆的技术状况和分布状况，以便查找车主和掌握车辆的动态。因此，车辆登记是一项非常细致而且需要认真处理的工作，必须严肃地履行规定的手续。

5) 机动车安全检验

(1) 安检制度。机动车应从注册登记之日起，按照下列期限进行安全技术检验：

① 营运载客汽车 5 年内每年检验 1 次；超过 5 年的，每 6 个月检验 1 次。

② 载货汽车和大型、中型非营运载客汽车 10 年以内每年检验 1 次；超过 10 年的，每 6 个月检验 1 次。

③ 小型、微型非营运载客汽车 6 年以内每两年检验 1 次；超过 6 年的，每年检验 1 次；超过 15 年的，每 6 个月检验 1 次。

④ 摩托车 4 年内每 2 年检验 1 次；超过 4 年的，每年检验 1 次。

⑤ 拖拉机及其他机动车每年检验 1 次。

《道路交通安全法》第十六条规定："营运机动车在规定检验期限内经安全技术检验合格的，不再重复进行安全技术检验。"

表 8-1 为机动车报废的标准及延缓期检查次数表。

表 8-1　机动车报废的标准、延缓最长年限及延缓期内定期检验次数

车类		报废标准		延缓最长期	延缓期内定期检验次数(次/年)
		使用年限	累计行驶里程		
9 座以下非营运载客汽车(包括轿车，含越野型)		15 年	50 万公里	根据使用时间和年检情况，延长使用年限	21 年(含)内每年 2 次，21 年以后每年 4 次
旅游载客汽车		10 年	50 万公里	10 年	4
9 座以上非营运载客汽车		10 年	50 万公里	10 年	16 年(含)内每年 2 次，16 年以后每年 4 次
各类营运的特大、大、中、轻、微型客车(包括轿车，含越野型)		10 年	50 万公里	5 年	4
各类出租车	19 座以下	8 年	与其他同类车一致	不得延缓	—
	19 座(含)以上			2 年	4
微型载货汽车		10 年	30 万公里	不得延缓	1
重、中、轻型载货汽车(含越野型)		10 年	40 万公里	5 年	2
带拖挂的载货汽车(即全挂汽车列车)		8 年	45 万公里	4 年	2
矿山作业专用车		8 年	30 万公里	4 年	2
农用三轮运输车		4 年	15 万公里	不得延缓	—
农用四轮运输车		8 年	25 万公里	不得延缓	—
吊车、消费车、钻探车等从事专门作业的车辆		10 年	45 万公里	根据时间使用和年检情况，延长使用年限	1
其他汽车		10 年	45 万公里	5 年	2
轻便两轮摩托车 轻便三轮摩托车 两轮摩托车 边三轮摩托车		8 年	10 万公里	3 年	2
正三轮摩托车		7 年	8 万公里	3 年	2
燃油助动车		5 年	不得延缓	不得延长	—

注：营运车转为非营运车辆或非营运车辆转为营运车辆，一律按营运车辆规定标准予以核办延缓报废手续；出租车是指以乘客到达地为目的的，且计程或者计时收费的载客机动车。

右置方向盘的车辆或已无配件来源的车辆应予报废。

车况严重损坏、技术状况低劣、无法修复的车辆应予报废。

经修理调整或采用排气污染控制技术后，排放污染仍超过国家排放规定的车辆应予报废。

定期检查时，连续三次被检项目不符合，复检两次仍不合格，应注销登记，不允许再上路。

文件依据：1.《汽车报废标准》(国贸经[1997]456 号)；

2.《国家经济贸易委员会、国家发展计算委员会、公安部、国家环境保护总局关于调整汽车报废标准若干规定的通知》(国经贸资源[2000]1202 号)；

3.《公安部关于实施<汽车报废标准>有关事项的通知》(公交管[1997]216 号)。

(2) 机动车安全检测内容与方法。对机动车安全技术检测，主要包括安全行驶和减少公害两方面内容：

① 在安全行驶方面的检测主要是对机动车结构部件、装备(如整车、发动机、转向系制动系、照明和信号装置、电器设备、行驶系、传动系、车身、安全防护装置及特种车的附加要求等)或机动车的使用性能(如制动性能、转向操纵性能、发动机动力性能和启动性能等)的检测。

② 在减少公害方面主要是控制和监督机动车的噪声，以及对发动机排放污染物的浓度的检测。

(3) 机动车安全检验的种类。在车辆管理工作中，根据对机动车检验的目的来划分，可将机动车检验分为四种类型，即初次检验、定期检验、临时检验和特殊检验。

① 初次检验。机动车辆在申请领取号牌和行驶证时所进行的检验称为初次检验，简称“初检”。初次检验的目的在于审核机动车辆是否具备申领号牌和行驶证的条件。

② 定期检验。车辆管理部门对已领取正式号牌、行驶证的机动车辆，要按规定进行定期检验。按照《机动车安全技术条件》(GB7258—2004)的要求，对于一部分车辆每年进行的检验，称为年度检验，简称“年检”。

③ 临时检验。机动车有下列情况之一者，需进行临时检验：申领临时号牌的机动车；申请复驶的机动车；受严重损坏，修复后拟恢复行驶的机动车；要求用作教练车或因工程需要(用货车)载人的机动车；挂有国外、港澳地区号牌，经我国政府允许，可进入我国大陆地区短期行驶的机动车；转籍中对入籍车辆的认定和技术检查时，须进行检验的车；车辆管理机关认为必要时，对机动车进行的检验。

④ 特殊检验。特殊检验的目的和要求、内容及重点都不同于年度检验和临时检验。它包括改装车辆的检验、肇事车辆的检验、首长及外宾在外事活动中用车的检验等。

3. 机动车驾驶人管理范畴

1) 驾驶人管理的内容

(1) 对学习驾驶人的审批、技术考核。

(2) 驾驶证的核发、换发、补发，驾驶人增驾及异动登记等手续。

(3) 对驾驶人进行安全教育、法制宣传、定期审验等日常管理，对驾驶人数量和动态做好宏观控制。

(4) 驾驶人档案管理及各项有关统计。

2) 准驾的规定

机动车驾驶人准予驾驶的车型顺序依次分为：大型客车、牵引车、城市公交车、中型客车、大型货车、小型汽车、小型自动挡汽车、低速载货汽车、三轮汽车、普通三轮摩托车、普通二轮摩托车、轻便摩托车、轮式自行机械车、无轨电车和有轨电车，详见表 8-2。

表 8-2　准驾驶车型及代号

准驾车型	代号	准驾的车辆	准予驾驶的其他准驾车型
大型客车	A1	大型载客汽车	A3、B1、B2、C1、C2、C3、C4、M
牵引车	A2	重型、中型全挂半挂汽车列车	B1、B2、C1、C2、C3、C4、M
城市公交车	A3	核载 10 个以上的城市公共汽车	C1、C2、C3、C4、

续表

准驾车型	代号	准驾的车辆	准予驾驶的其他准驾车型
中型客车	B1	中型载客汽车(含核载10个以上、19人以下的城市公共汽车)	C1、C2、C3、C4、M
大型货车	B2	重型、中型载货汽车；大、重、中型专项作业车	
小型汽车	C1	小型、微型载客汽车以及轻型、微型载货汽车；轻、小、微型专项作业车	C2、C3、C4、
小型自动挡汽车	C2	小型、微型自动挡载客汽车以及轻型、微型自动挡载货汽车	C4
低速载货汽车	C3	低速载货汽车(原四轮农用运输车)	
三轮汽车	C4	三轮汽车(原三轮农用运输车)	E、F
普通三轮摩托车	D	发动机排量大于50 ml或者最大设计车速大于50 km/h的三轮摩托车	F
普通二轮摩托车	E	发动机排量大于50 ml或者最大设计车速大于50 km/h的二轮摩托车	
轻便摩托车	F	发动机排量小于等于50 ml，最大设计车速小于等于50 km/h的摩托车	
轮式自行机械车	M	轮式自行机械车	
无轨电车	N	无轨电车	
有轨电车	P	有轨电车	

8.1.2　道路通行条件

承担承运行人、车辆的道路以及引导、指挥交通的道路交通设施是道路交通安全的主要内容和道路通行的基本条件。

1．道路

道路是交通的载体，是道路交通的根本前提条件。

2．道路交通设施

1) 交通信号灯

交通信号灯是一种最常见、最重要的交通信号。道路交通信号对于道路交通安全、畅通相当重要，它发挥着指挥交通的作用。统一和规范交通信号对于维护道路交通秩序，保障道路交通安全，是相当必要的。

为了规范道路交通，规范和明确交通信号灯，《道路交通管理条例》关于交通信号灯的组成和使用的原则规定如下：

(1) 交通信号灯由红色灯、绿色灯和黄色灯组成。

(2) 红灯表示禁止通行；绿灯表示准许通行；黄灯表示警示。

2) 铁路道口

铁路道口是指铁路直接与道路贯通的平面交叉。铁路道口既关系到铁路交通，也关系到道路交通，是道路交通的一个重要组成部分。

铁路与道路平面交叉的道口，应当设置警示灯、警示标志或者安全防护设施。无人看守的铁路道口，须在距道口一定距离处设置警示标志。

道路交通信号等交通设施是引导和指挥道路交通的重要设备。保障道路交通信号等交通设施得以正常使用，是提高道路通行效率，防止道路交通事故的重要保证。任何人均不得擅自设置、移动、占用或者损毁交通信号设施。道路两侧及隔离带上种植的树木或者其他植物以及设置的广告牌、管线等应当与交通设施保持必要的距离，不得遮挡路灯、交通信号灯、交通标志，不得妨碍安全视距，不得影响通行。

3. 道路、停车场以及道路交通设施规划、设计和建设要求

道路、停车场以及道路交通设施规划、设计和建设要求包括两方面的内容：

(1) 道路、停车场和道路配套设施的规划、设计、建设，必须符合道路交通安全、畅通的要求。

(2) 道路、停车场和道路配套设施的规划、设计、建设，应当根据交通需求作出及时调整。

对事故频发路段或者其他存在安全隐患的场所，应采取恰当措施防范道路交通事故，消除安全隐患。公安机关交通管理部门发现已经投入使用的道路或者停车场、道路配套设施存在严重交通安全隐患的，应当及时向当地人民政府报告，并提出防范事故、消除隐患的建议。当地人民政府接到公安机关交通管理部门的报告和建议后，应当及时给出处理决定。这是各级地方人民政府的法定职责，必须切实履行，以便尽快消除安全隐患，防范交通事故再次发生。

8.1.3　道路通行规则

道路通行规则是车辆、行人的基本通行准则，是保障有序、安全通行的基础。

根据《中华人民共和国道路交通安全法》规定，在我国，机动车、非机动车实行右侧通行规则；根据道路条件和通行需要，道路划分为机动车道、非机动车道和人行道，机动车、非机动车、行人实行分道通行。没有划分机动车道、非机动车道和人行道的，机动车在道路中间通行，非机动车和行人在道路两侧通行。

右侧通行还是左侧通行，是由于历史的原因养成的通行习惯，最后形成了法定的制度。这两种通行制度并没有本质上的优劣之分。但是，通行制度对道路交通的影响是非常大的，如实行右侧通行制的国家，汽车的方向盘就要置于驾驶室的左侧，而像化油器、分电器等需要经常检修的器件就要置于发动机的右侧。而实行左侧通行制的国家，上述器件的布置方向则恰恰相反。这样做的原因就是为了行驶中超车、会车的方便，以及进行检修作业时的安全。通行制度也决定了车道的布置，右侧通行制国家在布置车道时，必须遵循低速置右的原则和从左侧超车的规定；而左侧通行制国家则遵循低速车道布置在左边，且必须从右侧超车的规定。

8.2　道路交通事故处理的有关规定

8.2.1　道路交通事故处理程序规定

交通事故发生后，从立案到结案包括的环节和顺序即交通事故处理的程序。办理交通事故案件的程序应包括从立案、事故调查到善后处理的各个环节。

1. 立案

交通管理机关对于由当事人、目击者或其他人报告的交通事故案件都应当接受，然后按照管辖范围迅速审查。如是属于自己管辖范围内的事故，则应立案并展开调查；如是不属于自己管辖范围内的事故，则应告知报案人并主动与有管辖权的交通管理机关联系移交。

立案是进行交通事故处理的前提。立案的根据主要来自报案，但也有当事人私下和解不成又请求处理的，也有交通管理机关自行发现的。

2. 调查

立案之后的程序为调查。事故调查的目的首先是明确交通事故的性质，对于治安性质的交通事故，应由交通管理机关调查；对于刑事性质的交通事故，可移交有关部门实施侦察。对于交通事故案件，调查的内容包括现场勘察、讯问当事人、收集物证，以及对痕迹、物证进行技术鉴定等取证工作。

3. 责任分析

责任分析必须建立在调查、取证之后，案件的情节清楚、证据充分的基础上，同时，责任分析也必须以案情分析及事故原因分析为前提。根据责任分析，对当事人在交通事故中应承担的责任或是否要负法律责任作出认定。

事故责任分析时应当将造成事故的直接原因与引起事故后果的原因分别考虑。比如一起会车中货物扎伤对方乘客的事故，事故的直接原因当然是货物在运行中松动突出车外，属于违反装卸规定行车引起的；而造成事故伤人的原因是由于对方车辆客货混装，车上乘员高出车厢造成的。

责任分析还要考虑当事人违章行为与事故的因果关系，以及违章行为在事故中的作用。也就是说，当事人有违章行为，且其与交通事故有因果关系的，应负交通事故责任；当事人没有违章行为或虽有违章行为，但违章行为与交通事故无因果关系的，不负交通事故责任。

4. 裁决处罚

对有违反交通规章的交通事故当事人，应根据其违章情节给予处罚。处罚裁决应当在当事人责任认定之后进行。处罚应以裁决书形式通知本人。

对于交通事故当事人的肇事行为已触犯刑法的，经裁决程序后可向法院提出诉讼。

5. 赔偿调解

调解作为解决交通事故损害赔偿的形式，不同于法律上的经济赔偿判决。这项程序应

当在查明交通事故原因、认定交通事故责任、确定交通事故造成损失的情况后，由事故处理机关召集当事人和有关人员协商解决。

经调解达成协议的或在调解期满后未达成协议的，由事故处理机关分别制作调解书或调解终结书。至此，交通管理机关处理事故的程序便告终结。相关部门及当事人处理事故的流程如图 8-1 所示。

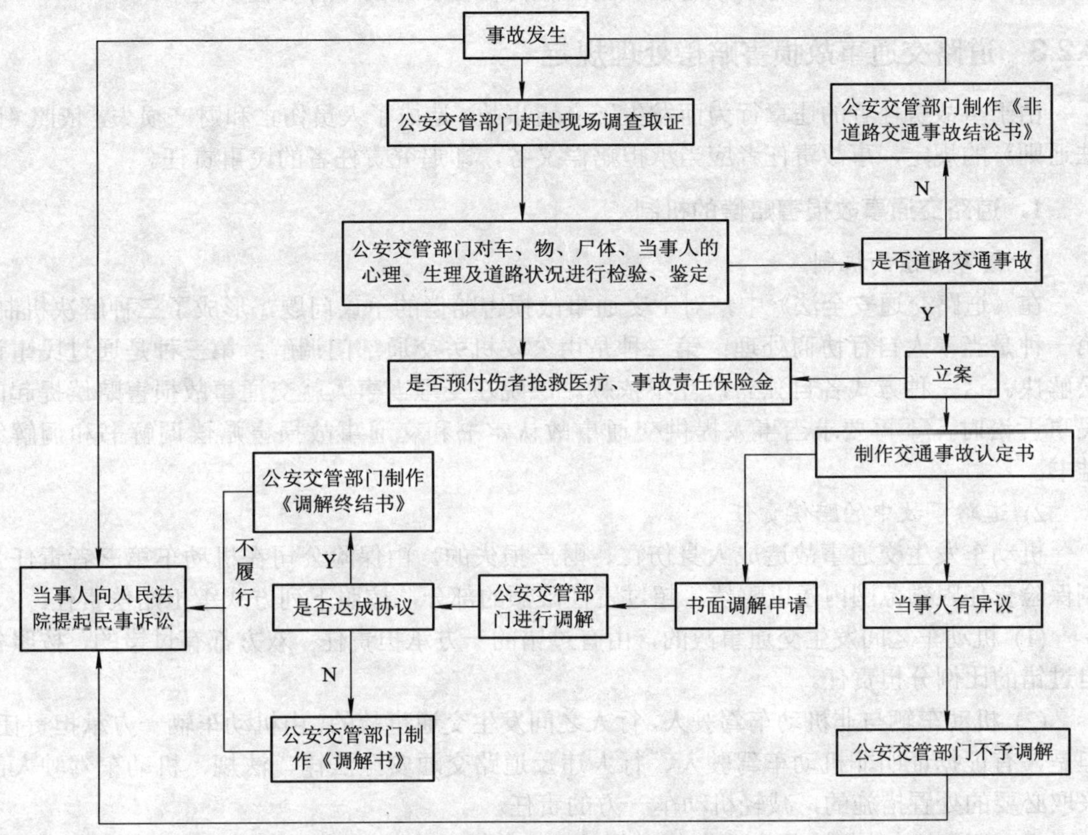

图 8-1　赔偿调解流程图

8.2.2　道路交通事故责任认定规定

1. 时限规定

道路交通事故责任认定应在自事故发生之日起按下列时限作出：轻微事故 5 日内，一般事故 15 日内，重大、特大事故 20 日内。因道路交通事故情节复杂不能按期作出认定的，须报上一级管理部门批准，按上述规定分别延长 5 日、10 日和 15 日。道路交通肇事逃逸案的责任认定自破案之日起，执行上述时间限定。

2. 公布

管理部门公布道路交通事故责任时，应当召集各方当事人同时到场，出具有关证据，说明认定责任的依据和理由，并将《道路交通事故责任认定书》送交有关当事人，告知当事人重新认定的有关事项。

3. 责任公开认定

为了依法进行责任认定，增强工作透明度，接受社会监督，做到公正处理道路交通事故，各省、市、自治区制定了《道路交通事故公开认定责任和调解暂行规定》，在各省范围内推行道路交通事故责任公开认定。道路交通事故责任公开认定是在管理部门的主持下，由事故当事人各方参加，将事故责任认定过程向社会公开的一种责任认定形式。

8.2.3 道路交通事故损害赔偿处理规定

由于事故责任者的违章行为而发生了交通事故，造成了人员伤亡和财产损失，依照《民法通则》的规定，事故责任者应当承担赔偿义务，即追究责任者的民事责任。

1. 道路交通事故损害赔偿的机制

1) 损害赔偿的机制

在《道路交通安全法》中，对于交通事故损害赔偿的争议问题，形成了三种解决机制，第一种是当事人自行协商处理；第二种是由公安机关交通部门调解；第三种是通过民事诉讼解决。这三种方式各自独立，互不依赖。法院在受理当事人就交通事故损害赔偿提起的民事诉讼时，不再要求当事人提供交通事故认定书和交通事故损害赔偿调解书和调解终结书。

2) 道路事故中的赔偿责任

机动车发生交通事故造成人身伤亡、财产损失的，由保险公司在机动车第三者责任强制保险责任限额范围内予以赔偿。超过责任限额的部分，按照下列方式承担赔偿责任：

(1) 机动车之间发生交通事故的，由有过错的一方承担责任；双方都有过错的，按照各自过错的比例分担责任。

(2) 机动车辆与非机动车驾驶人、行人之间发生交通事故的，由机动车辆一方承担责任；但是，有证据证明非机动车驾驶人、行人违反道路交通安全法律、法规，机动车驾驶人已采取必要的处置措施的，减轻机动车一方的责任。

(3) 交通事故的损失是由非机动车驾驶人、行人故意造成的，机动车一方不承担责任。

2. 道路交通事故民事赔偿的承担原则

道路交通事故民事赔偿责任的承担是《道路交通安全法》立法中的一个重大问题，它关系到立法思想的体现和对当事人合法权益的保护，是正确处理交通事故的关键。

根据《民法通则》的有关规定，考虑到我国交通安全管理的实际情况，在《道路交通事故处理办法》有关规定的基础上，《道路交通安全法》对交通事故民事赔偿责任承担原则作出了新的规定。

(1) 保险先行有限赔偿原则：机动车发生交通事故造成人身伤亡、财产损失的，由保险公司在机动车第三者责任强制保险责任限额范围内予以赔偿；对超过责任限额的部分，按照其他的法律规定方式承担赔偿责任。

(2) 过错责任原则：机动车之间发生交通事故的，由有过错的一方承担责任；双方都有过错的，按照各自过错的比例分担责任。

(3) 严格责任原则：机动车辆与非机动车驾驶人、行人之间发生交通事故的，由机动车

辆一方承担责任；但是，有证据证明非机动车驾驶人、行人违反道路交通安全法律、法规，机动车驾驶人已采取必要的处置措施的，减轻机动车一方的责任。

(4) 交通事故民事赔偿免责的规定：交通事故的损失是由非机动车驾驶人、行人故意造成的，机动车一方不承担责任。

8.2.4 道路外交通事故处理规定

1．道路外交通事故的具体界定

1) 道路外范围的具体界定

道路外或非道路是相对于道路概念而言的，在实际工作中是非常难于把握的一个问题，要弄清什么是道路外或非道路，必须先弄清什么是道路。根据《中华人民共和国道路交通管理条例》(以下简称《条例》)第二条规定："道路是指公路、城市街道和胡同(里巷)，以及公共广场、公共停车场等供车辆、行人通行的地方。"其中所称的"公路"在 1998 年 1 月 1 日起施行的《中华人民共和国公路法》(以下简称《公路法》)第六条和第二条第二款中作了明确的规定，"公路按其在公路路网中的地位分为国道、省道、县道和乡道，并按技术等级分为高速公路、一级公路、二级公路、三级公路和四级公路。""本法所称公路，包括公路桥梁、公路隧道和公路渡口。"非道路是指《条例》第二条规定以外的道路，即道路以外的路面、路段。

但是，下列路段、路面和地方应纳入非道路范围：

(1) 自建自管未列入规划的城市巷弄或村间路，或者称自行修建并自行负责管理的路面。

(2) 用于田间耕作的农村铺设的水泥路、沥青路、砂石路等机耕路。

(3) 村民宅前宅后建造的路段或自然通车形成的路面。

(4) 封闭式住宅小区内楼群之间的路面。

(5) 机关、团体、单位的内部路面，厂矿、企事业单位，火车站、机场、港口、货场内的专用路面。

(6) 撤村建居后尚未移交公安交通部门管理的路段。

(7) 晾晒作物的场院内。

(8) 断路施工而且未竣工或已竣工未移交公安交通部门管理的路段。

(9) 其他未列入公共交通管理范围的路段。

2) 道路外交通事故的界定

道路交通事故是根据《道路交通事故处理办法》(以下简称《办法》)第二条的规定："车辆驾驶人员、行人、乘车人以及其他在道路上进行与交通有关活动的人员，因违反《条例》和其他道路交通管理法规、规章的行为，过失造成人身伤亡或者财产损失的事故。"所以在"道路"上发生的交通事故理所当然属道路交通事故，属于《条例》和《办法》管辖处理的范围。非道路交通事故是指《条例》中所称的"道路"以外所发生的人身伤亡或者财物损失的事故，即"非道路"上发生的人身伤亡、财物损失的事故或其他事故，具体地说，上述九类地点所发生的事故都应纳入非道路交通事故。这类交通事故发生后，既不属于《条例》调整的范围，也不能依照《办法》进行处理。

2. 现行非道路交通事故处理模式

目前，各地对非道路交通事故的重视程度不同，对交通事故侦查、调解的法定义务认识也不一致。公安机关的内部分工有所差别，导致各地非道路交通事故处理模式不尽相同，但不外乎以下五种模式：

(1) 非道路交通事故接警、现场勘察、调查取证、原因分析、责任处罚、损害赔偿调解完全由交巡警部门承担。

(2) 非道路交通事故从接警，到损害赔偿调解全部程序完全由基层派出所承担。

(3) 交巡警和基层派出所联合处理，事故严重、案情复杂的非道路交通事故由交巡警部门出面处理，一般性的非道路交通事故由基层派出所协助处理；或者是绝大多数非道路交通事故交巡警部门出面处理，涉及到重伤、死亡的事故由派出所、刑侦或治安等部门联合处理。

(4) 交巡警部门接警，承担现场勘查、痕迹鉴定和原因分析等相关工作，由专业人员负责调查取证、收集证据，属地公安派出所负责责任处罚和在双方自愿情况下的赔偿调解。

(5) 个别省市的一些地方乡、镇政府、政法委、居委会、村委会协调处理非道路交通事故，显然这一做法执法主体违法。因为《中华人民共和国人民警察法》第六条规定：公安机关的人民警察按照职责分工，依法履行“维护交通安全和交通秩序，处理交通事故”的职责。

思　考　题

1. 机动车辆的管理包括哪些内容？
2. 机动车辆登记有哪几种类型？
3. 简述机动车安全技术检验期限。
4. 简述机动车报废标准。
5. 机动车安全检验有哪些种类？
6. 简述准驾车型及代号。
7. 道路交通事故民事赔偿遵循哪些承担原则？

第 9 章　汽车消费贷款及其保险

随着改革开放的深入和市场经济的进一步发展，人民生活水平和质量不断提高，汽车迅速进入百姓家庭。但是对于普通家庭来说，一辆车的价格不是小数目，有时难以一次付清，对于买车心切又难以一次付清的消费者，汽车消费贷款支付无疑是他们的首选。目前，我国较为成熟的车贷险为汽车消费贷款保证保险及汽车分期付款售车信用保险两种。本章介绍汽车消费贷款及其保险的业务知识。

9.1　汽车消费贷款

汽车消费贷款是指贷款人向申请为购买自用或者营业用的借款人发放的人民币担保贷款。它具有“定点选购、自筹首期、先存后贷、有效担保、专款专用、按期偿还”的特点。具体包括贷款人向申请购买汽车的客户发放的人民币担保贷款个人汽车消费贷款以及贷款人向申请购买汽车的企、事业法人单位发放的人民币担保贷款法人购车贷款两种业务。

9.1.1　申请汽车消费贷款必须符合的条件

1. 个人申请汽车消费贷款的基本条件

(1) 年满 18 周岁、具有完全民事行为能力、在中国境内有固定住所的中国公民。

(2) 具有稳定的职业和经济收入，能保证按期偿还贷款本息。

(3) 在贷款银行开立储蓄存款户，并存入不少于规定数额的购车首期款。

(4) 能为购车贷款提供贷款银行认可的担保措施。

(5) 愿意接受贷款银行规定的其他条件。

2. 法人申请汽车消费贷款的基本条件

(1) 在当地注册登记，具有法人资格的企业、事业单位，出租汽车公司或汽车租赁公司应具有营运许可证。

(2) 在工商银行开立账户，并存有一定比例的首期购车款。

(3) 信用良好，收入来源稳定，能够按期偿还贷款本息。

(4) 提供贷款人认可的财产抵押、质押或第三方保证。

(5) 贷款人规定的其他条件。

9.1.2 贷款额度

汽车消费贷款的单笔额度应视不同担保方式分别确定：

(1) 借款人以国库券、金融债券、国家重点建设债券、个人存单等质押的，或银行、保险公司等金融机构提供连带责任保证的，或保险公司提供足额的分期还款保证保险的，存入银行的首期款不得少于购车款的20%，贷款最高额为购车款的80%。

(2) 借款人以房产或依法取得的土地使用权作抵押的，存入银行的首期款不得少于购车款的40%，贷款最高额为购车款的60%。

(3) 以第三方(银行、保险公司除外)连带责任保证的，或以所购汽车作抵押的，或以其他方式进行担保的，存入银行的首期款不得少于购车款的50%，贷款最高额为购车款的50%。

9.1.3 期限和利率

(1) 消费贷款期限可根据借款人购车的用途予以确定，自用车辆贷款期限最长不超过5年(含)，一般为3年；营运车辆贷款期限最长不超过3年(含)。

(2) 利率按照中国人民银行有关规定的同期贷款利率执行。

9.1.4 办理汽车消费贷款的程序

1．贷款人应提供的资料

1) 个人需要的资料

(1) 借款人如实填写的《汽车消费贷款申请表》。

(2) 合法有效的身份证明：本人身份证、户口本及其他有效居留证件；已婚者还应当提供配偶的身份证明材料。

(3) 目前供职单位出具的收入证明：有效的财产证明、纳税证明。

(4) 与银行特约经销商签订的购车合同或协议。

(5) 购车的自有资金证明：已预付给特约销售商的应提供收款收据。

(6) 担保资料。

2) 法人需要的资料

(1) 企业法人营业执照或事业法人执照，法人代码证，法定代表人证明文件。

(2) 与经销商签订的购车合同或协议。

(3) 经审计的上一年度及近期的财务报表，人民银行颁发的《贷款卡》或贷款证。

(4) 出租汽车公司等需出具出租汽车营运许可证(或称经营指标)。

(5) 担保所需的证明或文件，包括抵(质)押物清单和有处分权人(含财产共有人)同意抵、质押的证明；有权部门出具的抵押物所有权或使用权证明、书面估价证明、同意保险的文件；质押物须提供权力证明文件；保证人同意履行连带责任保证的文件、有关资信证明材料。

(6) 缴付首期购车款的付款证明。

2．贷款程序

汽车消费货款的流程图如图9-1所示。

(1) 客户咨询：客户咨询，领取贷款的有关资料。

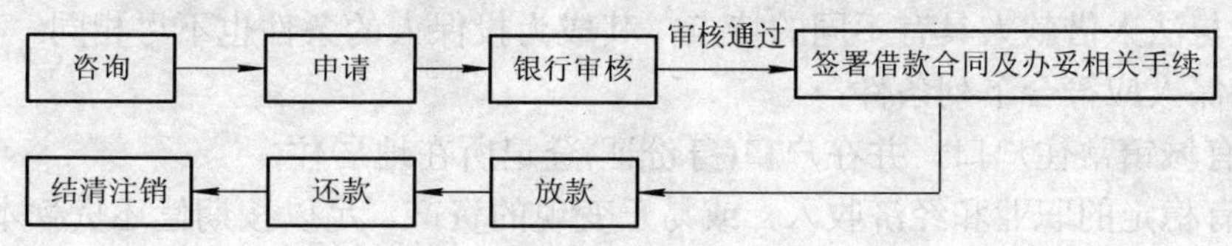

图 9-1　汽车消费贷款流程图

(2) 客户递交申请资料：客户填写申请表格，向经办行或委托受理网点递交有关资料。

(3) 贷款人委托经销商对借款人进行调查了解，借款人与经销商签订购车合同、交首付款等。

(4) 资格审查：在受理客户申请后，对借款人的资信情况、偿还能力、材料的真实性进行审查，并在规定的时间内给予申请人明确答复。

(5) 办理手续：经审查符合贷款条件后，贷款人即与客户签订借款合同、担保合同，并办理必要的抵押登记手续和保险手续。

(6) 贷款通知：贷款人通知经销商和客户，由经销商协助客户办理购车所需各种手续，客户提车，贷款人发放贷款，将贷款全额划入经销商账户。

(7) 按期还款：客户按借款合同约定的还款日期、还款方式偿还本息。客户按合同预定全部归还贷款本息后，贷款人将退还客户被收押的有关单证。

9.1.5　汽车贷款的还款方式

对于期限在 1 年以内的贷款，应在贷款到期日一次性还本付息、利随本清；对于期限在 1 年以上的贷款，可选择按月“等额本息”或“等额本金”还款方式。每月还本付息额计算公式如表 9-1 所示。

表 9-1　每月还本付息额表

方　法	每月还本付息额
等额本息还款法	贷款总额×月利率+贷款总额 ×月利率÷[(1+月利率)^{还款总月数}−1)
等额本金还款法	贷款本金÷还款总月数+(贷款本金−已归还本金累计额)×月利率

9.2　汽车消费贷款保证保险

汽车消费贷款保证保险是指以借款合同所确定的贷款本息为标的，投保人根据被保险人的要求，请求被保险人担保自己信用的一种保险。如果在规定的期限内，因投保人未按借款合同按期履行还款义务，致使被保险人受到经济损失的，由保险人负赔偿责任。保险人履行赔偿义务后，有权向投保人或提供连带责任担保的第三方担保人追偿。

9.2.1　投保人、担保人应具备的基本条件

1．投保人应具备的基本条件

汽车消费贷款保证保险的投保人应是年满十八周岁、具有完全民事行为能力的自然人，或依法成立的、能够独立承担民事责任的企(事)业法人。

因个人与法人借款人具有不同的特点，其成为投保人的条件也不尽相同。

个人投保人应符合下列条件：

(1) 具有城镇常住户口，并在户口(身份证)登记所在地居住。

(2) 具有稳定的职业和经济收入，或易于变现的资产，足以按期偿还贷款本息；已婚者须提供其配偶偿付贷款连带责任的证明材料。

(3) 在申请贷款期间有不低于银行规定的购车首期款存入贷款银行。

(4) 能提供银行认可的资产作为抵押或质押，或有足够的代偿能力的单位或个人作为保证人。

(5) 没有犯罪记录，没有欠债不还或赌博习惯以及吸毒等不良记录。

(6) 愿意接受银行和保险人认为必要的其他条件。

法人投保人应符合下列条件：

(1) 具有偿还贷款的能力。

(2) 与受理公司处于同一城市区域。

(3) 在申请贷款期间有不低于银行规定的购车首期款存入银行。

(4) 能提供银行认可的资产作为抵押或质押，或有足够的代偿能力的单位或个人作为保证人。

(5) 事业法人应提供其上级拨付事业经费的财政部门出具的担保函。

(6) 愿意接受银行和保险人认为必要的其他条件。

2．担保人应具备的基本条件

对于自然人：

(1) 为具有完全民事行为能力的中国公民。

(2) 具有稳定的职业和经济收入，或易于变卖的资产，有能力按期偿还购车款项。

(3) 能够提供保险人认可的担保。

对于法人：

(1) 为中国境内的企业、事业法人单位或国家机关(不含分支机构或派出机构)。

(2) 具有偿还购车款能力。

(3) 能够提供保险人认可的担保。

凡法律或银行规定不能作为担保人的单位或个人，不论何种理由，均不得接受其担保或反担保的行为。

由以上可知，汽车消费贷款保证保险的投保人包括根据中国人民银行《汽车消费贷款管理办法》规定，与被保险人订立《汽车消费贷款合同》，以贷款购买汽车的中国公民和企业、事业单位法人；汽车消费贷款被保险人指为投保人提供贷款的国有商业银行或经中国人民银行批准经营汽车消费贷款业务的其他金融机构。

9.2.2　投保人、被保险人的义务

1．投保人义务

投保人必须在本合同生效前，履行以下义务：

(1) 一次性缴清全部保费。

(2) 必须依法办理抵押物登记。

(3) 必须按中国人民银行《汽车消费贷款管理办法》的规定为抵押车辆办理车辆损失险、第三者责任险、盗抢险、自燃险等保险，且保险期限至少比汽车消费贷款期限长 6 个月，不得中断或中途退保。

2．被保险人义务

(1) 被保险人发放汽车消费贷款对象必须为贷款购车的最终用户。

(2) 被保险人应按中国人民银行《汽车消费贷款管理办法》严格审查投保人的资信情况，在确认其资信良好的情况下，方可同意向其贷款。

资信审查时应向投保人收取以下证明文件，并将其复印件提供给保险人。内容包括：个人的身份证及户籍证明原件，工作单位人事及工资证明或居委会出具的长期居住证明；法人的营业执照、税务资信证明等。

(3) 被保险人应严格遵守国家法律、法规，做好欠款的催收工作和催收记录。

(4) 被保险人与投保人所签订的《汽车消费贷款合同》内容如有变动，须事先征得保险人的书面同意。

(5) 被保险人在获得保险赔偿的同时，应将其有关追偿权益书面转让给保险人，并协助保险人向投保人追偿欠款。

(6) 被保险人不履行上述规定的各项义务时，保险人有权解除保险合同或不承担赔偿责任。

9.2.3　保险责任与责任免除

投保人逾期未能按《汽车消费贷款合同》规定的期限偿还欠款满一个月的，视为保险责任事故发生。

保险责任事故发生后 6 个月，投保人不能履行规定的还款责任的，保险人负责偿还投保人的欠款，但是，下列几种情况可以免除相应责任：

(1) 由于下列原因造成投保人不按期偿还欠款，导致被保险人的贷款损失时，保险人不负责赔偿：

① 战争、军事行动、暴动、政府征用、核爆炸、核辐射或放射性污染；

② 因投保人的违法行为、民事侵权行为或经济纠纷致使其车辆及其他财产被罚没、查封、扣押、抵债及车辆被转卖、转让的；

③ 因所购车辆的质量问题及车辆价格变动致使投保人拒付或拖欠车款的。

(2) 由于被保险人对投保人提供的材料审查不严或双方签订的《汽车消费贷款合同》及其附件内容进行修订而事先未征得保险人书面同意，导致被保险人不能按期收回贷款的损失。

(3) 由于投保人不履行《汽车消费贷款合同》规定的还款义务而致的罚息、违约金，保险人不负责赔偿。

9.2.4　保险期限和保险金额

汽车消费贷款保险期限为从投保人获得贷款之日起，至付清最后一笔贷款之日止，但最长不得超过《汽车消费贷款合同》规定的最后还款日后的1个月。

汽车消费贷款保险金额为投保人的贷款金额(不含利息、罚息及违约金)。

9.2.5　费率规章

投保人所买保险的保险期限和费率表如表9-2所示。

表9-2　保证保险的期限和费率表

保险期限/年	1	2	3	4	5
保险费率/%	1	2	3	4	5

保险费=保险金额×保险费率

其中，保险期限不足6个月的，按6个月计算，即费率为0.5%；保险期限超过6个月不满一年的，按1年计算，即费率为1%。

例如，保险期限为2006年5月1日起，至2007年9月1日止，即保险期限为1年4个月，则保险期限按1年6个月计算，费率为1%+0.5%，即1.5%；保险期限为2006年5月1日起，至2008年2月1日止，即保险期限为1年8个月，则保险期限按2年计算，费率为1%+1%，即2%。

9.2.6　赔偿处理

当发生保险责任范围内的事故时，被保险人应立即书面通知保险人，如属刑事案件，应同时向公安机关报案。

被保险人索赔时应先行处分抵押物，抵减欠款，抵减欠款不足部分由保险人按本条款赔偿办法予以赔偿。被保险人索赔时如不能处分抵押物，应向保险人依法转让抵押物的抵押权，并对投保人提起法律诉讼。

被保险人索赔时，应向保险人提供以下有效单证：

(1) 索赔申请书。

(2) 汽车消费贷款保证保险和汽车保险保单正本。

(3) 《汽车消费贷款合同》(副本)。

(4) 《抵押合同》。

(5) 被保险人签发的《逾期款项催收通知书》。

(6) 未按期付款损失清单。

(7) 保险人根据案情要求提供的其他相关证明材料。

在符合规定的赔偿金额内实行20%的免赔率。

关于抵押物的处分及价款的清偿顺序按《抵押合同》的规定处理。

9.2.7　其他规定

(1) 本保险合同生效后，不得中途退保。

(2) 发生保险责任事故后，被保险人从通知保险人发生保险责任事故当日起 6 个月内不向保险人提交规定的单证，或者从保险人书面通知之日起 1 年内不领取应得的赔款，即作为自愿放弃权益。

(3) 在汽车发生全损后，投保人获得的汽车保险赔偿金应优先用于偿还汽车消费贷款。

(4) 保险人和被保险人因本保险项下发生的纠纷和争议应协商解决，如协商不成，可向人民法院提起诉讼。除事先另有约定外，诉讼应在保险人所在地进行。

9.3　汽车分期付款售车信用保险

汽车分期付款售车信用保险作为汽车保险中一种特别约定保险，其投保人为汽车分期付款售车信用保险的投保人；被保险人为分期付款的售车人；汽车分期付款售车信用保险的担保人指按照被保险人的要求，接受分期付款购车人的请求，为分期付款购车人所欠债务承担连带责任者。

汽车分期付款售车信用保险与前述汽车消费信贷保证保险最大的区别在于汽车分期付款售车信用保险的被保险人是汽车销售商，而汽车消费信贷保证保险的被保险人是为投保人提供贷款的国有商业银行或经中国人民银行批准经营汽车消费贷款业务的其他金融机构。保险公司制发的单据，用于客户在分期购车时投保的信用险。

9.3.1　保险责任与除外责任

(1) 购车人在规定的还款期限到期 3 个月后未履行或仅部分履行规定的还款责任，保险人负责偿还该到期部分的欠款或其差额。

(2) 如购车人连续两期未偿还到期欠款，保险代购车人向被保险人清偿第 1 期欠款后，于第 2 期还款期限到期 3 个月后，向被保险人清偿购车人所有的欠款。

(3) 由于下列原因造成购车人不按期偿还欠款，导致被保险人的经济损失时，保险人不负责赔偿：

① 战争、军事行动、核爆炸、核辐射或放射性污染。

② 因购车人的违法犯罪行为以及经济纠纷致使其车辆及其他财产被罚没、查封、扣押、抵债。

③ 因所购车辆的质量问题致使购车人拒付或拖欠车款。

④ 因车辆价格变动致使购车人拒付或拖欠车款。

⑤ 被保险人对购车人资信调查的材料不真实或售车手续不全。

⑥ 被保险人在分期付款售车过程中存在故意和违法行为。

9.3.2　保险期限和保险金额及相关费率

1. 保险期限

保险期限是从购车人支付规定的首期付款日起，至付清最后一笔欠款日止，或至该份

购车合同规定的合同期满日为止，二者以先发生为准，但最长不超过3年。

2．保险金额

保险金额为购车人首期付款(不低于售车单价的30%)后尚欠的购车款额(含资金使用费)。

3．保险费

保险费=保险金额×保险费率。

4．保险费率

汽车分期付款售车信用保险的保险费率表如表9-3所示。

表9-3　分期付款售车信用保险的保险费率表

保险时间/月	6	7～12	12	15	18	21	24	27	30	33	36
费率/%	0.06	1	1	1.25	1.50	1.50	2	2.25	2.5	2.75	3

9.3.3　保险人义务

(1) 被保险人应要求购车人提供具有担保资格的担保人，并以所购汽车作为抵押。

(2) 被保险人应严格遵守购销合同、抵押合同、质押合同等有关必备合同的规定。

(3) 被保险人应严格审查购车人和担保人的资信情况，在确认其资信良好的情况下，方可按分期付款方式销售车辆。

资信审查时向购车和担保人收取以下证明文件，并予以登记。内容包括：个人的身份证及户籍证明原件；工作单位人事及工资证明或居委会出具的长期居住证明；法人的营业执照税务登记证复印件，营业场所证明，法人代表身份证明，单位的开户行、户名及账号，银行及税务资信证明等。保险人有权要求被保险人提供上述证明文件。

(4) 被保险人应按时向保险人交纳保险费。

(5) 被保险人应严格遵守国家法律、法规及《分期付款购买汽车合同》中的责任和义务，经常检查分期付款合同的执行情况，做好欠款的催收工作和催收记录，对保险人提出的防损建议，应认真考虑并付诸实施。

(6) 被保险人的《分期付款购买汽车合同》如有变动，须事先征得保险人的书面同意；被保险人改变经营方式后如对购车人分期付款产生较大影响，应及时书面通知保险人。

(7) 被保险人不履行本条款规定的各项义务时，保险人有权终止保险合同或拒绝赔偿。

9.3.4　赔偿处理

(1) 当发生保险责任范围内事故时，被保险人应立即书面通知保险人，如属刑事案件，应同时向公安机关报案，并且每车实行免赔。

赔款金额=当期应付购车款或差额×(1～%)

(2) 被保险人索赔时应交回抵押车辆，由保险人按本条款第 23 条和第 24 条办法处分抵押物，抵减欠款，抵减欠款不足部分由保险人按本条款赔偿办法予以赔偿。

赔款金额=逾期款收回欠款金额×(1～20%)

(3) 若被保险人无法收回抵押车辆，应向担保人追偿，若担保人拒绝承担连带责任时，被保险人就提起法律诉讼。

(4) 被保险人索赔时，根据出险情况，提供以下有效证明文件：索赔申请书(应注明购车人未履行按期偿还余款和担保人未履行连带责任的原因、索赔金额及其计算方法)、分期付款购车合同、保单正本、被保险人签发的《逾期款项催收通知书》、未按期付款损失清单、代收款银行提供的代收款情况证明、向担保人发出的索赔文件、县及县以上公安机关出具的立案证明、法院受理证明、产品质量检验报告或裁决书、保险人要求提供的其他相关文件。

(5) 被保险人在获得保险赔偿的同时，应将其有关追偿权益书面转让给保险人，并积极主动协助保险人向购车人或担保人追偿欠款。

9.3.5　追偿及抵押物处分

保险人支付保险赔款之后，即取代被保险人的地位，行使对购车人的追偿权利，包括接管为被保险人债权而设计的任何抵押物。

保险人有权按拍卖、转让、兑现或其他合理的方式处分抵押物。

抵押物经处分后，按下列顺序分配价款：

(1) 支付处分费用和税金。

(2) 清偿被保险人应得款项。

(3) 清偿保险人应得的所有款项。

(4) 如上述款项仍有余额，该余额应归还购车人。如上述款项不足清偿欠款，被保险人应积极协助保险人向购车人追偿。

9.3.6　其他规定

(1) 对超出保险金额或保险期限的任何欠款，保险人不承担任何赔偿责任。

(2) 保险人对购车人因未能按期履行主合同引起的罚息和违约金不承担赔偿责任。

(3) 发生保险责任事故后，被保险人从通知保险人发生保险责任事故当日起 3 个月内不向保险人提交规定的单证，或者从保险人书面通知之日起 1 年内不领取应得的赔款，即作为自愿放弃权益。

(4) 保险人赔偿后，若发现是属于被保险人的欺骗等行为造成保险人错赔的，保险人有权追回赔款。

(5) 本保险一经承保，投保不得中途退保。

(6) 保险人和被保险人应本着“实事求是、公平合理”的原则协商解决本条款项下发生的纠纷和争议。如协商不成，可提交工商行政管理部门进行调解、仲裁，向法院提起诉讼。除事先另约定外，仲裁或诉讼应在保险人所在地进行。

图 9-2 所示为机动车辆分期付款售车信用保险投保单。

<table>
<tr><td>投保人</td><td></td><td>地址</td><td></td><td>电话</td><td></td></tr>
<tr><td>被投保人</td><td></td><td>地址</td><td></td><td>电话</td><td></td></tr>
<tr><td rowspan="2">共同购车人</td><td colspan="2">本人：</td><td colspan="3">地址：
电话：　身份证号：</td></tr>
<tr><td colspan="2">直系亲属：</td><td colspan="3">地址：
电话：　身份证号：</td></tr>
<tr><td colspan="3">担保人：</td><td colspan="3">地址：
电话：　身份证号：</td></tr>
<tr><td colspan="3">厂牌型号：</td><td colspan="3">牌照号：</td></tr>
<tr><td colspan="3">发动机号：</td><td colspan="3">车架号：</td></tr>
<tr><td colspan="6">购车价格：人民币＿＿＿＿＿＿（￥　）
首期付款：人民币＿＿＿＿＿＿（￥　）
贷款金额：人民币＿＿＿＿＿＿（￥　）
分＿＿＿＿月，＿＿＿＿期还款，每期还款人民币＿＿＿＿元。
投保金额：人民币＿＿＿＿＿＿（￥　）
费率：＿＿＿＿%
保险费：人民币＿＿＿＿＿＿（￥　）</td></tr>
<tr><td colspan="6">保险期限：自　年　月　日零时起至　年　月　日二十四　时止</td></tr>
<tr><td colspan="6">特别约定：</td></tr>
<tr><td colspan="6">投保人声明上述填写内容(包括抵押清单)属实，同意以本投保单及其附件作为订立保险合同的依据；对贵公司就机动车辆分期付款售车信用保险条款(包括责任免除部分)的内容及说明已经了解并认同；同意自保险单签发之日起保险合同成立。</td></tr>
<tr><td colspan="3">被保险人签章：
年　月　日</td><td colspan="3">投保人签章：
年　月　日</td></tr>
<tr><td colspan="6">注：1．本投保单上投保人指分期付款的购车人。
2．被保险人指分期付款的售车人。</td></tr>
</table>

图 9-2　机动车辆分期付款售车信用保险投保单

9.4　汽车消费贷款保证保险实务

汽车的信贷保险(简称车贷险)主要包括汽车消费贷款保证保险及汽车分期付款售车信用保险两种汽车贷款业务，以下介绍车贷险的保险与理赔。

9.4.1　车贷险的承保实务

1．展业

保险公司的展业人员应做好以下几方面的展业工作：

(1) 确定实施消费贷款售车的车型、销售价格及变化趋势。

(2) 准确预测个人和法人对汽车消费贷款的实际购买力及参与程度。

(3) 同所选定的银行、销售商、公证机关、公安交通管理部门等签订合作协议，以法律合同的形式确定合作方式、各方的职责、权利及义务。

(4) 通过展业宣传工作，使银行、汽车生产商、销售商和贷款购车人了解车贷险特点、优势及本公司的网络优势、技术优势、实力水平、信用优势和服务优势。

2．受理投保

业务人员应依法履行告知和说明义务，对贷款购车人要耐心细致地解释条款及其含义，特别对条款中的责任免除事项、被保险人的义务，以及其他容易引起争议的部分，应予以重点的解释和说明，同时提醒投保人履行如实告知义务，在投保人提出投保申请时，应要求其按规定提供必需的证明材料，正确指导投保人填写投保单。当投保人填写完整的投保单并提供相关的资信证明材料后，业务人员应对投保人填写的投保单及其资信证明材料进行初步审查，必要时要调查核实。

3．核保

核保工作包括审核投保单的保险金额是否符合车贷险条款规定，投保人购车的首付款是否符合规定；审核贷款合同和购车合同是否合法并真实有效，审核银行与销售商在办理消费贷款和购车手续时，是否按照规定严格把关；审核投保人是否按规定为消费贷款所购的车辆办理了规定内容的保险；审核贷款协议是否明确按月、按季分期偿还贷款，不得接受 1 年 1 次的还款方式；审核投保人是否按照与银行签订的抵押、质押或保证意向书，办理了有关抵押、质押或保证手续；审核投保人所购车辆的用途与还款来源等。

对上述核保内容审核以后，应签署核保意见，明确是否同意承保，或是否需要补充材料以及是否需要特别约定等。若通过核保，应将贷款合同、购车合同和相关证明材料复印一套留存。

4．缮制保险单证

业务人员根据核保意见，缮制保险单证：

(1) 缮制汽车消费贷款保证保险保单，保险期限应长于贷款期限，保险金额不得低于贷款金额。

(2) 根据贷款金额、贷款期限等正确选择费率并计算保险费。

(3) 对保险单证进行复核并签章。

5．收取保险费

财务人员按照保单核收保险费并出具保险费收据。投保人应一次交清保证保险的保险费。

6．签发保险单证

保险费收取后，业务人员在保险单证上加盖公章，将保险单正本交被保险人。

7．归档管理

保险单副本一联交投保人，一联交财务，剩下一联连同保费收据业务联、复印的贷款合同、购车合同及有关证明材料等资料整理归档。

9.4.2　保险合同的变更、终止和解除

1．合同变更

(1) 变更事项。包括变更保险期限，变更购车人住址和电话，或购车单位联系地址、银行账户及联系电话，变更其他不影响车辆还款和抵押物登记的事项。

(2) 变更申请。购车人在保险期限内发生变更事项，应及时提出申请。

(3) 办理批改。在办理批改时，应注意审核批改事项是否将产生意外风险，从而决定是否接受批改申请。

2．合同终止

遇有下列情况之一，则汽车消费贷款保证保险的合同终止：

(1) 贷款购车人提前偿还所欠贷款。

(2) 贷款所购车辆因发生车辆损失险、盗抢险或自燃损失险等车辆保险责任范围内的全损事故获得保险赔偿，并且赔款足以偿还贷款。

(3) 已履行保证保险赔偿责任。

(4) 保证保险期满。

3．合同解除

下列情形之一发生时，保险合同将被解除：

(1) 投保人违反保险法或担保法等法律法规，保险人可以发出书面通知解除合同。

(2) 被保险人违反国家相关法律法规和消费贷款规定的，保险人有权解除合同。

(3) 投保人根据国家相关的法律法规，提出解除合同。

(4) 投保人未按期足额缴纳汽车保险保费，且被保险人未履行代缴义务的，保险人有权解除合同。

(5) 法律法规规定的其他解除合同的事由。

4．办理收退费

(1) 经保险人同意延长保险期限的，根据延长后的实际期限选定费率，补收保险费。

(2) 投保人提前清偿贷款，按照实际还贷时间按月计算保险费，多收部分退还投保人。

(3) 贷款所购车辆因发生车辆损失险、盗抢险或自燃损失险责任范围内的全损事故获得保险赔偿，并且已优先清偿贷款的，保证保险合同终止，并退还从清偿贷款之日至保证保险合同期满的全部保险费。

9.4.3　车贷险的理赔

1．接受报案

(1) 接受报案人员在接到报案时，应按照本书第 7 章的报案部分要求，对报案人进行询问，并填写《报案记录》，通知业务人员。

(2) 业务人员根据报案记录，尽快查阅承保记录，将符合理赔的案件登入《保证保险报案登记簿》。

(3) 业务人员在接受报案的同时，须向被保险人提供《索赔申请书》和《索赔须知》，并指导其详细填写《索赔申请书》。同时向被保险人收取下述原始单证：

① 汽车消费信贷保证保险保单和汽车保险单正本；

②《汽车消费贷款合同》(副本)；

③ 《抵押合同》或《质押合同》或《保证合同》；

④ 被保险人签发的《逾期款项催收通知书》；

⑤ 未按期付款损失清单。

2．查抄底单

业务人员根据出险通知，应尽快查抄出汽车消费贷款保证保险保单与批单、汽车保险的保险单与批单，并在所抄单证上注明抄单时间和出险内容。

3．立案

(1) 业务人员应根据被保险人提供的有关资料进行初步分析，提出是否立案的意见与理由，报业务负责人。

(2) 业务负责人接到报告后，应及时提出处理意见。

(3) 业务人员根据负责人的意见办理立案或不立案的手续。立案时，应在汽车保险单上做出标记；不予立案的，应以书面形式通知被保险人。

4．调查

调查工作必须双人进行，应着重第一手材料的调查。所有调查结果应做出书面记录。

调查方式与重点：

(1) 对已经掌握的书面材料进行分析，确认被保险人提供的书面材料全面真实。

(2) 向被保险人取证，了解投保人逾期未还款的具体原因，被保险人催收还款的工作情况。

(3) 向个人投保人的工作单位或所在居委会(村委会)调查，了解投保人收入变动情况；向法人投保人的上级单位或行政主管部门了解其经营情况。

(4) 向有关单位和个人调查抵押物的当前状况。

(5) 通过其他途径调查，并结合以上调查结果，明确是否存在条款所载明的责任免除事项，投保人、被保险人是否有违反条款规定义务的行为。

5．制作调查报告

调查人员在调查结束后应写出调查报告，全面详细地记录调查结果并做出分析。

6．确定保险责任

业务人员应根据调查报告和收集的有关材料，依照条款和有关规定，全面分析，确定是否属于保险责任。形成处理意见后报地市级分公司车险部门审定，拒赔案件应逐级上报省级公司审定。

7．抵押物处理

(1) 保险事故发生后，保险人应及时通知被保险人做好抵押物处理的准备工作。

(2) 保险人应与被保险人、投保人(抵押人)共同对抵押物进行估价，或共同委托第三人

进行估价。所估价值由各方同意后，签订《估价协议书》。协议书所确定的金额为处理抵押物的最低金额。

(3) 被保险人按照《估价协议书》规定处理抵押物，所得价款优先用于偿还欠款。

(4) 被保险人不能处分抵押物的，应对投保人提起诉讼，抵押物的抵押权转归保险人，保险人应会同被保险人办理抵押权转移的各项手续。

8. 赔款理算

理赔人员根据前述条款的规定，依据调查报告、索赔通知书和估价协议等有关材料进行赔款理算。具体计算如下：

(1) 抵押物已由被保险人处理的：

赔款=(保险金额－已偿贷款－抵押物的处分金额)×80%

(2) 抵押物抵押权转归保险人的：

赔款=(保险金额－已偿贷款)×80%

(3) 抵押物灭失且不属于汽车保险赔款责任，又且投保人未提供新的抵押物的，保险费也按照上式计算。

上述公式中的"已偿贷款"不包括投保人已经偿还的贷款利息；"抵押物的处分金额"是指抵押物处分后，被保险人实际得到的金额，即扣除处分抵押物所需的费用及其他相关费用后的余额。

投保人以其所购车辆作为贷款抵押物，因逾期未还款车辆依抵押合同被处分后，投保人为其投保的汽车保险的保险责任即行终止，被保险人应按照保险合同的规定，为投保人办理汽车未了责任期保险费的退费手续。

贷款所购车辆发生车辆损失险、盗抢险，以及自燃损失险等保险责任范围内的全损事故后，汽车保险的被保险人应得到的赔款，应优先用于偿还汽车消费贷款。此时，汽车保险的理赔人员，应书面通知贷款银行向保险公司提出"优先偿还贷款申请"，并书面通知汽车保险的被保险人，要按照合同的规定将赔款优先用于偿还贷款。优先偿还的范围仅限于所欠的贷款本金。优先偿还贷款后的赔款余额应交汽车保险的被保险人。赔款优先清偿贷款后，保证保险合同即行终止。保险人应按照本实务规程中关于收退费的规定，为投保人办理保证保险未了责年期保险费的退费手续。

9. 缮制赔款计算书

计算完赔款以后，要缮制赔款计算书。赔款计算书应该分险别、项目计算，并列明计算公式。赔款计算应尽量用计算机出单，应做到项目齐全、计算准确。手工缮制的，应确保字迹工整、清晰，不得涂改。

业务负责人审核无误后，在赔款计算书上签署意见和日期，然后送交核赔人员。

10. 核赔

核定赔款的主要内容包括：

(1) 审核单证：

① 审核被保险人提供的单证、证明及相关材料是否齐全、有效，有无涂改、伪造等；

② 审核经办人员是否规范填写有关单证，必备的单证是否齐全等；

③ 审核相关签章是否齐全。

(2) 核定保险责任。主要审核是否属于保险责任。

(3) 审核赔付计算，即审核赔付计算是否准确。

属于本公司核赔权限的，审核完成后，核赔人员签字并报领导审批。属于上级公司核赔的，核赔人员提出核赔意见，经领导签字后报上级公司核赔。在完成各种核赔和审批手续后，转入赔付结案程序。

11．结案登记与清分

(1) 业务人员根据核赔的审批金额填发《赔款通知书》及赔款收据；被保险人在收到《赔款通知书》后，在赔款收据上签章；财会部门即可支付赔款。在被保险人领取赔款时，业务人员应在保险单正、副本上加盖“××××年××月××日出险，赔款已付”字样的印章。

(2) 赔付结案时，应进行理赔单据的清分。一联赔款收据交被保险人；一联赔款收据连同一联赔款计算书送会计部门作付款凭证；一联赔款收据和一联赔款计算书或赔案审批表，连同全案的其他材料作为赔案案卷。

(3) 被保险人领取赔款后，业务人员按照赔案编号，输录《汽车消费信贷保证保险赔案结案登记》。

12．理赔案卷管理

理赔案卷要按照一案一卷整理、装订、登记、保管。赔款案卷应单证齐全，编排有序，目录清楚，装订整齐。一般的保证保险的理赔案卷单证包括赔款计算书、赔案审批表、出险通知书、索赔申请书、汽车消费贷款保证保险的保险单及批单的抄件、抵押合同、调查报告、估价协议书、权益转让书，以及其他有关的证明与材料等。

9.4.4　客户回访服务

客户回访服务主要包括以下内容：

(1) 保证保险业务要指定专人负责，对客户应每半年回访一次，做好跟踪服务，及时掌握购车人(投保人)、被保险人的需求与动态。

(2) 要建立客户回访、登记制度，实行一车一户管理制，及时记录还款情况。

(3) 建立与银行保持定期联络制度，协助银行做好消费贷款还款跟踪服务。

(4) 建立消费贷款购车人与所购车辆档案，内容包括购车人的基本资信情况、车辆使用情况、安全驾驶记录、保险赔款记录、还款记录等。

思　考　题

1. 什么是机动车消费贷款？目前机动车辆消费贷款常用的业务种类有哪几种？
2. 机动车辆消费贷款管理有哪些规定？
3. 简述汽车消费贷款的程序。
4. 什么是机动车辆消费贷款保证保险。
5. 被保险人索赔时，应向保险人提供哪些单证？
6. 简述汽车消费贷款保证保险投保流程。

第 10 章　机动车辆保险理赔案例分析

机动车辆保险理赔的质量，关系到保险当事双方的切身利益，也关系到机动车辆保险业的健康发展。作为保险人与被保险人之间的敏感问题，机动车辆保险的理赔在遵循共性原则和规则的同时，每个理赔案件都有其特殊性，这决定了机动车辆保险的理赔具有较强的实践性。本章从一些典型的理赔案例的实际出发，通过综合应用前述的保险知识，来分析研究每个具体案例的特点。

10.1　与保险单证相关的理赔案例

10.1.1　解除保险合同的理赔纠纷案例

1．案情介绍

2000 年 2 月 3 日，北京华侨大厦与某保险公司签订了 9 份机动车辆保险合同。合同约定保险期限自 2000 年 2 月 4 日零时起，至 2001 年 2 月 3 日 24 时止。合同签订当日，华侨大厦向保险公司交纳了相应的保险费。

同年 4 月 5 日至 10 月 22 日期间，上述保险合同项下保险标的物 7 次出险，华侨大厦及时将出险事实通知了保险公司，保险公司也对出险车辆进行了定损。其后，华侨大厦与保险公司达成了自修协议，华侨大厦依此协议对受损车辆进行了维修，并将维修费发票交付给保险公司，但保险公司未及时向华侨大厦支付保险赔款。

同年 11 月，保险公司两次通知华侨大厦，双方签订的 9 份保险单真实并在保险期限内有效，因其业务员挪用保险费，所以请求华侨大厦协助核实保险费去向且提供证明。

同年 12 月 25 日，华侨大厦向法院提起诉讼，要求解除合同，并退还全部保险费，且赔偿其所交保险费的存款利息损失。12 月 28 日，法院通知保险公司应诉。保险公司依据相关法律规定，同意与华侨大厦解除保险合同，但不同意退还全部保险费，只同意退还合同解除后至合同到期日止的保险费。

2．案情分析

按照《中华人民共和国合同法》和《中华人民共和国保险法》的相关规定，保险合同的解除应遵循如下原则：

(1) 投保人对保险合同依法享有任意解除权。

当保险标的发生保险事故时，保险人依合同约定承担保险责任，赔偿被保险人的损失或给付保险费，这是投保人订立保险合同的目的。如果保险事故发生后，保险人拒绝理赔，依合同法规定应视为债务人。这时，保险人明确表示拒绝履行主要债务，投保人可以解除合同。

根据本案，当保险人迟延履行赔偿义务时，投保人享有两种权利：一是行使请求权，诉至法院要求保险人承担赔偿责任和延期赔付的责任，以寻求公力救济；一是自己行使解除权，即自力救济，要求解除合同，退还剩余保险费。

投保人提出保险要求，经保险人同意承保并就合同条款达成协议时，保险合同成立。投保人缴纳保险费后，保险合同生效。保险人应当依据合同约定的时间开始承担保险责任。如果行使了解除权，投保人可以获得解除后至合同期间届满的保险费。当投保人认为保险人不能正确履行保险责任时，应及时通知保险人解除合同，以减少自己的损失。

(2) 合同解除并不消灭已经开始的保险责任。

保险法规定，投保人提出保险要求，经保险公司同意承保并就合同条款达成协议时，保险合同成立。投保人缴纳保险费后，保险合同生效。保险人应当依据合同约定的时间开始承担保险责任。因此在合同解除前保险责任依然存在。本案中，投保人缴纳保险费后，保险责任开始。合同的解除并不消灭已开始的保险责任，在合同解除前，保险合同继续生效，保险责任依然存在。保险人对解除合同前的保险事故继续承担保险责任。本案中保险人对投保人的保险事故，应当承担赔偿责任。其业务员挪用保险费，应属其内部管理不善，不能以此拒不履行合同义务。故保险人应赔付投保人在合同解除前 7 次保险事故造成的损失，并承担延期赔付的责任。

(3) 保险合同解除不具有溯及力。

要明确保险合同解除是否有溯及力，必须明确特别法与一般法的关系。依民法和合同法的规定，合同解除后，尚未履行的应当终止履行；已经履行的应当恢复原状。恢复原状就是要恢复到合同签订前的状况。保险人拒不履行合同义务，致使投保人不能实现合同目的，该合同应予解除。但合同法是处理民、商事合同的一般法，保险法则是民、商事合同中的特别法。特别法优于一般法，是基本法律原则。合同解除的效力，在一般情况下有溯及力，既然解除的效力有溯及力，则已经发生的履行应当恢复原状。

恢复原状是民法的基本做法，但不是唯一做法，应当分不同情况加以处理。通常继续性合同的解除没有溯及力，如租赁、承揽等合同。这类合同的履行不能返还，无法恢复原状。保险合同属于这类合同。保险法虽然没有明确规定合同解除的溯及力，但其规定保险责任开始后，投保人要求解除保险合同的，保险人可以收取保险责任开始后至保险合同解除时的保险费。由此也可以推定保险合同的解除不具有溯及力。

既然保险合同的解除没有溯及力，那么解除前的履行依然有效。保险人仍应承担保险责任，相对应投保人仍应支付保险费。并不是解除合同必定要导致返还而不考虑保险法作为特别法的特殊性。

本案中，作为投保人的华侨大厦就其所有的机动车向某保险公司提出保险要求，经保险公司同意承保，并就保险条款达成协议，保险合同为有效合同。保险合同成立后，华侨大厦按约缴纳了保险费，保险合同即产生法律效力。投保人因未及时依照法律规定的方式行使解除权，导致合同效力依然存续，经过诉讼解除了合同，对合同解除前的保险责任没有溯及力。因此，保险人应对合同解除前的保险事故承担赔付责任，投保人亦承担缴纳合

同解除前保险费的责任；在未解除合同前，保险公司对保险标的发生的保险事故，仍应承担保险责任。

3．案例结论

本案件审理认为，华侨大厦要求保险公司退还 9 份保险合同项下的全部保险费及自缴纳之日起的利息的诉讼请求，法院认为缺乏事实与法律依据，不予以支持。北京市西城区人民法院依据《中华人民共和国合同法》第 44 条、第 96 条，《中华人民共和国保险法》第 12 条、第 13 条、第 14 条、第 38 条之规定判决，北京华侨大厦有限公司与保险公司签订的 9 份保险合同自 2000 年 12 月 28 日解除，保险公司退还北京华侨大厦有限公司自合同解除之日起至合同终止日的保险费，并赔偿华侨大厦上述 7 次出险的损失及利息。

10.1.2　办理批改手续的理赔纠纷案例

1．案情介绍

1999 年 3 月，陈某将其私有的一辆东风牌汽车向其所在地的某保险公司投保了车辆损失险和第三者责任险，总保险金额为 110 000 元。同年 11 月，陈某将该车卖给个体运输户李某。事后，陈某委托李某到保险公司办理批改手续，保险公司经办人找到该车保险单存根后，给李某办了保险证。同年 12 月该车出险，造成车辆损失和第三者人身伤害，经济损失达 19 800 元。李某遂向保险公司提出索赔。保险公司在处理此案时，发现李某未办理过户批改手续，以此为由拒绝全额赔付损失，但考虑到李某不存在骗取保险金的图谋，愿通融赔付其经济损失 5000 元。李某不服，以拥有的保险证为根据，起诉到法院，审判结果是原告败诉。

2．案情分析

本案中虽然原车主陈某已向保险公司给该车投保了车辆损失险和第三者责任险，保险公司又给李某办理了保险证，但是由于没有办理合同过户批改手续，该保险合同的转让是无效的，保险公司有权拒绝赔付此案。理由如下：

(1) 该保险合同的客体已随投保人陈某的出售而自动消失，此保险合同因缺少客体而没有法律效力。

(2) 此案中陈某在出售保险标的时，要使该合同继续有效，必须事先以书面形式通知保险人，经保险人同意，并对保单签订批注后方才有效。否则，保险合同从保险标的所有权转移时即行终止。

(3) 陈某作为该车的投保方，未在出售该车给李某前书面通知保险公司，其行为已构成违约。因此，从陈某向李某出售该车起，保险公司对该车的保险责任也就终止了，无论是陈某还是李某均无权向保险公司要求给付赔偿。

(4) 保险公司工作人员在给李某补办保险证时，保险公司对该车的保险责任早已在陈某向李某出售该车时终止了。也就是说，保险公司对该车的保险责任终止在前，李某补办保险证在后。

所以，即使保险公司工作人员在为李某补办保险证的过程中有过错，也不能适用《民法通则》第 32 条和第 106 条的规定，更不能因此而认定保险公司应对该车继续承担保险责任。

3. 案例结论

本案的焦点是陈某未依法律程序转让保险合同。自从陈某出售该车起，陈某和李某与保险公司都不再存在机动车辆保险的法律关系，对该车引起的一切经济损失，保险公司依法不承担任何责任。所以，法院审判的结果是正确的。

10.2　车辆损失险理赔案例

10.2.1　车辆出险后是否修复的理赔案例

1. 案情介绍

陈先生将其一辆宝马车向某保险公司投保车辆损失险 80 余万元，并支付了保险费 1 万余元。半年后，驾驶员因违反交通规则，与一大型客车相撞，造成车毁人亡。陈先生在处理善后过程中，与保险公司在保险车辆的估损和理赔上发生争执。保险公司在未通知陈先生的情况下，委托了一家修理厂对该车辆进行鉴定，鉴定的结论为：该宝马车尚可修复，费用 44 万元。陈先生提出异议，并向法院提起了诉讼，认为车辆已经全损，修理也无必要，应当赔款。

2. 案情分析

此案例是机动车辆损失险理赔中经常会遇到的典型案例。保险车辆因发生保险事故，需要确定损坏程度和研究定价方案，习惯上称之为“估损”。机动车辆保险条款对估损有明确要求，即“保险车辆因保险事故受损或致使第三者财产损坏，应当尽量修复。修理前被保险人应会同保险人检验，确定修理项目、方式和费用。否则，保险人有权重新核定或拒绝赔偿。”

根据这个条款，估损中应遵循两个原则：一是尽量修复原则；二是协商定价原则。如果是未经协商或协商不成的话，保险人有核定或拒赔权。因此，与保险人协商进行“估损”是解决问题的基本方法。

但在理赔实务中，各有关方面由于各自不同的利益、立场，会产生一些争议。修理价格过高，对保险人当然是损失，而对被保险人同样是损失。即使你投保了附加的“不计免赔特约险”而不需支付 15%～20%的免赔额，但到下一年年度投保，保险费可能就要增加。当然修理价格过低，汽车修理厂无利润，车辆也难以恢复到损坏以前的状态和使用性能，对被保险人而言，也是一个损失，并且又会使被保险人对保险公司的诚信发生怀疑。

不同的修理厂对同一损失的鉴定结论和修理费用会有差异。因此，如果对保险人的估损结果有疑问，可以选定一个专业的、中立的权威鉴定机构仲裁解决。近年来，先后由保险监督管理委员会批准设立的专门从事保险标的估损、鉴定等的保险评估机构，以及一些保险的进口车型的特约维修部门，都是可以考虑的鉴定机构。

3. 案例结论

法院受理此案后，指定德国宝马公司在当地的一家特约修理厂对该车进行鉴定。鉴定结论为，该车虽可修复，但因修理费用在 44 万元以上，该车的修理价值不大。后法院判决，

保险公司支付陈先生 76 万元及承担诉讼费、鉴定费等。

10.2.2 定额保险的理赔案例

1. 案情介绍

高某于 1998 年 7 月 6 日与保险公司订立了一份《机动车辆保险合同》。保险标的为奔驰 SL600 轿车，险种为车辆损失险、第三者责任险及车上责任险、玻璃破碎险、盗抢等附加险，保险金额总计 220 万元，其中车辆损失险为 130 万元。高某向保险公司支付保险费 29140 元。1999 年 5 月 14 日晚 9 时许，被保险人驾驶承保车辆发生事故，汽车坠入山涧并起火烧毁。高某在返回后报案，保险公司和公安局在次日上午进行了现场勘察。被保险人于 1999 年 8 月 6 日提出索赔，保险公司以“不属于保险责任”为理由拒赔。被保险人遂提起诉讼。

被告保险公司认为原告欺诈骗赔，理由如下：

(1) 原告以 8 万元购买的奔驰轿车却投保 130 万元的车辆损失险，未履行如实告知的义务，故意隐瞒事实。

(2) 原告没有履行法定程序向公安交通部门和消防部门报案。

(3) 被告有所在地的科技咨询中心鉴定，结论为“该车起火不是由于车辆驶出公路沿山体坡道行驶时发生的碰撞引起的”。

法院同意被告的意见，认为原告违反了最大诚信原则，未能及时报案，事后拒绝向被告提供该车的实际价值，原告不能举出汽车起火的直接证据，并根据被告的鉴定，判决原告败诉，被告胜诉。

原告不服上诉。省高法将此案发回重审。

重审时，法院认为：保险合同中约定了承保车辆的可保价值为 130 万元，保险金额也是 130 万元，为“定额保险”；科技咨询中心的经营和业务范围不包括鉴定职能，其结论不予采用；“被告提出的原告骗保问题”证据不足。

因此，重审判决原告胜诉，被告败诉。

2. 案情分析

本案涉及如下的法律原则：

(1) 保险欺诈的标准和证据的确定。保险欺诈和保险欺诈罪不同，保险欺诈属于民事纠纷，保险欺诈罪则属于刑事犯罪。因此，它们适用不同的证据原则。作为民事诉讼的保险欺诈，只要证据占优就可能打赢官司。而确定保险欺诈罪的证据必须确凿，不存在任何合理的疑问。

本案例中，要想确定被保险人投保骗赔，保险人必须证明被保险人是出于欺诈的动机投保和存在故意造成损失的欺诈行为。诉讼中，保险人恰恰没能证明这两点。首先，被保险人为 8 万元购买的轿车投保 130 万元的车辆损失险确实令人产生疑问，但保险人仅仅以此作为存在欺诈动机的理由显然是不充分的。如果被保险人接受他人馈赠的汽车，是否就不能购买保险呢？其次，保险人提供的鉴定指出“该车起火不是由于车辆驶出公路沿山体坡道行驶时发生的碰撞引起的”，但该鉴定并未得出汽车起火是由于被保险人纵火造成的结论。

在民事诉讼中，谁主张谁举证。在保险中，火灾是属于结果的承保危险。在发生属于结果的承保危险时，被保险人只需要证明发生了这种结果，而保险人在引用除外责任拒赔时，负有要首先举证的责任。因此，一审认为“原告不能举出汽车起火的直接证据”的理由是不能成立的。只有当保险人证明汽车起火是由于被保险人纵火造成的时候，被保险人才负有证明自己并未纵火的责任。

(2) 对保险中最大诚信原则的理解。保险合同是最大诚信合同，被保险人和保险人均应履行如实告知的义务，尽管事实上的如实告知的责任主要是落在被保险人一方。由于承保技术的进步和保险公司经济实力的增强，现代各国保险法都不同程度地放宽了被保险人严格履行如实告知的义务。例如，被保险人故意不告知可以成为保险人解除保险合同的理由。不过，保险人负有证明被保险人故意不告知的举证责任。保险人为了加重被保险人的责任，减轻自己的负担，最简便的方法就是增加询问的内容，因为凡是询问的都是重要的事实。在本案例中，被保险人投保时，如果保险人询问了汽车的购买价格，被保险人没有如实回答就可能构成不实陈述，进而成为保险人解除保险合同的理由。相反，如果保险人认为汽车的购买价格属于重要事实，是保险人承保的基础，而保险人不去询问这样的重要事实，就构成了保险人自己的疏忽或错误。以保险人的疏忽或错误作为拒绝赔偿被保险人的理由显然是不公平的。此外，如果保险人认为汽车的购买价格属于重要事实，被保险人的不告知可以作为拒赔的理由，而又有意不去询问，那么，保险人的最大诚信则无从体现。

如前所述，汽车保险合同是不定值合同，保险人的最高赔偿限额之一是承保汽车的实际现金价值。实际现金价值的定义是汽车的重置成本减去折旧。无论新车或旧车，其市场价格是保险人已知或应知的事实，在一般情况下是被保险人无须告知的事实。

3. 案例结论

综上，由于保险公司并不能举证被保险人的保险欺诈的动机，重审的判决是没有错误的。

尽管在这个案例中，被保险人在投保和索赔中存在着许多疑点，被保险人有明显的骗赔动机，事故现场又没有明显的意外事故痕迹，但他却打赢了官司。这种情况在目前的汽车保险理赔中不是个别现象。随着保险业的快速发展，保险欺诈有增无减。从保险人的角度看，应该研究相应的对策。

(1) 必须提高承保技术并科学地订立保险合同。在被保险人投保时，如果保险人询问了投保车辆的购买价格，核实了车辆的实际车况，了解了投保人当时的经济状况，认为投保人有骗赔的可能，则保险人有权决定只接受第三者责任险而拒绝承保车辆损失险。也可以将询问的内容书面记录于投保单中，构成保险合同的一部分。

此外，在这个案例中，即使科技咨询中心可以进行某种技术鉴定，其鉴定结果也不一定能够构成法庭所接受的证据。在一般情况下，交通事故的证据应该由国家的交通执法部门出具。对于损失金额的确定，则可以由保险合同双方当事人在合同中约定。

(2) 理赔必须技术化，诉讼必须重证据。在处理保险赔案中，必须重视科学分析、取证和举证。假如在这个案例中，保险人能够证明车没有翻滚，因车的油箱在尾部，在发生前部碰撞的情况下，油箱不可能起火；或油箱起火是由外部引燃的；或虽然山崖很陡峭，车辆呈 90° 角直立，但被保险人毫发无伤，或转向盘和仪表盘无任何血迹等，保险人显然就

有了占优势的证据。保险人还应该学会充分利用专家证词，因为欺诈骗赔通常都是经过了诈骗者精心策划的，但仍然会留下蛛丝马迹，这就需要刑事侦查方面的专家和各种技术专家提供旁证。有时，旁证和间接证据与直接证据同样重要。保险公司也应该拥有自己的法庭科学专家，或者与法庭科学研究机构或刑事侦查研究单位进行合作。

(3) 保险的发展有赖于社会环境的改善。保险公司在对付保险骗赔时，除了加强制度内的研究，还必须注意对制度外问题的研究。例如，地方保护主义、司法腐败、黑社会恶势力等。

10.3 汽车责任险理赔案例

10.3.1 车上人员责任险理赔案例

1. 案情介绍

2002 年 1 月，王某将其拥有的一辆桑塔纳轿车向保险公司投保了机动车辆保险，同时附加车上人员责任险。

该车投保一个月后，由于发生交通事故，造成驾驶员王某及车上两名乘客陈某、李某不同程度受伤，车辆受损。经交警部门认定，王某负事故全部责任，承担事故造成的全部经济损失。

半个月后，王某带着全部单证到保险公司办理索赔。经保险公司理赔人员审核单证后，除对车损部分按保险双方达成的维修价格赔付外，对车上受伤人员的赔付产生了争议。经保险公司查抄底单得知，该车选择座位投保一座，而且没有约定是哪一座位。由于受伤三人包括王某本人，在事故中受伤程度不同，各自花费的医疗费也不同，其中王某花费 2000 元，陈某花费 3000 元，李某花费 4000 元。因此，保险公司选择不同的伤者作为赔付对象，赔款结果是不一样的。

2. 分歧意见

就究竟该赔哪一个座位，保险公司的理赔人员在讨论此案时，出现分歧意见。

一种意见认为：本案中由于被保险人对投保的座位未做约定，按惯例，应视为驾驶员座位。因此，保险公司应承担王某的医疗费用，即车上人员赔款=2000 元×(1−20%)=1600 元。

第二种意见认为：本案中既然被保险人对投保的一个座位未做约定，保险公司无法确定承保的是哪个座位。为体现公平，应将受伤三人的医疗费相加，求出平均数作为赔付金额，即车上人员赔款=(2000 元+3000 元+4000 元)/3 人×(1−20%)=2400 元。

第三种意见认为：按照现行的《机动车辆保险条款》中附加险费率规定，“车上人员责任险中，选择座位投保的费率为 0.9%；核定座位投保的费率为 0.5%”，本案中被保险人按照选择座位的方式投保一座，并且按选择座位的费率交纳了保险费。保险公司应该按所收保险费的多少承担相应的风险，在其保险金额内将花费医疗费最高的乘客李某作为赔付对象，即车上人员赔款=4000 元×100%×(1−20%)=3200 元。

3. 案情分析

由于现行的《机动车辆保险条款》附加车上人员责任险中，并没有要求被保险人在选择座位投保时一定要约定明确投保哪一座位，因此，被保险人较多地采用了选择座位且不约定哪一座位的方式投保。这样，一旦发生保险事故造成车上人员受伤，均视为投保座位上的人员受伤；或者在车辆核定座位数内，当受伤人数多于投保座位数量时，要求将产生医疗费用高的伤者作为投保座位上的人员，而向保险公司索赔，本案就属此例。

实际上，在选择座位投保时，除了驾驶员座位可以在保单特别约定栏中约定外，其余座位均无法明确。例如，一辆 45 座的大客车，被保险人要求投保其中的 15 座(包括驾驶员座位)。保险公司在承保中除了对驾驶员座位可以特别约定外，其余的 14 座均无法确定。出险后，只能按照出险人数、选择的座位数和赔付金额的多少理赔。

4. 案例结论

被保险人选择座位投保与按核定座位数投保所依据的保险费率不同，保险公司所承担的风险也不同。本案被保险人是按照选择座位交纳的较高金额的保险费，既然没有约定，就应该以赔付金额最高的乘客作为理赔依据，因此，第三种意见是正确的。

10.3.2　撞车后毒气伤人损失的理赔案例

1. 案情介绍

某年 12 月初，驾驶员王某驾驶的大客车载客至天津。行经河北某地段时，因占道行驶与迎面而来的刘某驾驶的载有毒化工原料的大货车发生碰撞，致使两车驾驶员及各自车上人员多人受伤和两车严重受损的交通事故。两车碰撞后，货车上装有毒气的铁桶和塑料桶破损，顿时毒气四溢，上述受伤人员在撞伤后又因吸入毒气而导致伤势更加严重。

在这次事故中，客车驾驶员王某及其乘客医疗费用总计达 3 万元，货车驾驶员刘某及其押送员医疗费总计达 2 万元。根据《道路交通管理条例》第七条的规定："车辆、行人必须各行其道……"。王某驾驶客车违反此规定是造成事故的原因，应负全部责任，赔偿此次事故的全部损失。

王某的客车已经投保了车损险、第三者责任险和车上人员责任险。按照保险合同的有关规定，两车车身损失，车上人员撞车伤害均属保险赔偿范围，现在问题焦点是两车相撞后，由此造成的毒气伤人这部分损失是否属于保险责任范围。

2. 案情分析

对于毒气伤人的损失是否属于保险责任范围的问题，保险公司内部主要有以下三种观点：

(1) 主张拒赔。其理由为：该客车发生碰撞的保险责任事故属于赔偿范围，而因碰撞瞬间造成的车损、货损以及人身伤害的扩大损失，不属赔偿责任。因此应对碰撞导致的人员伤害损失进行赔偿，而对毒气伤害的部分损失，不负责赔偿，因此需要确定的是，如何划分碰撞和毒气伤人这两部分不同原因导致的损失额。

(2) 主张部分赔付。其理由为：依据保险的损失赔偿的原则，毒气伤人的损失应该属于保险事故造成的直接损失，而不是保险事故处理后造成的间接损失；直接损失属于保险责

任范围，这部分保险公司应该赔付。

另外，应该剔除货车司机及其押送员因吸入毒气所致的损害赔偿部分。根据有关规定，作为运送剧毒物资的司机和押送员在执行任务时应具有防护自身安全的措施，如配戴防毒面具等，这是其工作职责，正是由于他们的失职过错，才导致自身吸入毒气中毒，加剧伤害程度，这部分损失费用在赔偿时应予剔除。

(3) 主张全部赔付。由于王某在保险事故中负全部责任，按照王某已保的险种，刘某及押运员因毒气受伤等医疗费用，王某的保险公司肯定要赔。由于王某所驾驶的车辆并非装载毒气的车辆，依据“车辆所载货物掉落、泄露造成的人身伤亡或财产损失为除外责任”，因此，保险公司不能就所有吸入毒气的受伤人员所产生的扩大的医疗费用拒赔。

3. 结论

保险公司应该负责赔偿本车的车损(车损险)、刘某所驾驶车辆的损失、刘某及押运员的人身伤害补偿费用、刘某所驾驶车上的货物损失(第三者责任)、王某及本车上乘客的人身伤害补偿费用(车上责任)。

10.4　其他理赔案例

10.4.1　保险车辆自燃的理赔案例

1. 案情介绍

原告孙某于 2000 年 5 月 19 日购买新车一辆，当日便向某保险公司办理了车辆保险。至 6 月 3 日，孙驾车回家停车后约 10 分钟，该车自燃起火烧毁，紧挨着停靠的“大宇”轿车也被殃及烧坏。事发后，孙某即向保险公司打了报案电话，提出理赔要求，该车生产厂商也赶到现场。经勘验后厂方同意赔偿同型号的新车一辆。至于修理“大宇”轿车一事，经保险公司核定费用为 1 万余元，实际修理费为 6000 元，由孙某先垫付。可在同年 10 月 11 日，保险公司书面拒赔，认为孙某的要求不属于保险财产保险责任范围。但孙某认为保险公司违约，且未经过任何鉴定即拒赔，难以接受。状告保险公司赔偿第三者责任险 6000 元，滞纳金 300 元及救火费 600 元。

2. 案情分析

本案案情虽不复杂，但却涉及到机动车辆保险条款诸多条款、法律及操作上的问题。

(1) 保险车辆是否属于自燃。

自燃是车辆损失险的除外责任。虽然本案中，厂方同意调换一辆新车，且从案情介绍看，原告(投保人、被保险人)也难以证明车辆是由于其他原因着火烧毁(即非自燃)，符合机动车辆保险自燃的定义，但保险人在现场勘验时未界定事故原因，而是由当事人确认，这是一个疏忽，因此被保险人提出“未经过任何鉴定”的责问。

(2) 是否属于第三者责任险承保的范围。

本案原告诉请赔偿的是“大宇”轿车的修理费用，是保险车辆对第三者造成的损失。而机动车辆保险条款第二条中第三者责任险的界定是：“被保险人允许的合格驾驶员在使用保险车辆过程中发生意外事故，致使第三者遭受人身伤亡或财产的直接损毁，依法应当由被保险人支付的赔偿金额，保险人依照合同的规定予以赔偿。”

本案由自燃引起的第三者财产的损失，当然可以认为是意外事故，但关键在于是否是“合格驾驶员在使用保险车辆过程中发生的”。从案情介绍可知，在发生事故时，①驾驶员已离开车辆，②车辆处于停放状态，③保险车辆本身未主动或被动地与“大宇”发生接触而致“大宇”受损，是保险车辆“自燃”引起的“大宇”受损。因此，“大宇”受损，不符合第三者责任险的构成要件，所以也不属于第三者责任险的承保范围。

(3) 本案“殃及大宇”是由于保险车辆存在缺陷造成的。

根据《中华人民共和国产品质量法》的规定，产品缺陷是指产品存在危及人身及他人财产安全的不合理的危险。本案中保险车辆自燃殃及大宇，说明该保险车辆存在产品缺陷的状况。因产品存在缺陷造成人身、他人财产损失的，受害人可以向生产者要求赔偿，也可以向销售者要求赔偿。本案孙某垫付了“大宇”修理费用，据此可向生产商或销售商提出索赔，向保险公司提出按保险合同承担支付保险费的责任，理由不充分。

(4) 保险人能否赔偿后行使代位追偿权。

本案保险人能否先行赔偿，然后按机动车辆保险条款的规定向第三方索赔呢？按照当时的机动车辆保险条款规定，保险车辆发生保险责任范围内的损失，应当由第三方负责赔偿的，才发生代位追偿的问题。而本案中孙某追究的损失，并非是保险车辆本身的损失，不属于保险责任范围内的损失，而是其他车辆的损失。而代位追偿权的行使是以保险人对保险标的的损害依法依约应当承担保险责任为前提条件的。依照《中华人民共和国保险法》规定，未造成保险事故的，保险人就无义务承担保险责任，也就无权行使代位追偿权。

3. 案例结论

综上所述，按照机动车辆保险条款及相关法律，本案中保险公司无义务承担第三者责任险的赔偿。但对上述自燃造成的相关损失，孙某可以以受害人的身份找车辆生产商或销售商索赔。

10.4.2　单独承保车辆盗抢险的理赔纠纷案例

1. 案情介绍

2002 年 5 月 3 日。张某到保险公司为其新购买的一辆微型面包车投保，经某保险公司业务员介绍，张某与保险公司签订了投保第三者责任险和车辆盗抢险的保险合同。

6 月 8 日，张某将其面包车停放在自家楼前 辆桑塔纳轿车旁。当晚，由于桑塔纳轿车起火引燃了张某的面包车，张某以此向保险公司提出索赔，而其承保公司以张某只投保了第三者责任险和全车盗抢险，而未投保车辆损失险为由，予以拒赔。张某认为自己投保的险种是保险公司的业务人员帮助选定的，业务员说张某购买的汽车价值较低，建议他只保第三者责任险和全车盗抢险即可，不必投保车辆损失险。张某认为自己是在保险公司业务人员的指导下投保，没有投保车辆损失险是听从保险公司业务员的指导做出的决定，对此保险公司应当负责。同时张某又了解到那辆桑塔纳轿车在同一家保险公司投保了第三者责任险。张某认为自己的面包车是因桑塔纳起火而被引燃的，桑塔纳的车主对其面包车被烧

负有责任，要求保险公司通过赔付桑塔纳轿车的第三者责任险，赔偿自己面包车的损失。

2. 案情分析

本案实质上是由于保险业务人员业务知识匮乏导致的理赔案例。从保险合同的签订过程和保险合同的内容上看，本案的保险合同属于无效合同。

“附加险不能独立保险”是保险合同无效的原因。现行的《机动车辆保险条款》规定：“本保险合同为不定值保险合同。分为基本险和附加险，但附加险不能独立保险。保险人按照承保险别分别承担保险责任。”“在投保了车辆损失险的基础上方可投保全车盗抢险、玻璃单独破碎险、车辆停驶损失险、自燃损失险、新增加设备损失险。”盗抢险作为车辆损失险的附加险已经在保险规章上进行了明确界定，应在投保车辆损失险的基础上方可投保。而本案保险标的投保的是第三者责任险和全车盗抢险，保险人在没有承保车辆损失险的基础上就承保了全车盗抢险，明显违反了保险条款的规定，缺少车辆保险合同的生效要件，应为无效保险合同。根据保险的最大诚信原则，保险人应采用明确说明的告知形式履行告知义务，需要对保险条款、责任免除等保险的主要内容加以解释。合同订立时，保险人应当主动向投保人说明保险合同条款内容，以及费率和其他可能会影响投保人做出投保决定的事实。而在惯例上，车辆保险一般是将《机动车辆保险条款》附在投保单和保险单上，如果被保险人没有疑义，则无需特别说明。所以，如果被保险人没有咨询就决定投保上述保险，说明他没有按照投保单和保险单的要求“详细阅读《机动车辆保险条款》，并特别注意其中的保险责任、除外责任、被保险人义务等有关内容。”他就应负直接责任。但是，本案的复杂性在于，当投保人咨询如何保险时，业务人员视投保汽车的情况为投保人确定了保险合同中载明的第三者责任险和全车盗抢险。也就是说，向业务人员的咨询在先，投保人填写投保单在后，可视为业务人员代表保险人履行告知义务，而无需投保人阅读相应条款。所以，导致这一合同无效的直接原因是保险公司业务人员对业务不熟，履行告知义务时出现错误，违反了最大诚信原则。因此，本案中投保人对此份无效的保险合同不应承担责任。

3. 案例结论

综上，保险人违反最大诚信原则是导致合同无效的直接原因，应当承担损害赔偿责任。而在本案中，正是由于保险公司业务员的过错而导致保险合同无效，故保险公司应承担损害赔偿责任。

思　考　题

1. 马先生购买了一辆客车，在华安北京分公司投保了全车盗抢险。6月，他丢失了一把原厂车钥匙。7月，车辆被盗。马先生报案后通知了保险公司，同时提交了另一把原厂车钥匙和两把自配钥匙。保险公司以马先生没能提供全部车钥匙为由，拒赔5%的损失。马先生要求保险公司全额赔偿。马先生为此将保险公司告上法庭。试分析保险公司的决定是否存在不妥之处。

2. 某麻纺厂将其东风牌货车投保了第三者责任保险。保险期限为2002年10月8日至2003年10月7日。2003年3月，麻纺厂将车卖给个体户刘某从事运输业务。刘某另交人

民币 500 元后，麻纺厂将保单也交给了刘某，但刘某没有到保险公司办理批改手续。2003 年 9 月，刘某运输途中发生撞车事故，根据法院判决，刘某应赔偿第三者损失人民币 9500 元。刘某向保险公司索赔，而保险公司则拒赔。试分析保险公司是否有充分的理由拒赔。

3. 某贸易公司购买了一辆桑塔纳小轿车，并与保险公司订立了机动车辆分项保险合同。在保险期间内，该公司与张某签订一份清理债权债务的书面协议，约定："贸易公司的新 02—03166 号桑塔纳轿车转给工业公司，车的过户手续由贸易公司负责办理，所需费用由工业公司负担；但工业公司必须给贸易公司取得追加一辆小轿车的专控指标，否则，贸易公司不办理过户手续。"同月某日，工业公司原董事长李某因外出办事，贸易公司将该车派给其使用。李某驾该车途经某国道一拐弯处时发生事故，致使车毁人亡。贸易公司当日向公安局报了案，并要求保险公司查验了事故现场。公安局交警支队就该车交通事故作出最终责任认定书，确认该车已彻底报废，此事故由贸易公司负全部责任。

随后，贸易公司多次要求赔付，均遭拒绝。试分析保险公司是否承担保险赔偿责任。

4. 刘某购得一辆夏利轿车自用，并向市保险公司投保了车辆损失险和第三者责任险。投保后一个月，刘某车被盗走。不久，市交通部门通知刘某：他的车被盗后在某县与他人轿车相撞，刘某的车翻下山崖，全部报废(窃车贼跳车逃跑)；他人轿车被撞坏，司机受伤。这起交通事故系窃贼驾驶技术不良所致，窃贼应负全部责任。但是窃贼逃跑后一直没有下落。事故发生后，受伤司机要求刘某赔偿经济损失 X 万元；刘某同时也向保险公司要求赔付轿车全损及第三者损失。保险公司同意对刘某的轿车全损进行赔偿。同时认定：窃贼盗车后，在外地肇事撞坏他人轿车，并致司机受伤，这不属于《机动车辆保险条款》中规定的第三者责任险，保险公司对此不负赔偿责任。试分析保险公司是否承担保险赔偿责任。

5. 近日，林先生在车库倒车时，没留意到先行下车的妻子正好从车后面穿过，林先生刹车不及将自己的妻子撞倒。林先生之前已向保险公司投保了保额为 10 万元的第三者责任险，在将妻子送往医院后，就向保险公司报了案。没想到，林先生的索赔申请却遭到了保险公司的拒绝，理由是林先生开车误撞的是自己的家人，不在第三者责任险范围内。

林先生的遭遇，是所有的车主、驾驶员们都可能遇到的问题。对于保险公司的拒赔，几乎所有的车主们都感到十分意外，认为保险公司这样做是不合理的。"自己的家人只要不在车上，就属于第三者，开车误撞了，并不是故意行为，保险公司没有理由不理赔"。林先生对此愤愤不平，认为保险公司这一规定纯属"霸王条款"。试分析保险公司是否应承担保险赔偿责任。

附　录

附录 A　《交通事故处理程序规定》

(《交通事故处理程序规定》于 2004 年 4 月 30 日由公安部部长办公会议通过，2004 年 5 月 1 日起施行。)

目　录

第一章　总　则

第一条　根据《中华人民共和国道路交通安全法》及其实施条例，制定本规定。

第二条　本规定适用于处理车辆在道路上因过错或者意外造成的人身伤亡或者财产损失的事故。

车辆在道路以外通行时发生的事故，公安机关交通管理部门接到报案的，参照本规定处理。发生特别重大交通事故，依据有关法律、法规的规定处理。

第三条　处理交通事故应当遵循公开、公正、便民、效率的原则。

第四条　具有一年以上道路交通管理工作经历的交通警察，经设区的市公安机关交通管理部门培训考试合格的，可以处理适用简易程序的交通事故。具有二年以上道路交通管理工作经历的交通警察，经省级人民政府公安机关交通管理部门培训考试合格，获得交通事故处理资格等级证书后，可以处理适用一般程序及简易程序的交通事故。

第五条　公安机关交通管理部门应当在邻省、地(市)、县交界的国、省、县道公路上，设置标有管辖地公安机关交通管理部门地址及交通事故报警电话号码的提示牌。

第二章　管　辖

第六条　县级以上公安机关交通管理部门负责处理所管辖的区域或者道路内发生的交通事故。

第七条　对管辖权发生争议的，报请共同的上级公安机关交通管理部门指定管辖，上级公安机关交通管理部门应当在二十四小时内作出决定，并通知争议各方。

交通事故发生地管辖不明的，最先发现或者最先接到报警的公安机关交通管理部门应当先行救助受伤人员，进行现场前期处理。管辖确定后，由有管辖权的公安机关交通管理部门处理。

第八条　上级公安机关交通管理部门在必要的时候，可以处理下级公安机关交通管理部门管辖的交通事故，或者指定下级公安机关交通管理部门限时将案件移送其他下级公安机关交通管理部门处理。

下级公安机关交通管理部门认为案情复杂、影响重大或者涉及公安机关人员、车辆的交通事故，可以申请移送上一级公安机关交通管理部门处理；上一级公安机关交通管理部门应当在接到申请后二十四小时内，作出移送或者由原公安机关交通管理部门继续处理的决定。案件管辖发生转移的，处理时限从移送案件之日起计算。

第三章　受　理

第九条　公安机关交通管理部门接到交通事故报警的，应当登记备查，记录报警时间，报警人姓名、单位、联系电话，发生交通事故时间、地点、车辆类型、车辆牌号及车辆是否载有危险物品、人员伤亡等简要情况。涉嫌交通肇事逃逸的，还应当详细询问并记录肇事车辆的颜色、特征及其逃逸方向等有关情况。

报警人不报姓名的，应当记录在案。报警人不愿意公开姓名的，应当为其保密。

第十条　公安机关交通管理部门接到交通事故报警，应当按照规定立即派交通警察赶赴现场。有人员伤亡的，应当及时通知急救、医疗、消防等有关部门。发生一次死亡三人以上或者有重大影响的交通事故，应当立即向上一级公安机关交通管理部门和当地人民政府报告；涉及营运车辆的，同时通知当地人民政府有关行政管理部门。

第十一条　当事人未在交通事故现场报警，事后请求公安机关交通管理部门处理的，当事人应当在提出请求后十日内向公安机关交通管理部门提供交通事故证据。公安机关交通管理部门自接到当事人提供的交通事故证据材料之日起对交通事故进行调查。当事人未提供交通事故证据，公安机关交通管理部门因现场变动、证据灭失，无法查证交通事故事实的，应当书面通知当事人向人民法院提起民事诉讼。

第四章　简易程序

第十二条　发生《中华人民共和国道路交通安全法》第七十条第二款、第三款规定的

交通事故，当事人应当填写交通事故发生的时间、地点、天气、当事人姓名、机动车驾驶证号、联系方式、机动车牌号、保险凭证号、交通事故形态、碰撞部位、赔偿责任人等内容的协议书或者文字记录，共同签名后立即撤离现场，协商赔偿数额和赔偿方式。

当事人均已办理机动车第三者责任强制保险的，可以根据记录交通事故情况的协议书向保险公司索赔。

当事人也可以自行协商处理损害赔偿事宜。

第十三条　有下列情形之一的，当事人应当保护现场并立即报警：

(一) 机动车无号牌、无检验合格标志、无保险标志的；

(二) 驾驶人无有效机动车驾驶证的；

(三) 驾驶人饮酒、服用国家管制的精神药品或者麻醉药品的；

(四) 发生《中华人民共和国道路交通安全法》第七十条第二款规定的交通事故，当事人对事实或者成因有争议的；

(五) 当事人不能自行移动车辆的；

(六) 碰撞建筑物、公共设施或者其他设施的。

第十四条　公安机关交通管理部门对下列交通事故可以按照简易程序处理：

(一) 发生《中华人民共和国道路交通安全法》第七十条第二款、第三款规定的交通事故，当事人对事实及成因有争议不即行撤离现场或者当事人自行撤离现场后，经协商未达成协议的；

(二) 受伤人员认为自己伤情轻微，当事人对事实及成因无争议，但是对赔偿有争议的。

适用简易程序的，可以由一名交通警察处理。

第十五条　发生《中华人民共和国道路交通安全法》第七十条第二款、第三款规定的交通事故，当事人不撤离现场的，交通警察应当记录交通事故发生的时间、地点、天气、当事人姓名、机动车驾驶证号、联系方式、机动车牌号、保险凭证号、交通事故形态、碰撞部位等，由当事人签名后，责令当事人撤离现场，恢复交通。对拒不撤离现场的，予以强制撤离。并根据当事人的行为对发生交通事故所起的作用以及过错的严重程度，确定当事人的责任，当场制作事故认定书。

第十六条　当事人自行撤离现场后，协商损害赔偿未达成协议报警的，应当向交通警察提供有当事人签名的交通事故文字记录材料。交通警察予以记录，由当事人签名，并根据当事人的行为对发生交通事故所起的作用以及过错的严重程度，确定当事人的责任，当场制作事故认定书。

第十七条　当事人共同请求调解的，交通警察应当当场进行调解，并在事故认定书上记录调解结果，由当事人签名，交付当事人。

第十八条　有下列情形之一的，不适用调解，交通警察可以在事故认定书上载明有关情况后，将事故认定书交付当事人：

(一) 当事人提供不出交通事故证据，因现场变动、证据灭失，交通警察无法查证交通事故事实的；

(二) 当事人对交通事故认定有异议的；

(三) 当事人拒绝在事故认定书上签名的；

(四) 当事人不同意由交通警察调解的。

有前款规定情形之一或者调解未达成协议及调解生效后当事人不履行的，当事人可以向人民法院提起民事诉讼。

第五章　调　查

第一节　一般规定

第十九条 发生下列交通事故，当事人应当立即报警：

(一) 造成人员死亡、重伤、轻伤的；

(二) 造成人员轻微伤，但是当事人对事实或者成因有争议的；

(三) 财产损失较大的；

(四) 财产损失轻微，但是有本规定第十三条第一款第一项至第三项规定情形之一的。

财产损失较大的标准，由省级人民政府公安机关交通管理部门与有关部门协商规定。

第二十条　公安机关交通管理部门对属于本规定第十九条规定的交通事故，填写《交通事故立案登记表》；对经过调查不属于交通事故的，书面通知当事人，并将案件移送有关部门或者告知当事人处理途径。

第二十一条　公安机关交通管理部门对交通事故进行调查时，交通警察不得少于二人。

交通警察调查时应当向被调查人员表明执法身份，告知被调查人依法享有的权利和义务，向当事人发送联系卡。联系卡载明交通警察姓名、办公地址、联系方式、监督电话等内容。

第二十二条　发生一次死亡三人以上交通事故的，设区的市公安机关交通管理部门应当派员到现场指导调查。发生一次死亡十人以上交通事故的，省级人民政府公安机关交通管理部门应当派员到现场指导调查。

第二节　现场调查

第二十三条　交通警察到达现场后，应当根据需要立即进行下列工作：

(一) 组织抢救受伤人员；

(二) 在现场周围设置警戒线，在距现场来车方向五十至一百五十米外设置发光或者反光的交通标志，引导车辆、行人绕行；允许车辆通行的，交通警察应负责现场警戒、疏导交通，指挥其他车辆减速通过；

(三) 指挥驾驶人、乘客等人员在安全地带等候；引导勘查、指挥等车辆依次停放在警戒线内来车方向的道路右侧，车辆应当开启警灯，夜间还应当开启危险报警闪光灯和示廓灯；

(四) 对载运爆炸物品、易燃易爆化学物品以及毒害性、放射性、腐蚀性、传染病病源体等危险物品的车辆发生的交通事故，应当立即报告当地人民政府，通报有关部门及时处理，采取封闭道路等交通管制措施；协同有关部门划定隔离区，疏散过往车辆、人员；

(五) 对造成道路、供电、通讯等设施损毁的交通事故，通报有关部门及时处理；

(六) 确定交通事故当事人，控制肇事人，查找证人。

第二十四条　急救、医疗人员到达现场的，由急救、医疗人员组织抢救受伤人员，交通警察应当积极协助。

第二十五条　交通警察勘查交通事故现场，应当穿着反光背心，夜间可以佩戴发光或者反光器具。遇有载运危险物品车辆发生交通事故的，还应当根据需要穿着防护服，佩戴防护用具。

第二十六条　交通警察调查交通事故现场时，应当全面、及时地收集有关证据。现场调查内容包括：

(一) 交通事故当事人的基本情况；

(二) 车辆安全技术状况及装载情况；

(三) 交通事故的基本事实；

(四) 当事人的道路交通安全违法行为及导致交通事故的过错或者意外情况；

(五) 与交通事故有关的道路情况；

(六) 其他与交通事故有关的事实。

第二十七条　勘查交通事故现场，应按照有关法规和标准的规定，拍摄现场照片，绘制现场图，采集、提取痕迹、物证，制作现场勘查笔录。一次死亡三人以上的交通事故应当进行现场摄像。

现场图应当由参加勘查的交通警察、当事人或者见证人签名。当事人拒绝签名或者无法签名以及无见证人的，应当记录在案。

第二十八条　对可能因时间、地点、气象等原因，导致痕迹或者证据灭失的，应当及时测试、提取、保全。

第二十九条　交通警察应当检查当事人的身份证件、机动车驾驶证、工作证及机动车行驶证、保险标志，验明身份；对当场难以查实身份的肇事人，可以依法传唤。交通警察可以依法对肇事车辆、交通事故当事人及其随身携带的物品进行检查。

第三十条　现场勘查完毕，清点现场遗留物品和财物后，公安机关交通管理部门应当迅速组织清理现场，尽快恢复交通。

第三十一条　公安机关交通管理部门应当按照《公安机关办理行政案件程序规定》，对肇事人、其他当事人、证人进行询问或者讯问。询问或者讯问时，应当根据需要问明交通方式、驾驶人和机动车所有人、管理人的基本情况以及机动车驾驶证号、准驾车型、领取机动车驾驶证日期、驾驶经历，驾驶前活动、休息情况、餐饮情况、驾驶时身体状况、所驾车辆状况、保险情况、行驶路线、驾驶时间、行驶速度、交通事故发生经过、临危采取的措施及主观心态等与交通事故有关的情况。

公安机关交通管理部门在调查交通事故过程中，发现当事人有交通肇事犯罪嫌疑的，应当按照《公安机关办理刑事案件程序规定》立案侦查，并依法对其采取强制措施。发现当事人有其他违法犯罪嫌疑的，应当及时移送公安机关有关部门。

第三十二条　交通警察认为应当对当事人给予暂扣或者吊销机动车驾驶证处罚的，可以扣留其机动车驾驶证，并开具行政强制措施凭证。

扣留机动车驾驶证的期限至作出处罚决定为止。

第三十三条　因收集证据需要扣留事故车辆及机动车行驶证的，公安机关交通管理部门应当开具行政强制措施凭证，将车辆移至指定的地点并妥善保管。

公安机关交通管理部门不得扣留事故车辆所载货物。对所载货物在核实重量、体积及货物损失后，通知机动车驾驶人或者货物所有人自行处理。当事人不自行处理的，按照《公安机关办理行政案件程序规定》第一百五十五条、第一百五十六条的规定办理。

第三节　交通肇事逃逸协查

第三十四条　公安机关交通管理部门应当根据管辖区域和道路情况，制定交通肇事逃逸案件查缉预案。

发生交通肇事逃逸案件后，公安机关交通管理部门应当根据证人证言、交通事故现场痕迹、遗留物等线索，及时布置堵截和追缉。

第三十五条　案发地公安机关交通管理部门可以通过发协查通报、向社会公告等方式要求协查、举报交通肇事逃逸案件。发出协查通报或者向社会公告时，应当提供交通肇事逃逸案件基本事实、交通肇事逃逸人和车辆情况、特征及车辆逃逸方向等有关情况。

第三十六条　接到协查通报的公安机关交通管理部门，应当立即布置堵截或者排查。发现交通肇事逃逸车辆或者嫌疑车辆的，应当予以扣留，依法传唤交通肇事逃逸人或者与协查通报相符的嫌疑人，并及时将有关情况通知案发地公安机关交通管理部门。案发地公安机关交通管理部门应当立即派交通警察前往办理移交。

第三十七条　公安机关交通管理部门查获交通肇事逃逸人和车辆后，应当按原范围发出撤销协查通报。

第三十八条　公安机关交通管理部门对查获交通肇事逃逸人和车辆提供有效线索或者协助的人员、单位，应当给予表彰和奖励。

公安机关交通管理部门及其交通警察接到协查通报不配合协查并造成严重后果的，由公安机关或者上一级公安机关交通管理部门追究经办责任人和单位主管领导的责任。

第四节　检验、鉴定

第三十九条　公安机关交通管理部门对当事人生理、精神状况、人体损伤、尸体、车辆及其行驶速度、痕迹、物品以及现场的道路状况等需要进行检验、鉴定的，应当在勘查现场之日起五日内指派或者委托专业技术人员、具备资格的鉴定机构进行检验、鉴定。

检验、鉴定应当在二十日内完成；需要延期的，经设区的市公安机关交通管理部门批准可以延长十日。检验、鉴定周期超过时限的，须报经省级人民政府公安机关交通管理部门批准。

第四十条　对精神病的医学鉴定，应当由省级人民政府指定的医院进行。

当事人因交通事故致残的，在治疗终结后，应当由具有资格的伤残鉴定机构评定伤残等级。

对有争议的财产损失的评估，应当由具有评估资格的评估机构进行。

具备资格的检验、鉴定、评估机构应当向省级人民政府公安机关交通管理部门备案，公安机关交通管理部门可以向当事人介绍符合条件的检验、鉴定、评估机构，由当事人自行选择。

第四十一条　交通事故造成人员死亡的，由急救、医疗机构或者法医出具死亡证明。尸体应当存放在殡葬服务单位或者有停尸条件的医疗机构。检验尸体不得在公众场合进行。解剖尸体需征得其亲属的同意。检验完成后，应当通知死者亲属在十日内办理丧葬事宜。无正当理由逾期不办理的，经县级以上公安机关负责人批准，由公安机关处理尸体，逾期

存放的费用由死者亲属承担。

对未知名尸体，由法医提取人身识别检材、采集其他相关信息后，公安机关交通管理部门填写《未知名尸体信息登记表》，报设区的市公安机关有关部门。

核查出未知名尸体身份的，通知其亲属或者单位认领并处理交通事故。经核查无法确认身份的，应当在地(市)级以上报纸刊登“认尸启事”。登报后十日仍无人认领的，由县级以上公安机关负责人或者上一级公安机关交通管理部门负责人批准处理尸体。

第四十二条　公安机关交通管理部门扣留的事故车辆除检验、鉴定外，不得使用。检验、鉴定完成后五日内通知当事人领取事故车辆和机动车行驶证。对弃车逃逸的无主车辆或者经通知当事人十日后仍不领取的，依据《中华人民共和国道路交通安全法》第一百一十二条的规定处理。

对无牌证、达到报废标准、未投保机动车第三者责任强制保险等车辆，依据有关法律、法规的规定处理。

第四十三条　检验、鉴定、评估机构、人员接受公安机关交通管理部门指派、委托或者当事人委托的，应当在规定期限内完成检验、鉴定、评估。检验、鉴定、评估结果确定后，应当出具书面结论，由检验、鉴定、评估人签名并加盖机构印章。

第四十四条　公安机关交通管理部门应当在接到检验、鉴定结果后二日内将检验、鉴定结论复印件交当事人。当事人对公安机关交通管理部门的检验、鉴定结论有异议的，可以在接到检验、鉴定结论复印件后三日内提出重新检验、鉴定的申请。经县级公安机关交通管理部门负责人批准后，应当另行指派或者委托专业技术人员、有资格的鉴定机构进行重新检验、鉴定。

当事人对自行委托的检验、鉴定、评估结论有异议的，可以在接到检验、鉴定、评估结论后三日内另行委托检验、鉴定、评估，并告知公安机关交通管理部门，公安机关交通管理部门予以备案。

申请重新检验、鉴定、评估以一次为限。重新检验、鉴定、评估的时限与检验、鉴定、评估的时限相同。

第五节　交通事故认定书

第四十五条　公安机关交通管理部门经过调查后，应当根据当事人的行为对发生交通事故所起的作用以及过错的严重程度，确定当事人的责任：

(一) 因一方当事人的过错导致交通事故的，承担全部责任；当事人逃逸，造成现场变动、证据灭失，公安机关交通管理部门无法查证交通事故事实的，逃逸的当事人承担全部责任；当事人故意破坏、伪造现场、毁灭证据的，承担全部责任；

(二) 因两方或者两方以上当事人的过错发生交通事故的，根据其行为对事故发生的作用以及过错的严重程度，分别承担主要责任、同等责任和次要责任；

(三) 各方均无导致交通事故的过错，属于交通意外事故的，各方均无责任；

一方当事人故意造成交通事故的，他方无责任。

第四十六条　公安机关交通管理部门对经过勘验、检查现场的交通事故应当自勘查现场之日起十日内制作交通事故认定书。交通肇事逃逸的，在查获交通肇事逃逸人和车辆后十日内制作交通事故认定书。对需要进行检验、鉴定的，应当在检验、鉴定或者重新检验、鉴定结果确定后五日内制作交通事故认定书。

除未查获交通肇事逃逸人、车辆的或者无法查证交通事故事实的以外，交通事故认定书应当载明以下内容：

(一) 交通事故当事人、车辆、道路和交通环境的基本情况；

(二) 交通事故的基本事实；

(三) 交通事故证据及形成原因的分析；

(四) 当事人导致交通事故的过错及责任或者意外原因。

交通事故认定书应当加盖公安机关交通管理部门交通事故处理专用章，分别送达当事人，并告知当事人申请公安机关交通管理部门调解的期限和直接向人民法院提起民事诉讼的权利。

第四十七条　未查获交通肇事逃逸人和车辆，交通事故损害赔偿当事人要求出具交通事故认定书的，公安机关交通管理部门可以在接到交通事故损害赔偿当事人的书面申请后十日内制作交通事故认定书，载明交通事故发生的时间、地点、受害人情况及调查得到的事实。有证据证明受害人有过错的，确定受害人的责任；无证据证明受害人有过错的，确定受害人无责任，并送达交通事故损害赔偿当事人。

对无法查证交通事故事实的，公安机关交通管理部门制作交通事故认定书，载明交通事故发生的时间、地点、当事人情况及调查得到的事实，分别送达当事人。

第六章　处 罚 执 行

第四十八条　公安机关交通管理部门应当依据《中华人民共和国行政处罚法》、《中华人民共和国道路交通安全法》及其实施条例等法律、行政法规，适用《公安机关办理行政案件程序规定》、《道路交通安全违法行为处理程序规定》，对当事人的道路交通安全违法行为作出处罚。

对当事人给予暂扣机动车驾驶证处罚的，扣留一日折抵暂扣期限一日。不予暂扣或者吊销机动车驾驶证处罚的，发还扣留的机动车驾驶证。

第四十九条　对发生重大交通事故构成犯罪，需要吊销当事人机动车驾驶证的，应当在移送案件之前，由设区的市公安机关交通管理部门作出吊销机动车驾驶证的处罚决定。公安机关交通管理部门将已扣留的机动车驾驶证标记吊销，存入交通事故案卷，并将公安交通管理转递通知书转至机动车驾驶证核发地车辆管理所，由机动车驾驶证核发地车辆管理所注销其机动车驾驶证。对交通肇事逃逸人作出吊销机动车驾驶证处罚的，由机动车驾驶证核发地车辆管理所将对其终生不得重新取得机动车驾驶证的决定记入全国公安交通管理信息系统备案。

第五十条　专业运输单位六个月内发生两次一次死亡三人以上的交通事故，且单位或者车辆驾驶人对交通事故承担全部责任或者主要责任的，专业运输单位所在地的公安机关交通管理部门应当报经设区的市公安机关交通管理部门批准后，作出责令限期消除安全隐患的决定，禁止未消除安全隐患的机动车上道路行驶，并通报交通事故发生地及运输单位属地的人民政府有关行政管理部门。

第五十一条　当事人造成交通事故后逃逸或者强迫机动车驾驶人违反道路交通安全法

律、法规和机动车安全驾驶要求驾驶机动车造成交通事故，需要给予拘留处罚的，公安机关应当按照《公安机关办理行政案件程序规定》办理，由县、市公安局、公安分局或者相当于县一级的公安机关裁决。

第五十二条　当事人违反道路交通安全法律、法规的规定，发生重大交通事故，构成犯罪的，依法追究刑事责任，公安机关交通管理部门应当按照《公安机关办理刑事案件程序规定》办理。

第七章 损害赔偿调解

第五十三条　参加机动车第三者责任强制保险的机动车发生交通事故，损失未超过强制保险责任限额范围的，当事人可以直接向保险公司索赔，也可以自行协商处理损害赔偿事宜。

第五十四条　交通事故损害赔偿权利人、义务人一致请求公安机关交通管理部门调解损害赔偿的，可以在收到交通事故认定书之日起十日内向公安机关交通管理部门提出书面调解申请，公安机关交通管理部门应予调解。

当事人在申请中对检验、鉴定或者交通事故认定有异议的，公安机关交通管理部门应当书面通知当事人不予调解。

第五十五条　公安机关交通管理部门调解交通事故损害赔偿的期限为十日。造成人员死亡的，从规定的办理丧葬事宜时间结束之日起开始；造成人员受伤的，从治疗终结之日起开始；因伤致残的，从定残之日起开始；造成财产损失的，从确定损失之日起开始。

公安机关交通管理部门应当与当事人约定调解的时间、地点，并于调解时间三日前通知当事人。口头通知的应当记入调解记录。调解参加人因故不能按期参加调解的，应当在预定调解时间一日前通知承办的交通警察，请求变更调解时间。

第五十六条　交通事故调解参加人包括：

(一) 交通事故当事人及其代理人；

(二) 交通事故车辆所有人或者管理人；

(三) 公安机关交通管理部门认为有必要参加的其他人员。

委托代理人应当出具由委托人签名或者盖章的授权委托书。授权委托书应当载明委托事项和权限。

参加调解时当事一方不得超过三人。

第五十七条　公安机关交通管理部门应当指派两名交通警察主持调解。调解采取公开方式进行，调解时间应当提前公布，调解时允许旁听，但是当事人要求不予公开的除外。

第五十八条　调解交通事故损害赔偿争议，按照下列程序实施：

(一) 介绍交通事故的基本情况；

(二) 宣读交通事故认定书；

(三) 分析当事人的行为对发生交通事故所起的作用以及过错的严重程度，并对当事人进行教育；

(四) 根据交通事故认定书认定的当事人责任以及《中华人民共和国道路交通安全法》第七十六条的规定，确定当事人承担的损害赔偿责任；

(五) 计算人身损害赔偿和财产损失总额，确定各方当事人分担的数额；造成人身损害的，按照《最高人民法院关于审理人身损害赔偿案件适用法律若干问题的解释》规定的赔偿项目和标准计算；修复费用、折价赔偿费用按照实际价值或者评估机构的评估结论计算；

(六) 确定赔偿方式。

对交通意外事故造成损害的，按公平、合理、自愿的原则进行调解。

第五十九条　经调解达成协议的，公安机关交通管理部门制作调解书，各方当事人签名，分别送交各方当事人。

调解书应当载明以下内容：

(一) 交通事故简要情况和损失情况；

(二) 各方的损害赔偿责任；

(三) 损害赔偿的项目和数额；

(四) 当事人自愿协商达成一致的意见；

(五) 赔偿方式和期限；

(六) 调解终结日期。

赔付款由当事人自行交接，当事人要求交通警察转交的，交通警察可以转交，并在调解书上附记。

经调解未达成协议的，公安机关交通管理部门应当制作调解终结书送交各方当事人，调解终结书应当载明未达成协议的原因。

调解书生效后，赔偿义务人不履行的，当事人可以向人民法院提起民事诉讼。

第六十条　当事人无正当理由不参加调解或者调解过程中放弃的，公安机关交通管理部门应当终结调解。

第八章　涉外交通事故处理

第六十一条　境外来华人员、车辆发生交通事故的，除按照本规定执行外，还应当按照办理涉外案件的有关法规规定执行。

公安机关交通管理部门处理境外来华人员、车辆发生的交通事故，应当将我国法律、法规规定的当事人在处理交通事故中的权利和义务告知当事人。

第六十二条　境外临时来华人员发生交通事故并承担全部责任或者主要责任的，公安机关交通管理部门应当告知交通事故损害赔偿权利人可以向人民法院提出采取诉前保全措施的请求。

第六十三条　享有外交特权和豁免权的外国人发生交通事故，交通警察认为应当给予暂扣或者吊销机动车驾驶证处罚的，可以扣留其机动车驾驶证。需要检验、鉴定车辆的，公安机关交通管理部门应当在检验、鉴定后立即发还；其不同意检验、鉴定的，记录在案，不得强行检验、鉴定。需要对享有外交特权和豁免权的外国人进行调查的，可以约谈；本人不接受调查的，记录在案。

公安机关交通管理部门应当根据所收集的证据，制作交通事故认定书送达当事人，当事人拒绝接收的，通过外交途径转交给其所在机构。

第六十四条　公安机关交通管理部门处理享有外交特权和豁免权的外国人发生人员死

亡交通事故的，应当将其身份、证件及事故经过、损害后果等基本情况记录在案，并将有关情况迅速逐级上报至省级人民政府外事部门和国务院公安、外交部门。

第六十五条　涉外交通事故的调解，可以采用单方调解方式进行。

交通警察可以转交当事人协议赔偿款项。

第九章　其 他 规 定

第六十六条　公安机关督察部门可以依法对公安机关交通管理部门及其交通警察处理交通事故工作进行现场监督，依法查处违法违纪问题。

上级公安机关交通管理部门对下级公安机关交通管理部门处理交通事故工作进行监督，发现错误应当及时纠正。

第六十七条　公安机关交通管理部门及其交通警察应当秉公执法。交通警察违反本规定的，依法给予行政处分；公安机关交通管理部门违反本规定的，对单位主管领导和其他直接责任人依法给予行政处分。

第六十八条　按照《公安机关办理行政案件程序规定》，交通警察或者公安机关检验、鉴定人员需要回避的，由本级公安机关交通管理部门负责人决定。公安机关交通管理部门负责人需要回避的，由公安机关负责人或者上一级公安机关交通管理部门负责人决定。

对当事人提出的回避申请，公安机关交通管理部门应当在两日内作出决定，并通知申请人。

第六十九条　人民法院、人民检察院审理、审查交通事故案件，需要公安机关交通管理部门提供有关证据的，公安机关交通管理部门接到调卷公函后，应当在三日内或者按照其时限要求，将交通事故案件调查材料正本移交给人民法院或者人民检察院。

第七十条　军队、武警部队人员、车辆发生交通事故，按照本规定处理。需要对现役军人给予刑事、行政处罚的，移送军队、武警部队有关部门。

第七十一条　交通事故死亡人员身份无法确认的，公安机关交通管理部门应当将其所得赔偿费交付有关部门保存。其损害赔偿权利人确认后，由有关部门将赔偿费交付给损害赔偿权利人。

第七十二条　本规定涉及的法律文书式样，按照现行法规、规章和有关标准执行。

当事人当场记录交通事故情况的协议书，由省级人民政府公安机关交通管理部门与有关部门协商制定式样，印制发送给机动车所有人随车携带。当事人未携带规定式样协议书的，可以自行书写。

第七十三条　除涉及国家秘密、商业秘密或者个人隐私，以及应当事人、证人要求保密的内容外，当事人及其代理人收到交通事故认定书后，可以查阅、复制、摘录公安机关交通管理部门处理交通事故的证据材料。公安机关交通管理部门对当事人复制的材料应当加盖公安机关交通管理部门交通事故处理专用章。

第十章　附　　则

第七十四条　本规定中下列用语的含义：

(一) “交通肇事逃逸”，是指发生交通事故后，交通事故当事人为逃避法律追究，驾驶车辆或者遗弃车辆逃离交通事故现场的行为。

(二) 本规定所称的“一日”、“二日”、“三日”、“五日”、“十日”、“二十日”，是指工作日，不包括节假日。

(三) “县级(以上)公安机关交通管理部门”是指县级(以上)公安机关交通管理部门或者相当于同级的公安机关交通管理部门。“设区的市公安机关交通管理部门”是指设区的市公安机关交通管理部门或者相当于同级的公安机关交通管理部门。“设区的市公安机关”是指设区的市公安机关或者相当于同级的公安机关。

第七十五条　本规定自2004年5月1日起施行。1992年8月10日发布的《道路交通事故处理程序规定》(公安部令第10号)同时废止。2004年4月30日前公安部发布的其他规定与本规定不一致的，以本规定为准。

附录B　《最高人民法院关于审理人身损害赔偿案件适用法律若干问题的解释》的摘录

(《最高人民法院关于审理人身损害赔偿案件适用法律若干问题的解释》已于2003年12月4日由最高人民法院审判委员会第1299次会议通过，自2004年5月1日起施行。)

为正确审理人身损害赔偿案件，依法保护当事人的合法权益，根据《中华人民共和国民法通则》(以下简称民法通则)、《中华人民共和国民事诉讼法》(以下简称民事诉讼法)等有关法律规定，结合审判实践，就有关适用法律的问题作如下解释：

第一条　因生命、健康、身体遭受侵害，赔偿权利人起诉请求赔偿义务人赔偿财产损失和精神损害的，人民法院应予受理。

本条所称“赔偿权利人”，是指因侵权行为或者其他致害原因直接遭受人身损害的受害人、依法由受害人承担扶养义务的被扶养人以及死亡受害人的近亲属。

本条所称“赔偿义务人”，是指因自己或者他人的侵权行为以及其他致害原因依法应当承担民事责任的自然人、法人或者其他组织。

第二条　受害人对同一损害的发生或者扩大有故意、过失的，依照民法通则第一百三十一条的规定，可以减轻或者免除赔偿义务人的赔偿责任。但侵权人因故意或者重大过失致人损害，受害人只有一般过失的，不减轻赔偿义务人的赔偿责任。

适用民法通则第一百零六条第三款规定确定赔偿义务人的赔偿责任时，受害人有重大过失的，可以减轻赔偿义务人的赔偿责任。

第三条　两人以上共同故意或者共同过失致人损害，或者虽无共同故意、共同过失，但其侵害行为直接结合发生同一损害后果的，构成共同侵权，应当依照民法通则第一百三十条规定承担连带责任。

两人以上没有共同故意或者共同过失，但其分别实施的数个行为间接结合发生同一损害后果的，应当根据过失大小或者原因力比例各自承担相应的赔偿责任。

第四条　两人以上共同实施危及他人人身安全的行为并造成损害后果，不能确定实际侵害行为人的，应当依照民法通则第一百三十条规定承担连带责任。共同危险行为人能够

证明损害后果不是由其行为造成的，不承担赔偿责任。

第五条　赔偿权利人起诉部分共同侵权人的，人民法院应当追加其他共同侵权人作为共同被告。赔偿权利人在诉讼中放弃对部分共同侵权人的诉讼请求的，其他共同侵权人对被放弃诉讼请求的被告应当承担的赔偿份额不承担连带责任。责任范围难以确定的，推定各共同侵权人承担同等责任。

人民法院应当将放弃诉讼请求的法律后果告知赔偿权利人，并将放弃诉讼请求的情况在法律文书中叙明。

第八条　法人或者其他组织的法定代表人、负责人以及工作人员，在执行职务中致人损害的，依照民法通则第一百二十一条的规定，由该法人或者其他组织承担民事责任。上述人员实施与职务无关的行为致人损害的，应当由行为人承担赔偿责任。

属于《国家赔偿法》赔偿事由的，依照《国家赔偿法》的规定处理。

第九条　雇员在从事雇佣活动中致人损害的，雇主应当承担赔偿责任；雇员因故意或者重大过失致人损害的，应当与雇主承担连带赔偿责任。雇主承担连带赔偿责任的，可以向雇员追偿。

前款所称"从事雇佣活动"，是指从事雇主授权或者指示范围内的生产经营活动或者其他劳务活动。雇员的行为超出授权范围，但其表现形式是履行职务或者与履行职务有内在联系的，应当认定为"从事雇佣活动"。

第十一条　雇员在从事雇佣活动中遭受人身损害，雇主应当承担赔偿责任。雇佣关系以外的第三人造成雇员人身损害的，赔偿权利人可以请求第三人承担赔偿责任，也可以请求雇主承担赔偿责任。雇主承担赔偿责任后，可以向第三人追偿。

雇员在从事雇佣活动中因安全生产事故遭受人身损害，发包人、分包人知道或者应当知道接受发包或者分包业务的雇主没有相应资质或者安全生产条件的，应当与雇主承担连带赔偿责任。

属于《工伤保险条例》调整的劳动关系和工伤保险范围的，不适用本条规定。

第十六条　下列情形，适用民法通则第一百二十六条的规定，由所有人或者管理人承担赔偿责任，但能够证明自己没有过错的除外：

(一) 道路、桥梁、隧道等人工建造的构筑物因维护、管理瑕疵致人损害的；

(二) 堆放物品滚落、滑落或者堆放物倒塌致人损害的；

(三) 树木倾倒、折断或者果实坠落致人损害的。

前款第(一)项情形，因设计、施工缺陷造成损害的，由所有人、管理人与设计、施工者承担连带责任。

第十七条　受害人遭受人身损害，因就医治疗支出的各项费用以及因误工减少的收入，包括医疗费、误工费、护理费、交通费、住宿费、住院伙食补助费、必要的营养费，赔偿义务人应当予以赔偿。

受害人因伤致残的，其因增加生活上需要所支出的必要费用以及因丧失劳动能力导致的收入损失，包括残疾赔偿金、残疾辅助器具费、被扶养人生活费，以及因康复护理、继续治疗实际发生的必要的康复费、护理费、后续治疗费，赔偿义务人也应当予以赔偿。

受害人死亡的，赔偿义务人除应当根据抢救治疗情况赔偿本条第一款规定的相关费用外，还应当赔偿丧葬费、被扶养人生活费、死亡补偿费以及受害人亲属办理丧葬事宜支出

的交通费、住宿费和误工损失等其他合理费用。

第十八条 受害人或者死者近亲属遭受精神损害，赔偿权利人向人民法院请求赔偿精神损害抚慰金的，适用《最高人民法院关于确定民事侵权精神损害赔偿责任若干问题的解释》予以确定。

精神损害抚慰金的请求权，不得让与或者继承。但赔偿义务人已经以书面方式承诺给予金钱赔偿，或者赔偿权利人已经向人民法院起诉的除外。

第十九条 医疗费根据医疗机构出具的医药费、住院费等收款凭证，结合病历和诊断证明等相关证据确定。赔偿义务人对治疗的必要性和合理性有异议的，应当承担相应的举证责任。

医疗费的赔偿数额，按照一审法庭辩论终结前实际发生的数额确定。器官功能恢复训练所必要的康复费、适当的整容费以及其他后续治疗费，赔偿权利人可以待实际发生后另行起诉。但根据医疗证明或者鉴定结论确定必然发生的费用，可以与已经发生的医疗费一并予以赔偿。

第二十条 误工费根据受害人的误工时间和收入状况确定。

误工时间根据受害人接受治疗的医疗机构出具的证明确定。受害人因伤致残持续误工的，误工时间可以计算至定残日前一天。

受害人有固定收入的，误工费按照实际减少的收入计算。受害人无固定收入的，按照其最近三年的平均收入计算；受害人不能举证证明其最近三年的平均收入状况的，可以参照受诉法院所在地相同或者相近行业上一年度职工的平均工资计算。

第二十一条 护理费根据护理人员的收入状况和护理人数、护理期限确定。

护理人员有收入的，参照误工费的规定计算；护理人员没有收入或者雇佣护工的，参照当地护工从事同等级别护理的劳务报酬标准计算。护理人员原则上为一人，但医疗机构或者鉴定机构有明确意见的，可以参照确定护理人员人数。

护理期限应计算至受害人恢复生活自理能力时止。受害人因残疾不能恢复生活自理能力的，可以根据其年龄、健康状况等因素确定合理的护理期限，但最长不超过二十年。

受害人定残后的护理，应当根据其护理依赖程度并结合配制残疾辅助器具的情况确定护理级别。

第二十二条 交通费根据受害人及其必要的陪护人员因就医或者转院治疗实际发生的费用计算。交通费应当以正式票据为凭；有关凭据应当与就医地点、时间、人数、次数相符合。

第二十三条 住院伙食补助费可以参照当地国家机关一般工作人员的出差伙食补助标准予以确定。

受害人确有必要到外地治疗，因客观原因不能住院，受害人本人及其陪护人员实际发生的住宿费和伙食费，其合理部分应予赔偿。

第二十四条 营养费根据受害人伤残情况参照医疗机构的意见确定。

第二十五条 残疾赔偿金根据受害人丧失劳动能力程度或者伤残等级，按照受诉法院所在地上一年度城镇居民人均可支配收入或者农村居民人均纯收入标准，自定残之日起按二十年计算。但六十周岁以上的，年龄每增加一岁减少一年；七十五周岁以上的，按五年计算。

受害人因伤致残但实际收入没有减少，或者伤残等级较轻但造成职业妨害严重影响其劳动就业的，可以对残疾赔偿金作相应调整。

第二十六条　残疾辅助器具费按照普通适用器具的合理费用标准计算。伤情有特殊需要的，可以参照辅助器具配制机构的意见确定相应的合理费用标准。

辅助器具的更换周期和赔偿期限参照配制机构的意见确定。

第二十七条　丧葬费按照受诉法院所在地上一年度职工月平均工资标准，以六个月总额计算。

第二十八条　被扶养人生活费根据扶养人丧失劳动能力程度，按照受诉法院所在地上一年度城镇居民人均消费性支出和农村居民人均年生活消费支出标准计算。被扶养人为未成年人的，计算至十八周岁；被扶养人无劳动能力又无其他生活来源的，计算二十年。但六十周岁以上的，年龄每增加一岁减少一年；七十五周岁以上的，按五年计算。

被扶养人是指受害人依法应当承担扶养义务的未成年人或者丧失劳动能力又无其他生活来源的成年近亲属。被扶养人还有其他扶养人的，赔偿义务人只赔偿受害人依法应当负担的部分。被扶养人有数人的，年赔偿总额累计不超过上一年度城镇居民人均消费性支出额或者农村居民人均年生活消费支出额。

第二十九条　死亡赔偿金按照受诉法院所在地上一年度城镇居民人均可支配收入或者农村居民人均纯收入标准，按二十年计算。但六十周岁以上的，年龄每增加一岁减少一年；七十五周岁以上的，按五年计算。

第三十条　赔偿权利人举证证明其住所地或者经常居住地城镇居民人均可支配收入或者农村居民人均纯收入高于受诉法院所在地标准的，残疾赔偿金或者死亡赔偿金可以按照其住所地或者经常居住地的相关标准计算。

被扶养人生活费的相关计算标准，依照前款原则确定。

第三十一条　人民法院应当按照民法通则第一百三十一条以及本解释第二条的规定，确定第十九条至第二十九条各项财产损失的实际赔偿金额。

前款确定的物质损害赔偿金与按照第十八条第一款规定确定的精神损害抚慰金，原则上应当一次性给付。

第三十二条　超过确定的护理期限、辅助器具费给付年限或者残疾赔偿金给付年限，赔偿权利人向人民法院起诉请求继续给付护理费、辅助器具费或者残疾赔偿金的，人民法院应予受理。赔偿权利人确需继续护理、配制辅助器具，或者没有劳动能力和生活来源的，人民法院应当判令赔偿义务人继续给付相关费用五至十年。

第三十三条　赔偿义务人请求以定期金方式给付残疾赔偿金、被扶养人生活费、残疾辅助器具费的，应当提供相应的担保。人民法院可以根据赔偿义务人的给付能力和提供担保的情况，确定以定期金方式给付相关费用。但一审法庭辩论终结前已经发生的费用、死亡赔偿金以及精神损害抚慰金，应当一次性给付。

第三十四条　人民法院应当在法律文书中明确定期金的给付时间、方式以及每期给付标准。执行期间有关统计数据发生变化的，给付金额应当适时进行相应调整。

定期金按照赔偿权利人的实际生存年限给付，不受本解释有关赔偿期限的限制。

第三十五条　本解释所称“城镇居民人均可支配收入”、“农村居民人均纯收入”、“城镇居民人均消费性支出”、“农村居民人均年生活消费支出”、“职工平均工资”，按照政府统

计部门公布的各省、自治区、直辖市以及经济特区和计划单列市上一年度相关统计数据确定。

"一年度"，是指一审法庭辩论终结时的上一统计年度。

第三十六条　本解释自2004年5月1日起施行。2004年5月1日后新受理的一审人身损害赔偿案件，适用本解释的规定。已经作出生效裁判的人身损害赔偿案件依法再审的，不适用本解释的规定。

在本解释公布施行之前已经生效施行的司法解释，其内容与本解释不一致的，以本解释为准。

附录C　《机动车交通事故责任强制保险条例》

(《机动车交通事故责任强制保险条例》已于2006年3月1日由国务院第127次常务会议通过，自2006年7月1日起施行。)

第一章　总　则

第一条　为了保障机动车道路交通事故受害人依法得到赔偿，促进道路交通安全，根据《中华人民共和国道路交通安全法》、《中华人民共和国保险法》，制定本条例。

第二条　在中华人民共和国境内道路上行驶的机动车的所有人或者管理人，应当依照《中华人民共和国道路交通安全法》的规定投保机动车交通事故责任强制保险。

机动车交通事故责任强制保险的投保、赔偿和监督管理，适用本条例。

第三条　本条例所称机动车交通事故责任强制保险，是指由保险公司对被保险机动车发生道路交通事故造成本车人员、被保险人以外的受害人的人身伤亡、财产损失，在责任限额内予以赔偿的强制性责任保险。

第四条　国务院保险监督管理机构(以下称保监会)依法对保险公司的机动车交通事故责任强制保险业务实施监督管理。

公安机关交通管理部门、农业(农业机械)主管部门(以下统称机动车管理部门)应当依法对机动车参加机动车交通事故责任强制保险的情况实施监督检查。对未参加机动车交通事故责任强制保险的机动车，机动车管理部门不得予以登记，机动车安全技术检验机构不得予以检验。

公安机关交通管理部门及其交通警察在调查处理道路交通安全违法行为和道路交通事故时，应当依法检查机动车交通事故责任强制保险的保险标志。

第二章　投　保

第五条　中资保险公司(以下称保险公司)经保监会批准，可以从事机动车交通事故责任强制保险业务。

为了保证机动车交通事故责任强制保险制度的实行，保监会有权要求保险公司从事机动车交通事故责任强制保险业务。

未经保监会批准，任何单位或者个人不得从事机动车交通事故责任强制保险业务。

第六条　机动车交通事故责任强制保险实行统一的保险条款和基础保险费率。保监会按照机动车交通事故责任强制保险业务总体上不盈利不亏损的原则审批保险费率。

保监会在审批保险费率时，可以聘请有关专业机构进行评估，可以举行听证会听取公众意见。

第七条　保险公司的机动车交通事故责任强制保险业务，应当与其他保险业务分开管理，单独核算。

保监会应当每年对保险公司的机动车交通事故责任强制保险业务情况进行核查，并向社会公布；根据保险公司机动车交通事故责任强制保险业务的总体盈利或者亏损情况，可以要求或者允许保险公司相应调整保险费率。

调整保险费率的幅度较大的，保监会应当进行听证。

第八条　被保险机动车没有发生道路交通安全违法行为和道路交通事故的，保险公司应当在下一年度降低其保险费率。在此后的年度内，被保险机动车仍然没有发生道路交通安全违法行为和道路交通事故的，保险公司应当继续降低其保险费率，直至最低标准。被保险机动车发生道路交通安全违法行为或者道路交通事故的，保险公司应当在下一年度提高其保险费率。多次发生道路交通安全违法行为、道路交通事故，或者发生重大道路交通事故的，保险公司应当加大提高其保险费率的幅度。在道路交通事故中被保险人没有过错的，不提高其保险费率。降低或者提高保险费率的标准，由保监会同国务院公安部门制定。

第九条　保监会、国务院公安部门、国务院农业主管部门以及其他有关部门应当逐步建立有关机动车交通事故责任强制保险、道路交通安全违法行为和道路交通事故的信息共享机制。

第十条　投保人在投保时应当选择具备从事机动车交通事故责任强制保险业务资格的保险公司，被选择的保险公司不得拒绝或者拖延承保。

保监会应当将具备从事机动车交通事故责任强制保险业务资格的保险公司向社会公示。

第十一条　投保人投保时，应当向保险公司如实告知重要事项。

重要事项包括机动车的种类、厂牌型号、识别代码、牌照号码、使用性质和机动车所有人或者管理人的姓名(名称)、性别、年龄、住所、身份证或者驾驶证号码(组织机构代码)、续保前该机动车发生事故的情况以及保监会规定的其他事项。

第十二条　签订机动车交通事故责任强制保险合同时，投保人应当一次支付全部保险费；保险公司应当向投保人签发保险单、保险标志。保险单、保险标志应当注明保险单号码、车牌号码、保险期限、保险公司的名称、地址和理赔电话号码。

被保险人应当在被保险机动车上放置保险标志。

保险标志式样全国统一。保险单、保险标志由保监会监制。任何单位或者个人不得伪造、变造或者使用伪造、变造的保险单、保险标志。

第十三条　签订机动车交通事故责任强制保险合同时，投保人不得在保险条款和保险费率之外，向保险公司提出附加其他条件的要求。

签订机动车交通事故责任强制保险合同时，保险公司不得强制投保人订立商业保险合同以及提出附加其他条件的要求。

第十四条 保险公司不得解除机动车交通事故责任强制保险合同；但是，投保人对重要事项未履行如实告知义务的除外。

投保人对重要事项未履行如实告知义务，保险公司解除合同前，应当书面通知投保人，投保人应当自收到通知之日起 5 日内履行如实告知义务；投保人在上述期限内履行如实告知义务的，保险公司不得解除合同。

第十五条 保险公司解除机动车交通事故责任强制保险合同的，应当收回保险单和保险标志，并书面通知机动车管理部门。

第十六条 投保人不得解除机动车交通事故责任强制保险合同，但有下列情形之一的除外：

(一) 被保险机动车被依法注销登记的；

(二) 被保险机动车办理停驶的；

(三) 被保险机动车经公安机关证实丢失的。

第十七条 机动车交通事故责任强制保险合同解除前，保险公司应当按照合同承担保险责任。

合同解除时，保险公司可以收取自保险责任开始之日起至合同解除之日止的保险费，剩余部分的保险费退还投保人。

第十八条 被保险机动车所有权转移的，应当办理机动车交通事故责任强制保险合同变更手续。

第十九条 机动车交通事故责任强制保险合同期满，投保人应当及时续保，并提供上一年度的保险单。

第二十条 机动车交通事故责任强制保险的保险期间为 1 年，但有下列情形之一的，投保人可以投保短期机动车交通事故责任强制保险：

(一) 境外机动车临时入境的；

(二) 机动车临时上道路行驶的；

(三) 机动车距规定的报废期限不足 1 年的；

(四) 保监会规定的其他情形。

第三章 赔 偿

第二十一条 被保险机动车发生道路交通事故造成本车人员、被保险人以外的受害人人身伤亡、财产损失的，由保险公司依法在机动车交通事故责任强制保险责任限额范围内予以赔偿。

道路交通事故的损失是由受害人故意造成的，保险公司不予赔偿。

第二十二条 有下列情形之一的，保险公司在机动车交通事故责任强制保险责任限额范围内垫付抢救费用，并有权向致害人追偿：

(一) 驾驶人未取得驾驶资格或者醉酒的；

(二) 被保险机动车被盗抢期间肇事的；

(三) 被保险人故意制造道路交通事故的。

有前款所列情形之一，发生道路交通事故的，造成受害人的财产损失，保险公司不承

担赔偿责任。

第二十三条　机动车交通事故责任强制保险在全国范围内实行统一的责任限额。责任限额分为死亡伤残赔偿限额、医疗费用赔偿限额、财产损失赔偿限额以及被保险人在道路交通事故中无责任的赔偿限额。

机动车交通事故责任强制保险责任限额由保监会会同国务院公安部门、国务院卫生主管部门、国务院农业主管部门规定。

第二十四条　国家设立道路交通事故社会救助基金(以下简称救助基金)。有下列情形之一时，道路交通事故中受害人人身伤亡的丧葬费用、部分或者全部抢救费用，由救助基金先行垫付，救助基金管理机构有权向道路交通事故责任人追偿：

(一) 抢救费用超过机动车交通事故责任强制保险责任限额的；

(二) 肇事机动车未参加机动车交通事故责任强制保险的；

(三) 机动车肇事后逃逸的。

第二十五条　救助基金的来源包括：

(一) 按照机动车交通事故责任强制保险的保险费的一定比例提取的资金；

(二) 对未按照规定投保机动车交通事故责任强制保险的机动车的所有人、管理人的罚款；

(三) 救助基金管理机构依法向道路交通事故责任人追偿的资金；

(四) 救助基金孳息；

(五) 其他资金。

第二十六条　救助基金的具体管理办法，由国务院财政部门会同保监会、国务院公安部门、国务院卫生主管部门、国务院农业主管部门制定试行。

第二十七条　被保险机动车发生道路交通事故，被保险人或者受害人通知保险公司的，保险公司应当立即给予答复，告知被保险人或者受害人具体的赔偿程序等有关事项。

第二十八条　被保险机动车发生道路交通事故的，由被保险人向保险公司申请赔偿保险金。保险公司应当自收到赔偿申请之日起 1 日内，书面告知被保险人需要向保险公司提供的与赔偿有关的证明和资料。

第二十九条　保险公司应当自收到被保险人提供的证明和资料之日起 5 日内，对是否属于保险责任作出核定，并将结果通知被保险人；对不属于保险责任的，应当书面说明理由；对属于保险责任的，在与被保险人达成赔偿保险金的协议后10日内，赔偿保险金。

第三十条　被保险人与保险公司对赔偿有争议的，可以依法申请仲裁或者向人民法院提起诉讼。

第三十一条　保险公司可以向被保险人赔偿保险金，也可以直接向受害人赔偿保险金。但是，因抢救受伤人员需要保险公司支付或者垫付抢救费用的，保险公司在接到公安机关交通管理部门通知后，经核对应当及时向医疗机构支付或者垫付抢救费用。

因抢救受伤人员需要救助基金管理机构垫付抢救费用的，救助基金管理机构在接到公安机关交通管理部门通知后，经核对应当及时向医疗机构垫付抢救费用。

第三十二条　医疗机构应当参照国务院卫生主管部门组织制定的有关临床诊疗指南，抢救、治疗道路交通事故中的受伤人员。

第三十三条　保险公司赔偿保险金或者垫付抢救费用，救助基金管理机构垫付抢救费

用，需要向有关部门、医疗机构核实有关情况的，有关部门、医疗机构应当予以配合。

第三十四条　保险公司、救助基金管理机构的工作人员对当事人的个人隐私应当保密。

第三十五条　道路交通事故损害赔偿项目和标准依照有关法律的规定执行。

第四章　罚　　则

第三十六条　未经保监会批准，非法从事机动车交通事故责任强制保险业务的，由保监会予以取缔；构成犯罪的，依法追究刑事责任；尚不构成犯罪的，由保监会没收违法所得，违法所得20万元以上的，并处违法所得1倍以上5倍以下罚款；没有违法所得或者违法所得不足20万元的，处20万元以上100万元以下罚款。

第三十七条　保险公司未经保监会批准从事机动车交通事故责任强制保险业务的，由保监会责令改正，责令退还收取的保险费，没收违法所得，违法所得10万元以上的，并处违法所得1倍以上5倍以下罚款；没有违法所得或者违法所得不足10万元的，处10万元以上50万元以下罚款；逾期不改正或者造成严重后果的，责令停业整顿或者吊销经营保险业务许可证。

第三十八条　保险公司违反本条例规定，有下列行为之一的，由保监会责令改正，处5万元以上30万元以下罚款；情节严重的，可以限制业务范围、责令停止接受新业务或者吊销经营保险业务许可证：

(一) 拒绝或者拖延承保机动车交通事故责任强制保险的；

(二) 未按照统一的保险条款和基础保险费率从事机动车交通事故责任强制保险业务的；

(三) 未将机动车交通事故责任强制保险业务和其他保险业务分开管理，单独核算的；

(四) 强制投保人订立商业保险合同的；

(五) 违反规定解除机动车交通事故责任强制保险合同的；

(六) 拒不履行约定的赔偿保险金义务的；

(七) 未按照规定及时支付或者垫付抢救费用的。

第三十九条　机动车所有人、管理人未按照规定投保机动车交通事故责任强制保险的，由公安机关交通管理部门扣留机动车，通知机动车所有人、管理人依照规定投保，处依照规定投保最低责任限额应缴纳的保险费的2倍罚款。

机动车所有人、管理人依照规定补办机动车交通事故责任强制保险的，应当及时退还机动车。

第四十条　上道路行驶的机动车未放置保险标志的，公安机关交通管理部门应当扣留机动车，通知当事人提供保险标志或者补办相应手续，可以处警告或者20元以上200元以下罚款。

当事人提供保险标志或者补办相应手续的，应当及时退还机动车。

第四十一条　伪造、变造或者使用伪造、变造的保险标志，或者使用其他机动车的保险标志，由公安机关交通管理部门予以收缴，扣留该机动车，处200元以上2000元以下罚款；构成犯罪的，依法追究刑事责任。

当事人提供相应的合法证明或者补办相应手续的，应当及时退还机动车。

第五章　附　则

第四十二条　本条例下列用语的含义：

(一) 投保人，是指与保险公司订立机动车交通事故责任强制保险合同，并按照合同负有支付保险费义务的机动车的所有人、管理人。

(二) 被保险人，是指投保人及其允许的合法驾驶人。

(三) 抢救费用，是指机动车发生道路交通事故导致人员受伤时，医疗机构参照国务院卫生主管部门组织制定的有关临床诊疗指南，对生命体征不平稳和虽然生命体征平稳但如果不采取处理措施会产生生命危险，或者导致残疾、器官功能障碍，或者导致病程明显延长的受伤人员，采取必要的处理措施所发生的医疗费用。

第四十三条　机动车在道路以外的地方通行时发生事故，造成人身伤亡、财产损失的赔偿，比照适用本条例。

第四十四条　中国人民解放军和中国人民武装警察部队在编机动车参加机动车交通事故责任强制保险的办法，由中国人民解放军和中国人民武装警察部队另行规定。

第四十五条　机动车所有人、管理人自本条例施行之日起 3 个月内投保机动车交通事故责任强制保险；本条例施行前已经投保商业性机动车第三者责任保险的，保险期满，应当投保机动车交通事故责任强制保险。

第四十六条　本条例自 2006 年 7 月 1 日起施行。

附录 D　《机动车交通事故责任强制保险条款》

总　则

第一条　根据《中华人民共和国道路交通安全法》、《中华人民共和国保险法》、《机动车交通事故责任强制保险条例》等法律、行政法规，制定本条款。

第二条　机动车交通事故责任强制保险(以下简称交强险)合同由本条款与投保单、保险单、批单和特别约定共同组成。凡与交强险合同有关的约定，都应当采用书面形式。

第三条　交强险费率实行与被保险机动车道路交通安全违法行为、交通事故记录相联系的浮动机制。

签订交强险合同时，投保人应当一次支付全部保险费。保险费按照中国保险监督管理委员会(以下简称保监会)批准的交强险费率计算。

定　义

第四条　交强险合同中的被保险人是指投保人及其允许的合法驾驶人。投保人是指与保险人订立交强险合同，并按照合同负有支付保险费义务的机动车的所有人、管理人。

第五条　交强险合同中的受害人是指因被保险机动车发生交通事故遭受人身伤亡或者

财产损失的人，但不包括被保险机动车本车车上人员、被保险人。

第六条　交强险合同中的责任限额是指被保险机动车发生交通事故，保险人对每次保险事故所有受害人的人身伤亡和财产损失所承担的最高赔偿金额。责任限额分为死亡伤残赔偿限额、医疗费用赔偿限额、财产损失赔偿限额以及被保险人在道路交通事故中无责任的赔偿限额。其中，无责任的赔偿限额分为无责任死亡伤残赔偿限额、无责任医疗费用赔偿限额以及无责任财产损失赔偿限额。

第七条　交强险合同中的抢救费用是指被保险机动车发生交通事故导致受害人受伤时，医疗机构对生命体征不平稳和虽然生命体征平稳但如果不采取处理措施会产生生命危险，或者导致残疾、器官功能障碍，或者导致病程明显延长的受害人，参照国务院卫生主管部门组织制定的交通事故人员创伤临床诊疗指南和国家基本医疗保险标准，采取必要的处理措施所发生的医疗费用。

保险责任

第八条　在中华人民共和国境内(不含港、澳、台地区)，被保险人在使用被保险机动车过程中发生交通事故，致使受害人遭受人身伤亡或者财产损失，依法应当由被保险人承担的损害赔偿责任，保险人按照交强险合同的约定对每次事故在下列赔偿限额内负责赔偿：

(一) 死亡伤残赔偿限额为50000元；

(二) 医疗费用赔偿限额为8000元；

(三) 财产损失赔偿限额为2000元；

(四) 被保险人无责任时，无责任死亡伤残赔偿限额为10000元；无责任医疗费用赔偿限额为1600元；无责任财产损失赔偿限额为400元。

医疗费用赔偿限额和无责任医疗费用赔偿限额项下负责赔偿医药费、诊疗费、住院费、住院伙食补助费，以及必要的、合理的后续治疗费、整容费、营养费。

死亡伤残赔偿限额和无责任死亡伤残赔偿限额项下负责赔偿丧葬费、死亡补偿费、受害人亲属办理丧葬事宜支出的交通费用、残疾赔偿金、残疾辅助器具费、护理费、康复费、交通费、被扶养人生活费、住宿费、误工费，以及被保险人依照法院判决或者调解承担的精神损害抚慰金。

垫付与追偿

第九条　被保险机动车在本条(一)至(四)之一的情形下发生交通事故，造成受害人受伤需要抢救的，保险人在接到公安机关交通管理部门的书面通知和医疗机构出具的抢救费用清单后，按照国务院卫生主管部门组织制定的交通事故人员创伤临床诊疗指南和国家基本医疗保险标准进行核实。对于符合规定的抢救费用，保险人在医疗费用赔偿限额内垫付。被保险人在交通事故中无责任的，保险人在无责任医疗费用赔偿限额内垫付。对于其他损失和费用，保险人不负责垫付和赔偿。

(一) 驾驶人未取得驾驶资格的；

(二) 驾驶人醉酒的；

(三) 被保险机动车被盗抢期间肇事的；

(四) 被保险人故意制造交通事故的。

对于垫付的抢救费用，保险人有权向致害人追偿。

责任免除

第十条　下列损失和费用，交强险不负责赔偿和垫付：

(一) 因受害人故意造成的交通事故的损失；

(二) 被保险人所有的财产及被保险机动车上的财产遭受的损失；

(三) 被保险机动车发生交通事故，致使受害人停业、停驶、停电、停水、停气、停产、通讯或者网络中断、数据丢失、电压变化等造成的损失以及受害人财产因市场价格变动造成的贬值、修理后因价值降低造成的损失等其他各种间接损失；

(四) 因交通事故产生的仲裁或者诉讼费用以及其他相关费用。

保险期间

第十一条　除国家法律、行政法规另有规定外，交强险合同的保险期间为一年，以保险单载明的起止时间为准。

投保人、被保险人义务

第十二条　投保人投保时，应当如实填写投保单，向保险人如实告知重要事项，并提供被保险机动车的行驶证和驾驶证复印件。重要事项包括机动车的种类、厂牌型号、识别代码、号牌号码、使用性质和机动车所有人或者管理人的姓名(名称)、性别、年龄、住所、身份证或者驾驶证号码(组织机构代码)、续保前该机动车发生事故的情况以及保监会规定的其他事项。

投保人未如实告知重要事项，对保险费计算有影响的，保险人按照保单年度重新核定保险费计收。

第十三条　签订交强险合同时，投保人不得在保险条款和保险费率之外，向保险人提出附加其他条件的要求。

第十四条　投保人续保的，应当提供被保险机动车上一年度交强险的保险单。

第十五条　在保险合同有效期内，被保险机动车因改装、加装、使用性质改变等导致危险程度增加的，被保险人应当及时通知保险人，并办理批改手续。否则，保险人按照保单年度重新核定保险费计收。

第十六条　被保险机动车发生交通事故，被保险人应当及时采取合理、必要的施救和保护措施，并在事故发生后及时通知保险人。

第十七条　发生保险事故后，被保险人应当积极协助保险人进行现场查勘和事故调查。发生与保险赔偿有关的仲裁或者诉讼时，被保险人应当及时书面通知保险人。

赔偿处理

第十八条　被保险机动车发生交通事故的，由被保险人向保险人申请赔偿保险金。被保险人索赔时，应当向保险人提供以下材料：

(一) 交强险的保险单；

(二) 被保险人出具的索赔申请书；

(三) 被保险人和受害人的有效身份证明、被保险机动车行驶证和驾驶人的驾驶证；

(四) 公安机关交通管理部门出具的事故证明，或者人民法院等机构出具的有关法律文书及其他证明；

(五) 被保险人根据有关法律法规规定选择自行协商方式处理交通事故的，应当提供依照《交通事故处理程序规定》规定的记录交通事故情况的协议书；

(六) 受害人财产损失程度证明、人身伤残程度证明、相关医疗证明以及有关损失清单和费用单据；

(七) 其他与确认保险事故的性质、原因、损失程度等有关的证明和资料。

因保险事故损坏的受害人财产需要修理的，被保险人应当在修理前会同保险人检验，协商确定修理或者更换项目、方式和费用。否则，保险人在交强险责任限额内有权重新核定。

第十九条　保险事故发生后，保险人按照国家有关法律法规规定的赔偿范围、项目和标准以及交强险合同的约定，并根据国务院卫生主管部门组织制定的交通事故人员创伤临床诊疗指南和国家基本医疗保险标准，在交强险的责任限额内核定人身伤亡的赔偿金额。

第二十条　因保险事故造成受害人人身伤亡的，未经保险人书面同意，被保险人自行承诺或支付的赔偿金额，保险人在交强险责任限额内有权重新核定。

第二十一条　被保险机动车发生涉及受害人受伤的交通事故，因抢救受害人需要保险人支付抢救费用的，保险人在接到公安机关交通管理部门的书面通知和医疗机构出具的抢救费用清单后，按照国务院卫生主管部门组织制定的交通事故人员创伤临床诊疗指南和国家基本医疗保险标准进行核实。对于符合规定的抢救费用，保险人在医疗费用赔偿限额内支付。被保险人在交通事故中无责任的，保险人在无责任医疗费用赔偿限额内支付。

合同变更与终止

第二十二条　在交强险合同有效期内，被保险机动车所有权发生转移的，投保人应当及时通知保险人，并办理交强险合同变更手续。

第二十三条　在下列三种情况下，投保人可以要求解除交强险合同：

(一) 被保险机动车被依法注销登记的；

(二) 被保险机动车办理停驶的；

(三) 被保险机动车经公安机关证实丢失的。

交强险合同解除后，投保人应当及时将保险单、保险标志交还保险人；无法交回保险

标志的，应当向保险人说明情况，征得保险人同意。

第二十四条　发生《机动车交通事故责任强制保险条例》所列明的投保人、保险人解除交强险合同的情况时，保险人按照日费率收取自保险责任开始之日起至合同解除之日止期间的保险费。

附　则

第二十五条　因履行交强险合同发生争议的，由合同当事人协商解决。协商不成的，提交保险单载明的仲裁委员会仲裁。保险单未载明仲裁机构或者争议发生后未达成仲裁协议的，可以向人民法院起诉。

第二十六条　交强险合同争议处理适用中华人民共和国法律。

第二十七条　本条款未尽事宜，按照《机动车交通事故责任强制保险条例》执行。

附录E　全国机动车辆保险服务承诺

(二〇〇五年七月十二日)

一、在国家法定工作日，实施科学、快捷的承保服务。

二、履行承保说明义务，重点是责任免除条款和索赔程序等。

三、指导客户填写保险单证，负责对客户提出的条款内容及相关问题，做出准确的说明和解释。

四、设立并向社会公布报案、咨询电话，实施全年无间断接受报案、咨询服务。

五、对初步确定属于保险责任的案件，及时进行被保险机动车辆重大交通事故的查勘、定损服务。

六、对向客户推荐的汽车修理厂的修理质量和修理工期履行监督职责。

七、对事故责任和保险责任明确，单证齐全、真实，且不涉及人员受伤的小额赔款(2000元以下)，建立快捷的理赔服务机制。

八、对事故真实的人员伤亡或重大财产损失案件，如事故责任和保险责任明确，但暂不能确定赔偿金额的，保险机构经对被保险人提交的索赔申请及相关证明材料审核后，可根据被保险人已支付的费用，在法律和条款规定范围内先行赔付30%至50%。

九、建立客户投诉处理机制。各保险机构接到投诉案件后，对电话投诉，应及时了解情况，做出详尽解释；对上门投诉，应立即帮助客户解决问题，尽快给客户做出满意的答复；对书面投诉，应认真落实、尽快处理，并于3个工作日内给予答复。凡投诉所涉及的分支机构，均应责令其尽快处理客户投诉案件；

十、在理赔工作中，对违反职业道德或借工作之便谋取私利的理赔人员，一经查实，要按照国家有关法律、法规，保险监管机构的规定和公司有关规定给予严肃处理。

承诺单位(排名不分先后)：

中国人民财产保险股份有限公司

中国太平洋财产保险股份有限公司

中国平安财产保险股份有限公司

中华联合财产保险公司

华泰财产保险股份有限公司

天安保险股份有限公司

大众保险股份有限公司

华安财产保险股份有限公司

永安财产保险股份有限公司

太平保险有限公司

中国大地财产保险股份有限公司

永诚财产保险股份有限公司

安邦财产保险股份有限公司

参 考 文 献

[1] 覃有土．保险法概论．北京：北京大学出版社，2001.

[2] 王灵犀，王伟．机动车辆保险与理赔实务．北京：人民交通出版社，2004.

[3] 梁军．汽车保险与理赔．北京：人民交通出版社，2004.

[4] 赵新民．机动车辆保险与理赔实务．北京：电子工业出版社，2005.

[5] 马彦云，等．机动车辆保险与事故车辆损失鉴定．北京：金盾出版社，2003.

[6] 中国人民财产保险股份有限公司．机动车辆保险实务规程．2003.

[7] 中国平安保险股份有限公司．机动车辆保险实务. 1999.

[8] 黄松有．最高人民法院人身损害赔偿司法解释的理解与适用．北京：人民法院出版社，2004.

[9] 李建．中华人民共和国道路交通安全法实施条例释解．北京：中国市场出版社，2004.

[10] 李建. 中华人民共和国道路交通安全法释义．北京：人民交通出版社，2003.

[11] 周延礼．机动车辆保险理论与实务．北京：中国金融出版社，2001.

[12] 王云鹏，鹿应荣．车辆保险与理赔．北京：机械工业出版社，2003.

[13] 傅以诺．交通事故处理与车辆保险．北京：北京理工大学出版社，2001.

[14] 罗卫，杨金成．汽车保险理赔实务．西安：西安地图出版社，2002.

[15] 中国人民保险公司法律部．保险常用法律手册．北京：法律出版社，2002.

[16] 刘宇豪．交通执法与交通肇事查处实务全书．北京：中国物价出版社，1998.

[17] 浙江省公安厅交巡警总队．驾驶员交通安全教程．杭州：浙江科学技术出版社，2004.

[18] 周延札．汽车保险理论与实务．北京：中国金融出版社，1995.

[19] 何纪平．行车无忧——漫画汽车保险．成都：西南财经大学出版社，

[20] 杜鹃．保险学基础．上海：上海财经大学出版社，2001.

[21] 兰虹, 等．财产保险．成都：西南财经大学出版社，2001.

[22] 刘鹏．保险法．北京：现代出版社，

[23] 祁翠琴．汽车保险与理赔．北京：机械工业出版社，2004.

[24] 李国义．保险概论．北京：高等教育出版社，2004.

[25] 贾海茂．汽车保险案例评析．北京：知识出版社，2004.

[26] 曾娟．机动车辆保险与理赔．北京：电子工业出版社，2005.

[27] 张庆洪，何清堃．机动车辆保险．北京：机械工业出版社，2006.

[28] 杨学坤，付铁军，常兴华．汽车辆保险与理赔．北京：北京理工大学出版社，2007.